U0551025

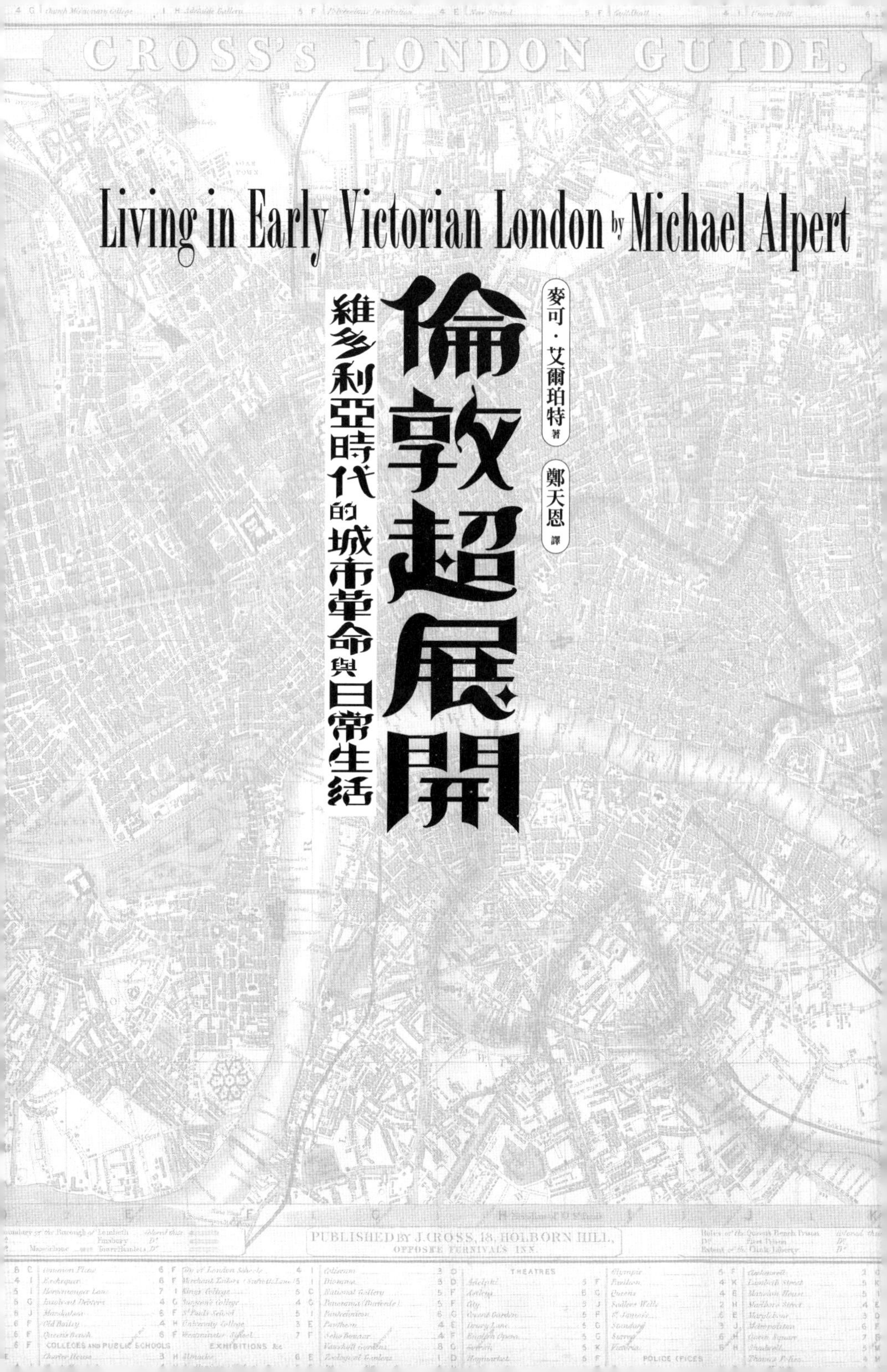

Living in Early Victorian London

by Michael Alpert

倫敦超展開

維多利亞時代的城市革命與日常生活

麥可・艾爾珀特 著
鄭天恩 譯

反天主教運動。「天主教會滾蛋！」埃克塞特廳，1850年。Richard Doyle, *Manners and Customs of ye Englyshe,* 1849.

砒霜。致命的道具；某人正在詢問毒藥的事情。*Wellcome Collection, after John Leech.*

阿斯特里露天劇場，1808年。引自*Microcosm of London, Houghton Collection, Havard University: public domain.*

伯靈頓拱廊，1827-1828，Thomas Hosmer Shepherd 繪。

恐怖屋。Richard Doyle, *Manners and Customs of ye Englyshe,* 1849, *Wikicommons, Gutenberg.*

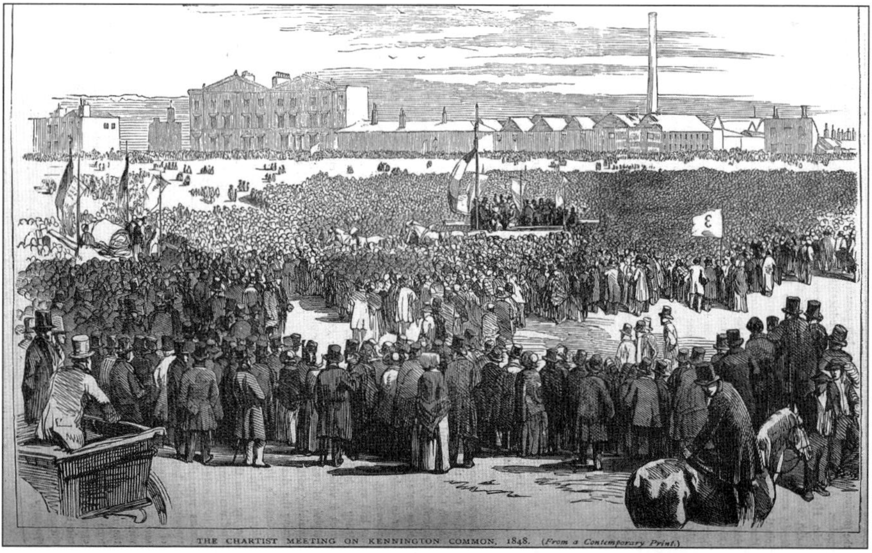

THE CHARTIST MEETING ON KENNINGTON COMMON, 1848. *(From a Contemporary Print.)*

肯寧頓廣場的憲章示威運動，1848年。E. Walford（1897年過世），*Old and New London.*

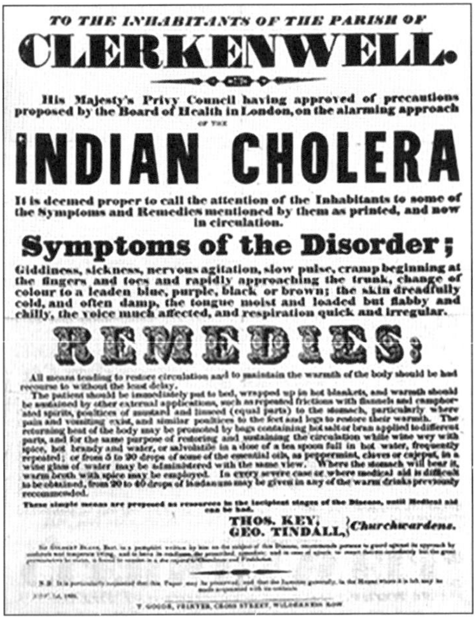
TO THE INHABITANTS OF THE PARISH OF

CLERKENWELL.

His Majesty's Privy Council having approved of precautions proposed by the Board of Health in London, on the alarming approach of the

INDIAN CHOLERA

It is deemed proper to call the attention of the Inhabitants to some of the Symptoms and Remedies mentioned by them as printed, and now in circulation.

Symptoms of the Disorder;

Giddiness, sickness, nervous agitation, slow pulse, cramp beginning at the fingers and toes and rapidly approaching the trunk, change of colour to a leaden blue, purple, black or brown; the skin dreadfully cold, and often damp, the tongue moist and loaded but flabby and chilly, the voice much affected, and respiration quick and irregular.

REMEDIES;

All means tending to restore circulation and to maintain the warmth of the body should be had recourse to without the least delay.

The patient should be immediately put to bed, wrapped up in hot blankets, and warmth should be sustained by other external applications, such as repeated frictions with flannels and camphorated spirits, poultices of mustard and linseed (equal parts) to the stomach, particularly where pain and vomiting exist, and similar poultices to the feet and legs to restore their warmth. The returning heat of the body may be promoted by bags containing hot salt or bran applied to different parts, and for the same purpose of restoring and sustaining the circulation white wine wey with spice, hot brandy and water, or salvolatile in a dose of a tea spoon full in hot water, frequently repeated; or from 5 to 20 drops of some of the essential oils, as peppermint, cloves or cajeput, in a wine glass of water may be administered with the same view. Where the stomach will bear it, warm broth with spice may be employed. In every severe case or where medical aid is difficult to be obtained, from 20 to 40 drops of laudanum may be given in any of the warm drinks previously recommended.

These simple means are proposed as resources in the incipient stages of the Disease, until Medical aid can be had.

THOS. KEY,
GEO. TINDALL, } Churchwardens.

霍亂。全版警示，1831年。
Wellcome Licence, Attribution 4.0 International (CCRY 4.0).

在外用餐的書記們。
Dickens, *Bleak House*. 'Phiz'
(K. Hablot Brown，1882年過世）繪。

皇家競技場，1827年，E. Walford（1897年過世）。*Old London.*

克雷莫恩花園，跳舞平台，1864年。Phoebus Levin（1908年過世）繪。

埃及廳，*Wikipedia Creative Commons.*

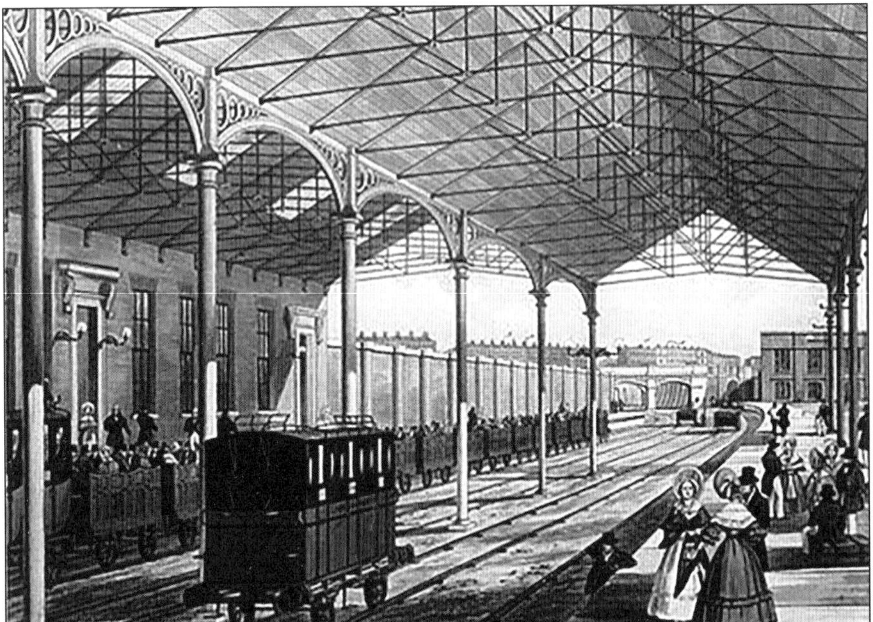

尤斯頓車站，1837年。在此圖可以看見它的鍛鐵屋頂。*Wikipedia.*

尤斯頓拱門，又稱神殿入口。*Wikipedia Creative Commons.*

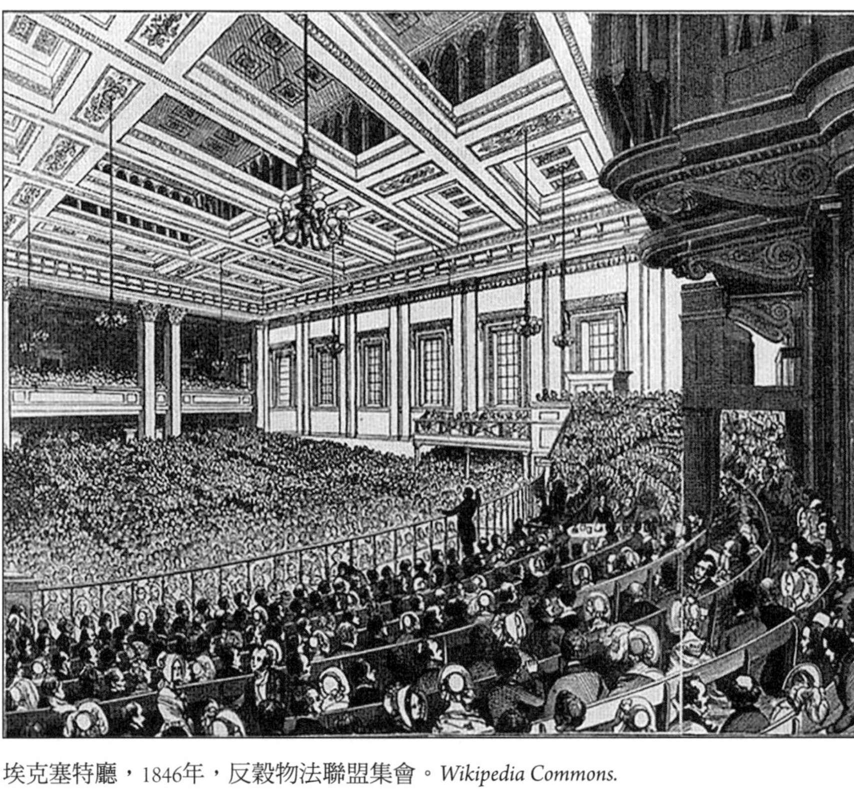

埃克塞特廳，1846年，反穀物法聯盟集會。*Wikipedia Commons.*

菲爾德督察。*Illustrated London News 1855 p/d Wikipedia Commons.*

霸王級霍亂。*Wellcome Collection.*

群眾爭睹珍妮・林德，Richard Doyle, *Manners and Customs of ye Englyshe,* 1849。*Wikicommons, Gutenberg.*

蘿拉・蒙泰斯，Thomas Easterly繪。*Missouri History Museum, Open Access.*

倫敦至格林威治鐵路，1837年。*Illustrated London News.*

倫敦盧德蓋特丘的交通，1882年。G. Doré 繪。

曼寧案——瑪莉亞與腓特烈，引自Huish（參見書目），1849年，原刊載於通俗讀物。

曼寧案——警察發現屍體，引自Huish。

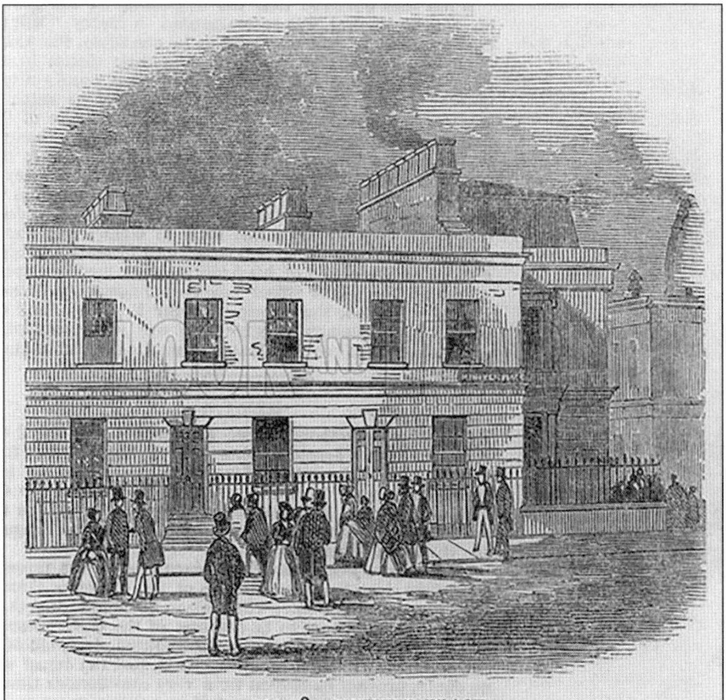

NO. 3, MINIVER-PLACE.

曼寧案——他們的住所，伯蒙德明瓦公寓三號，引自Huish。

PATRICK O'CONNOR.

From the likeness at Madame Tussaud's Exhibition

曼寧夫妻的受害者歐康納，引自Huish。

建造中的納爾遜紀念柱，1844年。*Fox-Talbot photograph, from New York, Metropolitan Museum of Art, open access.*

幽靈交易，1862年。

時尚裁縫店的主顧，Richard Doyle, *Manners and Customs of ye Englyshe,* 1849。同恐怖屋繪者。

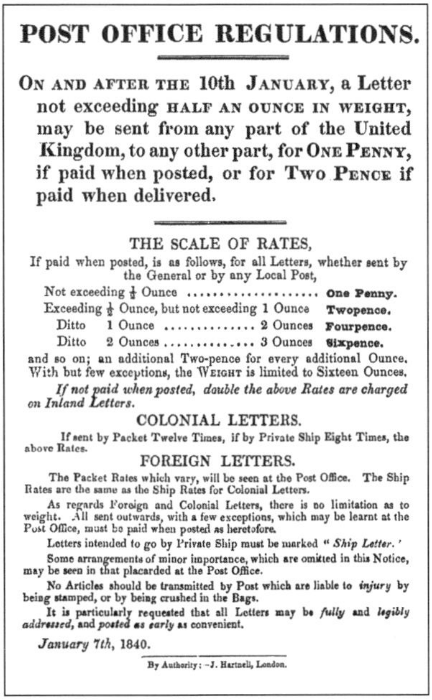

POST OFFICE REGULATIONS.

ON AND AFTER THE 10th JANUARY, a Letter not exceeding HALF AN OUNCE IN WEIGHT, may be sent from any part of the United Kingdom, to any other part, for ONE PENNY, if paid when posted, or for TWO PENCE if paid when delivered.

THE SCALE OF RATES,

If paid when posted, is as follows, for all Letters, whether sent by the General or by any Local Post,

Not exceeding ½ Ounce	....	**One Penny.**
Exceeding ½ Ounce, but not exceeding 1 Ounce		**Twopence.**
Ditto 1 Ounce	.... 2 Ounces	**Fourpence.**
Ditto 2 Ounces	.... 3 Ounces	**Sixpence.**

and so on; an additional Two-pence for every additional Ounce. With but few exceptions, the WEIGHT is limited to Sixteen Ounces.

If not paid when posted, double the above Rates are charged on Inland Letters.

COLONIAL LETTERS.

If sent by Packet Twelve Times, if by Private Ship Eight Times, the above Rates.

FOREIGN LETTERS.

The Packet Rates which vary, will be seen at the Post Office. The Ship Rates are the same as the Ship Rates for Colonial Letters.

As regards Foreign and Colonial Letters, there is no limitation as to weight. All sent outwards, with a few exceptions, which may be learnt at the Post Office, must be paid when posted as heretofore.

Letters intended to go by Private Ship must be marked "*Ship Letter.*"

Some arrangements of minor importance, which are omitted in this Notice, may be seen in that placarded at the Post Office.

No Articles should be transmitted by Post which are liable to *injury* by being stamped, or by being crushed in the Bags.

It is particularly requested that all Letters may be *fully* and *legibly addressed,* and *posted as early* as convenient.

January 7th, 1840.

By Authority: –J. Hartnell, London.

郵政規章，1840年1月7日。*Wikipedia.*

攝政街去掉底色的扇形拱廊，1837年，引自*The History of London,* J. Woofs after J.F. Salmon（1886過世）p/d。

鴉巢，1850年。'A scene in St. Giles', *Wikicommons p/d from Beames, T.B. The Rookeries of London, Past, Present and Prospective.*

皇家科堡劇院（後來的皇家維多利亞與老維克劇院），1822年。*Wikicommons.*

舒伊比爾的公車，作者不詳，引自Moore, H.G., *Omnibuses and Cabs, 1902 p/d*.

沃克斯豪爾花園。Thomas Rowlandson, 1785. *Wikicommons.*

「到處都是水，卻沒有一滴可喝」。Wellcome collection, open access.

白教堂區的溫特華斯街（舊衣），G. Doré（1883年過世）。*Wellcome Collection, open access.*

目次

前言

這本書講述了從一八三七年維多利亞女王繼承王位開始，到一八五〇年早期發生的三起重要且值得紀念的事件之間，倫敦地區的生活情景。一八五一年，人們從四面八方湧向海德公園，參觀世界博覽會；許多倫敦人或許是第一次看見或聽聞來自英國遠方的外國人與訪客。一八五二年，成千上萬的倫敦人目睹了威靈頓公爵的葬禮。最後，我會以維多利亞六十四年統治時期的前四分之一歲月，也就是一八五三年作為結尾。這一年是一個重要的轉折點，英國參與了克里米亞戰爭，這是自一八一五年威靈頓在滑鐵盧擊敗拿破崙後，英國首次與歐洲國家發生衝突。

四年前的一八四九年，在該年的八到十一月，倫敦人的注意力全都集中在一場謀殺案。瑪莉亞與腓特烈・曼寧夫婦殺害了派崔克・歐康納，並將他的屍體埋在自家廚房的石板下。接著瑪莉亞搭乘火車逃亡到蘇格蘭，同樣搭乘火車的腓特烈則逃到澤西。新蘇格蘭場的警探在電報技術的協助下，成功追捕這對夫妻，並將他們押解回倫敦。這對夫妻在老貝利（中央刑事法院）受審並被起訴，最後在熙攘的群眾面前被處以絞刑。

撇開謀殺犯的身分不提，曼寧夫婦是其實是一對平凡且低階的中產階級夫妻，住在不太時髦的伯蒙德地區一棟租來的兩層連排屋中，過著平淡無奇的生活。他們的審判記錄，為我們提供了維多利亞統治早期倫敦市井生活的寶貴描述與參考資料。

對於低階中產階級倫敦人生活的描繪與取捨，我難免有些主觀，但我確實惦記著他們如何生活、他們周遭的事物、他們的企圖心和愉悅之事。因此這本書引用了多樣化的資料，盡可能以當代視角來描繪他們生活的環境、穿著、洗浴、購物與飲食。我重視的是中產階級社會的運作：人們的收入、物品的成本、倫敦人在城市中的交通、他們如何娛樂自己、有什麼疾病與使用的藥物。我也對他們的閱讀內容、宗教與道德原則，還有他們的政治恐懼與偏見深感興趣。

早期維多利亞的倫敦人，生活在現代化的尖端。他們剛剛開始享受新穎的事物，比如便士郵政、電報、便宜的報紙與書籍。自一八二九年起，他們擁有了倫敦警察廳與馬拉的公車等公共服務；自一八三七年起，他們開始使用鐵路。如果經濟條件允許，他們可以在自家中安裝煤氣燈。然而，當時他們尚未享受到地鐵帶來的便利，無法進行長距離通勤。更完善的市政服務、全民基礎教育、大眾媒體傳播、電力供應、無菌手術技術的普及、婦女權利的擴展，以及即將到來的便宜有軌電車，這些都是未來的趨勢。隨著大規模貧民窟的清理工作、可靠清潔水源的供應，還有大規模下水道系統的建設，霍亂這個長期困擾倫敦的威脅終將消散。在某些方面，早期維多利亞時代的倫敦人仍然過著與數個世紀前祖先類似的生活，但在另一些方面，他們已經體驗到現代城市的先進特徵。

關於英國貨幣

英國貨幣在一九七一年的十進位化改制，不只帶來了計算上的問題，也造成了字彙、乃至於口頭上表達「某事物究竟價值多少」的困難。

在維多利亞時代早期，英鎊的貨幣系統遠比現代複雜。一鎊金幣（也稱作sovereign）與半鎊金幣流通於市面，而一鎊等於二十先令（shilling）。所謂「畿尼」並不是硬幣，而是指一鎊加上一先令的總額。每個先令又細分為十二便士（penny），便士初期為銅鑄，後來改為青銅鑄造。一便士的四分之一稱為「法尋」（farthing），有時口語讀作fardens；而半個法尋（也就是八分之一便士）與半便士（half-penny），則口語上稱為hayp'nce（單數為hayp'ny）。一個一便士加上一個半便士的總額，在口語中說作「three-hayp'nce」；兩便士則說作「tupp'nce」，三便士（通常是一枚銀幣）則讀作「thrupp'nce」。值得注意的是，這些說法的重音通常放在數字上，而不像今日的發音是放在pence上；例如，十便士唸作TENpence，而非ten PENCE。此外，便士常以縮寫 d 表示，因此標價可能會寫成2d。

先令的縮寫是 s或者/-，所以一鎊又五先令就寫成£1.5s或是25/-，口語則通常念成25shillings。舉例來說，一個帳目的總數可能是 1.5.4.1/2d，或者稱為一鎊五先令四便士又半文錢。人們可以將之讀成「one pound, five and fourp'nce hayp'ny」，或是「25 and foup'nce hayp'ny」。

如果先令和便士一起指涉數字總和的話，它會表示成這樣：7/6或7s.6d.，也就是七先令又六便士。在口語上，當一個人說「seven and six」，也許要附加上「便士」；如果有必要，還要加上「半文錢」或者「法尋」、「三法尋」之類的字彙。先令也被稱為bob，六便士則被稱為tanner。

銀幣是由三便士與六便士的硬幣所構成，不過還有一種「格羅特」（groat）銀幣，價值四便士。另外還有價值二先令的弗羅林（florin），以及半克朗（half-crown），價值兩先令六便士，或者八分之一鎊。

下表就列出改制前與改制後，英國貨幣的相等價值（大致上是6d以下的部分）：

「舊錢」	十進位制「新錢」
1d	1/2p
2 1/2d	1p
6d	2 1/2p
1/-	5p
2/-	10p
2/6d	12 1/2p
5/-	25p
10/-	50p
15/-	75p

通貨膨脹使得對兩個世紀前的貨幣金額進行比較變得毫無意義，除非我們能了解當時人們的實際收入水平。在所得稅制度剛設立時，起徵門檻為年收入一百五十鎊，這被視為個人維持「低階」中產階級生活的最低標準。一位每週穩定收入三十先令（即一鎊十先令，£1.10s）的工人，可以過上相對寬裕的生活，但事實上，多數人的收入遠低於此，而且常面臨偶發甚至長期的失業，或只能從事臨時短工。

第一章　世界上最大、最富裕、人口最稠密也最優雅的城市

如果今天你穿越倫敦橋——這座橫跨泰晤士河的最古老橋梁，於一八三一年重建——從泰晤士河南岸走向北岸，然後沿著北岸的小徑一路向東，漫步至倫敦塔，那麼你實際上正沿著十九世紀最繁忙的泊地與碼頭前行。

直到一八〇〇年，倫敦城仍小心翼翼地守護著其自中世紀以來的特權，掌控著從泰晤士河上游至潮汐影響範圍的管轄權。依據這項特權，船隻只能在北岸一小片指定區域卸貨。然而，由於可用空間極為有限，大多數船隻不得不停泊在河面上，再透過駁船轉運貨物上岸。

當大船與隨行的小船順利穿越河道後，迎接它們的是此起彼落的叫嚷聲、咒罵聲、哨聲與汽笛聲，彷彿潮水般將它們團團包圍。碼頭上，腳伕與卸煤工揮汗如雨，賣力地從煤船上卸下來自東北英格蘭的大量煤礦，為倫敦的消費需求提供燃料。另一邊，工人們粗暴地從大帆船的貨艙裡搬運出一箱箱木箱、條板箱與桶子，裡頭裝滿來自世界各地的貨物——萊姆酒、糖、紅酒、菸草、可可、靛青、印度橡膠及其他原物料，源源不絕地湧入，以餵養英國蓬勃發展的經濟與工業需求的龐大胃口。

桅杆、貨棧與纜繩的叢林

自一八一五年英國擊敗拿破崙後，倫敦的進出口貿易急遽擴張，在這些繁忙的歲月裡，昔日的老碼頭——人們對這段河岸延伸地帶的稱呼——變得更加擁擠與忙碌。最終，英國不得不投入五百萬鎊，在下游興建新的碼頭。西印度碼頭、東印度碼頭、瑟里碼頭、倫敦碼頭與聖凱瑟琳碼頭相繼在接下來的三十年間落成。到了十九世紀中葉，倫敦港周圍的各大碼頭，每日至少有六百艘船隻在此卸貨，繁榮景象達到巔峰。

每天都有超過一百艘船隻駛入碼頭，這還不包括那些負責牽引大帆船就定位的蒸氣拖船，以及載運乘客沿泰晤士河上溯至里奇蒙、下行至格雷夫森德與馬蓋特，甚至遠航海外的汽船。即使到了十九世紀中葉，新碼頭已經陸續建成，倫敦港依然擠滿了成排的桅杆。當旅人駛入泰晤士河口時，遠遠望去，那密集的桅杆猶如一片樹林。一八五二年，迪潘男爵在法國國立工藝學院發表演說，回顧他於一八五一年代表法國參加萬國工業博覽會的經歷，他如此描述倫敦港的景象：

> 想像來自萬國的船隻井然成行，從橋的最末端（倫敦橋，當時倫敦塔橋還沒有建造起來）一路繫泊過來……從橫列來看，這些船隻一艘挨著一艘，幾乎連一里格的間隙也沒有……想像一個五個成群的浮動碼頭……總是能夠保持水平面，而不會受到潮起潮落影響……想像環繞這些碼頭設立的貨棧，以及為商船和戰船提供索具武裝的作坊吧！[1]

法國史家泰納在一八六〇年代造訪倫敦後，則留下了更加戲劇化、甚至可說是刺激的描述：

但是讓人印象深刻到極點的，是連通碼頭與海洋的運河景象；它們形成了交錯縱橫的街道，同時也是船隻的街道；我們會驟然感受到，這縱橫交錯的隊列是無止無盡的；從我去年攀登過的格林威治公園開始，水平線上充滿了桅杆與纜索。無可計數、模糊不清的索具，延伸成一圈又一圈的蜘蛛網，直到天邊……那是一片由桅杆、貨棧與纜繩構成，繁複至極的叢林。[2]

放眼望向泰晤士河，只見船隻三三兩兩地繫泊成行，蒸氣拖船、駁船與舢舨靈巧地在其間穿梭，引導它們穿越密集的船隊。這些船隻有的剛剛從遠方抵達，滿載著棕櫚油、象牙等舶來貨物；有的則擠滿了汗流浹背、聲聲吆喝的腳伕，他們沿著踏板，不斷將裝滿伯明罕金屬器皿與曼徹斯特棉製品的箱子卸下。當我們步行或乘坐馬車穿越倫敦橋時，眼前所見的，無疑是一幅壯麗非凡的景象！

先生，您有任何想宣布的事情嗎？

聳立在倫敦橋畔的，是壯麗宏偉的海關大樓，所有進口貨物都必須在此逐一通關。早在一八四〇年——維多利亞女王繼位的第三年——海關大樓內著名的長廳（Long Room）每年帶來的收益便已超過一千一百萬鎊，幾乎占據全國賦稅總額的一半。時至今日，經歷一個多世紀的風霜洗禮，它依然保持著當年一八二五年重建時的嶄新風貌。

儘管走私猖獗，對國家財政造成嚴重損失，但在一八四〇年代，關稅與貨物稅仍是政府最主要的收入來源，其稅收金額遠遠超過所得稅與財產稅所能徵得的一千萬鎊。當時，菸草稅每磅高達三先令，在癮君子支付的零售價格中占了極高比例，因此走私活動層出不窮也就不足為奇了。僅在一八四三年至一八四五年間，英格蘭地區就有多達二一八七名菸草走私犯被判刑。[3]

一位來訪的英國旅人——愛抱怨的法國社會主義者兼女性主義作家特里斯坦（Flora Tristan），在她的《英格蘭回憶錄》中寫道，自己曾遭遇海關官員過度干預、粗暴對待。若水手被查獲私藏違禁品，海關甚至有權扣押整艘船的貨物。[4]寫下《白鯨記》的美國作家梅爾維爾，曾在東印度碼頭試圖取回自己的行李時，抱怨遭到「該死的海關」製造「無數麻煩」。[5]一八四三年十一月十五日，就連倫敦極具權威的《泰晤士報》也發表社論，痛批海關官員的濫權行為以及法院對他們的支持。

但與此同時，海關體系本身也深陷於可恥的欺瞞與腐敗的溫床之中。遭曼寧夫妻謀殺的派崔克．歐康納（Patrick O'Connor），其實早已聲名狼藉。他牽涉一宗利潤可觀的走私案件，據稱曾利用自己在海關與貨物稅部門的職位，發揮內部影響力，為走私行為提供庇護。

歐康納既聰明又幸運，是兩萬六千名享有官方身分的倫敦市民中脫穎而出的其中之一，同時也是二二二八名依附倫敦港海關與貨物稅部門的人員之一。[6]他出身於愛爾蘭天主教中產階級家庭，一八三二年，他帶著一封介紹信來到英格蘭。那封信是由他哥哥——蒂珀雷里的色勒斯學院校長——寫給一位倫敦律師的。該律師最終為他寫了一封推薦函，將他引介給倫敦警察廳局長曼恩（Richard Mayne）。然而，這位局長並無高階職位的任命權，因此歐康納只能從基層做起。由於基層警員薪資微薄、工作艱辛，他便開始涉足香菸走私與放貸活動。

嚴格來說，他的職務是海關監察員，負責在港口等候船隻、登船並進行檢查。不久之後，他升任為測量官，負責評估酒桶與其他貨櫃的內容物。根據其謀殺案的審判記錄顯示，他透過投資鐵路股份與一家績優銀行的盈餘，累積了可觀的財富。[7]

一八四九年八月九日，那個致命的星期四，是歐康納最後一次被人目擊的日子。當時，他被看見走過倫敦橋，往南前往曼寧夫妻位於伯蒙德地區的住處。這位愛爾蘭人夾雜在每日號稱有數十萬人通行的行人之中，穿越橋梁之際，目光很可能掃向泰晤士河上來往的船隻——順流而下、停泊在倫敦港的貨船，以及逆流而上、駛向尚未建成的南華克橋（該橋於一九一八年完工）的各式船艦。那是個酷熱的八月天，人們只有在炊煮時才會點燃煤炭生火。也因此，這座全球最大城市或許難得地擺脫了那層永遠繚繞其上的標誌性煙霧吧。

巨獸之城

幾年後，一位長於調查的記者梅休（Henry Mayhew），參加了一場橫越倫敦的熱氣球競賽。看著腳下的景象，他這樣寫道：

……這個宛若巨大海怪般的都會平躺著，身旁繚繞著鋪天蓋地的煙霧，提醒我們這一道道煙霧，都是司空見慣、每天一大清早就從田野間蒸騰而起的事物。我們完全無法描述這座巨獸之城的起點與終點，建築物不斷延伸，不只是蔓延到地平線的另一邊，更把它遠遠地甩在後面；在這裡，將至的暮色陰影與百萬煙囪噴出的密集煙霧，讓整座城市宛若融入了天空一般，以至於我們完全無法辨別天與地的界線。[8]

倫敦本身就是一個宇宙。在十九世紀中葉，它從西邊的富勒姆到東邊的波普拉，寬度為九英里，從北邊的海布里到南邊的坎伯韋爾，長度為七英里，外圍則有派丁頓與蘭貝斯等郊區。它的面積是巴黎的兩倍、維也納的四倍、柏林的六倍。在不列顛群島上，沒有都市能與它匹敵。

雖然有這樣的規模，倫敦的各部分甚至比今天更壅塞。不只壅塞，而且市容甚醜，儘管有某些新穎且吸引人的建築物，如落成於一八二七年的英格蘭銀行、大英博物館以及充滿哥德式要素的新國會大廈——它是於一八三七到一八四七年間，在西敏橋畔穩穩地拔地而起，以取代在一八三四年燒毀的舊西敏宮。

自從一六六六年倫敦在大火中焚毀並重建以來，這座城市便未曾經歷過整體性的重新規劃。倫敦的街道因此狹窄曲折，尤以倫敦城區為甚，即使在攝政街、牛津街與河岸街這類大道的背後也是如此。城市向北擴展，越過所謂的「新路」——也就是今日的馬里波恩路與尤斯頓路；這些道路開闢於十八世紀晚期，旨在繞過市區最擁擠的地段，並提供前往倫敦城的快速通道，連接派丁頓與戰鬥橋（即今日的王十字車站）。隨著市區規模不斷擴張，倫敦很快越過了新路，延伸至貧民窟「阿加鎮」；該地不久便成為鐵路調車場的所在地。一個半世紀之後，新的大英圖書館也選址於此。從托特納姆宮路的起點開始，倫敦繼續向北延伸，抵達康登鎮，並開始向漢普斯特德丘陵發展。倫敦與西北鐵路的相關設施——包括倉儲棚、馬廄與貨棧——從尤斯頓車站沿線延伸超過一英里，直至圓屋機廠（因其建築形狀得名），以及通往伯明罕鐵路的櫻草花丘陵隧道入口。

倫敦是貨物集散的大型市場。透過海洋、運河，乃至於在維多利亞時代尚未開始時便逐漸普及的鐵路，它如同擁有龐大胃袋的巨獸，吞納來自各地的無數商品。儘管倫敦不像英格蘭北部城市那樣擁有主要的商品工業基地，但它仍雇用了全英格蘭與威爾斯多達百分之十五的勞動人口。倫敦城與內圈郊區分布著數以百計的小型工廠與作坊——例如斯特普尼與貝思納爾綠地以縫製衣物聞名，托特納姆宮路專門製作家具，克勒肯維爾則以生產科學儀器與鐘錶著稱。沿著泰晤士河兩岸，諸如精製糖、肥皂製造、橡膠、化學品、油漆與菸草混合等產業也相當興盛。在南華克，尤其是伯蒙德地區，更是鞣革、釀酒與磨粉的重鎮。順著河流往下，在萊姆豪斯、米爾沃與羅瑟希德一帶，則發展出蓬勃的造船業。與往後時代的其他大城市相似，倫敦的建築業也是吸引大量勞動力的磁石，無論是技術工人或無技術工人皆然。作為首都，倫敦更廣泛地吸納各類人才，從事政府、醫療、法律、教育、航運、銀行、保險與零售等行業，同時也聚集了各種雇主與地位不一的僕役階層。

自從威靈頓公爵於一八一五年擊敗拿破崙之後的數年間，經濟熱潮帶動了倫敦人口的迅速增長。當時，城市每十年新增人口約二十五萬人。然而，隨著鐵路於一八三〇年代的到來，這種增長趨勢更是加速，幾近倍增。根據一八五一年的人口普查，倫敦人口已達二三六萬三一四一人，約佔當時英格蘭與威爾斯總人口的五分之一至六分之一。

旅館、教堂、傳統房舍，乃至狄更斯早期小說中的老古玩店，如今不是被鐵路軌道、車站、側線與高架橋徹底驅逐，就是在聯排住宅與郊區別墅的擠壓下黯然失色。特拉法加廣場於一八四四年落成，其北側則設立了新國家美術館。早在一八四二年，一座高達十七英尺的納爾遜海軍上將雕像便已在查令十字路口展出，引來數以千計的民眾圍觀讚嘆。不久之後，該雕像連同圓柱被大幅加高至近一百七十英尺，並移至特拉法加廣場中央，以紀念納爾遜於一八〇五年十月二十一日在西班牙海岸擊敗法西聯軍的偉大戰功。後來，在圓柱南面還嵌上了一幅浮雕，描繪他於特拉法加戰役中壯烈犧牲的場景。

亨格福德市場——也就是今日查令十字路車站的所在地——於一八四五年重建，並增設了一座跨越泰晤士河的人行橋。到了一八四七年，新牛津街已經貫通過充斥惡臭、貧困與危險的聖吉爾斯貧民窟——此地被視為所謂的「鴉巢」（rookery）之一，因為居民多隱身於牆洞與地道之中，彷彿烏鴉般棲身其中。然而，沙夫茨伯里大街與查令十字路尚未穿越它們所屬的那些骯髒雜亂、人口稠密的貧民聚落。當時的倫敦，還沒有規劃整齊的公寓與街區，沒有維多利亞堤岸，沒有倫敦塔橋，也沒有河岸街上的新皇家法院。

在維多利亞時代初期，隨著首都的鐵路建設工程逐步逼近預定的終點站，數以千計的倫敦居民被迫遷離原有住處，以騰出空間給鐵路線或主要幹線的施工。然而，當時卻缺乏任何配套的安置計畫，導致原有的貧民窟更加擁擠不堪。為了在早上六點準時抵達碼頭或建築工地、排隊等候開工，人們不得不居住在距離工作地點較近的區域。快速又廉價的大都會鐵路直到一八六〇年代才開始運行。在此之前，雖然公共馬車自一八二九年便已開始沿著鵝卵石街道喀喀行駛，但對工人而言票價過於高昂，難以負擔。更何況，公共馬車速度緩慢，每逢有人攔車便需停靠，再加上狹窄的街道上擁擠不堪，還得與貨車與來往人潮爭道。因此，多數人選擇步行上下班；若負擔得起，則會改搭出租馬車。

倫敦的行政管理堪稱一團混亂。除了自一八二九年成立的倫敦警察廳外，當時並無任何單一機構能夠統籌全倫敦的治理，而且直到一八五五年大都會工程委員會成立、著手重建落後的下水道系統之前，也始終沒有機構具備這樣的能力。原始的倫敦城由一套小型、自我維持、關係緊密且富裕的治理體系所掌控，包括參事會（Court of Aldermen）、政務議事廳（Court of Common Council），以及具有強大影響力的傳統同業公會。這套體制對於任何涉及倫敦城邊界以外的開支，普遍抱持頑強的抵制態度。郊區則由教區委員會掌管，其選舉權極為有限。委員會對於濟貧、下水道、照明、街道清掃與鋪設等事務並無全面責任，因為還存在約兩百個依據個別國會法案成立的臨時機構，長年累積形成一個錯綜複雜、彼此重疊的治理網絡。例如，聖潘克拉斯教區在其僅四平方英尺的範圍內，就設有十八個各自獨立的鋪路委託單位。[9]在攸關公共健康的下水道管理方面，倫敦共有八位負責的城市長官，但他們普遍認為，只要能清除浮上水面的廢棄物，其餘皆非己責。[10]全倫敦的市民僅有十八位國會議員代表其利益，平均每位議員須代表十八萬一二三五人——而在這些人當中，即便歷經一八三二年改革法案擴大選舉權後，仍只有六八七〇人擁有投票權。暗盤交易與腐敗猖獗，所有改革嘗試皆遭地方勢力阻撓。倫敦的行政體制，顯然早已無法應付其龐大規模與高度密集的人口。

倫敦市中心的噪音與陰暗，對多數觀察者而言帶來強烈衝擊。美國小說家梅爾維爾曾從北邊的櫻草花山俯瞰這座城市，並對被濃厚煙霧籠罩的倫敦寫下這樣一句話：「望向這座都市，就如同在觀看地獄一般。」天空陰鬱沉暗，木製與鐵製車輪喀喀作響、不停地碾過鵝卵石街道。如今，在某些區域，更會聽見火車噴著濃煙、鳴笛喧嘩駛過的聲響，使空氣中的煙霧愈加濃烈。歷史學家湯瑪斯・卡萊爾（Thomas Carlyle）於一八三四年居住倫敦時，在寫給妹妹金的信中提到，即使是在近郊、靠近河岸的切爾西，他與妻子珍仍緊鄰著「這顆行星地表上最狂暴、煤煙最濃、最喧囂的巴比倫」。[11]對於一向以敏感聞名的卡萊爾來說，倫敦的噪音幾乎從未停歇：「男人、女人、小孩、公共馬車、四輪馬車……鐘塔的鐘聲、門鈴聲、紳士們的喋喋不休、郵差的吆喝聲、僕人們的大聲叫喊。」[12]法國社會主義者與女性主義作家特里斯坦曾讚美倫敦主要街道上的煤氣燈光，稱其為「魔法之光」——這源自一八〇七年帕摩爾街首度以煤氣點燈所帶來的奇景。然而，即便如此，秋冬時節長年籠罩城市上空的濃煙與陰霾，仍令人難以忽視。倫敦的「奇景」時常出現——那是由低垂的雲層、靜止的空氣與煙囪排出的硫磺濃煙所構成的大霧。即便今日煙囪早已停止使用，這樣的霧霾景象仍不時自維多利亞地區冉冉升起，直至天際。即使是特里斯坦女士所稱頌的華美煤氣燈，也難以抵銷每年燃燒三百五十萬噸煤所產生的陰鬱氛圍。事實上，她也曾抱怨倫敦的塵埃、煤煙、濃霧，以及這座城市由煙霧所鑄就的一切惡名。[13]

泥濘、陰鬱與飢餓

依季節變化不同，倫敦街頭的貨車、出租馬車與公共馬車，會激起混雜著髒水、泥濘與馬糞的濺泉，或揚起夾雜著塵土、稻草與乾糞的旋風。整座城市又髒又臭；狹窄的街道上堆滿壓實的泥濘與排泄物。狄更斯在《孤雛淚》中便曾形容，那是一層「在石頭上結成厚厚的泥濘」。倫敦街道多半不是鋪設整齊的鵝卵石，而是粗糙地用滾輪壓實碎花崗岩小片而成，鋪設品質差劣，極易因來往車輛的碾壓而損壞。女性過馬路時，必須小心提起裙襬，以避免沾染髒汙；有時還需拿出硬幣，付給在十字路口擔任清道夫的衣衫襤褸兒童，好讓他們先將路上的糞便、泥濘與塵埃清掃乾淨。靠近史密斯菲爾德的肉品市場與屠宰場，這些孩子還要擦去地上的血水、驅趕成群蒼蠅，甚至清理街頭常見的人類排泄物。他們就像狄更斯在《荒涼山莊》中所描寫的角色喬一樣，沒有父母、沒有朋友，從未上過學，生活在小說所稱的「湯姆獨院」（Tom-All-Alone's）這種惡名昭彰的貧民窟中，與貧窮、疾病、飢餓與嚴寒為伍，如影隨形。[14]

一位美國訪客亨利·柯爾曼（Henry Colman），在一八四九年寫信給他的波士頓朋友說：

在這座極度擁擠、異常龐大的城市中，隨處可見因飢餓而瀕臨死亡的男人、女人與孩童。當那些光鮮亮麗、飾有鍍金裝飾、內襯絲綢、並配有制服整齊男僕的豪華馬車穿梭街頭時，他們身旁往往就是衣不蔽體、孤苦無依、貧困潦倒、幾近赤裸的可憐人。[15]

柯爾曼在倫敦下榻於一間一房一廳的旅館，每週租金為三十先令，包含早餐與茶。他另為煤炭與蠟燭支付額外費用，旅館則允許住客依需求多寡自行選擇用量。他還額外付了一先令——讓人懷疑是否付得過多——請人清理靴子，並時常給女服務生小費。他的同鄉梅爾維爾則在克雷文街二十五號租了一個房間，地點距離河岸街與倫敦市中心略遠，租金只需一先令六便士多一些。每週總計僅付一點五幾尼，並自覺價格相當划算。如果搬到南岸那些不太時尚的區域，只需一鎊便能住得相當舒適。然而，這樣的價格對貧民來說遙不可及。他們的收入與支出都是以幾便士為單位，難得見到銀幣，更遑論金幣了。

柯爾曼認為倫敦人舉止文明，但這或許是因為他所接觸的，都是經人引薦、舉止彬彬有禮的社交圈。他也認為倫敦相當乾淨，這與大多數訪客留下的印象恰恰相反。他表示自己很少見到癮君子，或許也從未目睹有人嚼食菸草後隨地噴汁的場面——那正是著名記者兼小說家狄更斯在美國旅行時，所目睹的噁心景象。柯爾曼也說他從未聽聞任何髒話或黃色笑話，儘管他聲稱曾經走訪過貧民窟。不過，這樣的經驗或許也不令人太驚訝，畢竟他是普救一位神教的牧師，衣著自然得體、舉止謹慎。儘管柯爾曼對英國首都的公共秩序給予高度肯定，但當他將倫敦與法國漁港布洛涅相比時，仍不得不承認，在他看來，布洛涅的居民衣著整潔、生活無虞；而倫敦則是飽受饑荒、骯髒與酗酒之苦。[16]

鴉巢

初來乍到的訪客，很難不被倫敦街頭的景象所震撼：小乞丐、赤腳破衣的掃街童，那些為了賺取幾便士行李搬運費、緊跟著出租馬車跑上好幾英里的孩子；還有在泥濘中幫忙抬車輪、露宿街頭、吃什麼算什麼的孩童，以及河岸邊那些衣不蔽體、滿身汙垢、飢餓、早熟、目不識丁、甚至反覆進出監獄的流浪兒。他們是生活在倫敦各大「鴉巢」中的十五萬名貧困者之一；這些貧民窟的建築高聳而狹窄，總是擠滿了盡可能塞在一起的住戶。有些地區，在興建之初原本並非鴉巢，但很快便淪為貧民窟。例如新路正北方的阿加鎮，在鐵路側線與煤堆場底下逐漸沒落。一名投機的建商，原本可能將房屋設計給中產階級租客，卻因各種原因無法吸引這類住戶。為了維持現金流，他便將房屋改造為分租單位，低價出租，一間間隔開後租給不同家庭，甚至讓一個家庭只佔據一個角落。如此一來，整個街區很快陷入貧困與喧囂，長期處於惡劣環境，直到一個世紀後才終於被拆除清空。也有些鴉巢是因富人搬離後被遺棄的房屋，任其淪為窮人棲身之所。在維多利亞時代早期，最惡名昭彰的鴉巢之一是聖吉爾斯，即今日新牛津街與沙夫茨伯里大街交會處。這裡聚集著赤貧的愛爾蘭移民、勞工、遊民與罪犯階層。許多房間擠滿了八名男女，同處一室、緊貼而眠，打地鋪或睡在稻草上，與他們為伍的，是無處不在的臭蟲。

關於鴉巢，有一篇令人不寒而慄、毛骨悚然的描寫，出自新聞工作者喬治．奧古斯塔斯．薩拉（George Augustus Sala）之手，寫於一八五九年：

從數百條骯髒的巷弄中，流向整潔簇新的步道的，是人們難以想像、聞所未聞的恐怖景象。那些口齒不清、衣不蔽體的男女，頂著宛如著火般蓬亂的頭髮，髮根從眉毛以上一英寸處炸開；雙眼浮腫渙散，嘴角咧開，露出一口黃板牙。毛茸茸的鼻孔下，是被打歪的鼻樑；手腳隨意伸展，皮膚嵌滿汙垢，令人駭異的畸形與可怖的殘肢、潰爛流膿的傷口毫無遮掩地暴露出來……他們像爬蟲一般盤踞腳邊，又如噁心的寄生蟲般在身邊蠕動。

一個人或許尚能忍受那些骯髒粗暴的男人——一枚硬幣或一句威脅足以使他們退縮，並咒罵自己惡臭的窩巢。但面對那些女人，卻令人無法承受，不禁心生戰慄，感到無限的悲憫與羞恥。她們的樣貌令人驚懼，幾近全然男性化，毫無羞恥之心；她們孤獨得像是被上天遺棄的人，赤裸的豬肝色腳踝在行人道上敲出魔鬼的節奏。斜垂的肩膀貼近灰黃的臉頰，頭髮凌亂不整、髒汙糾結；乾瘦的雙手緊緊抓住破布般的圍巾，可憐地遮掩著殘酷的現實——她們身上沒有長袍，那襤褸的襯裙與內衣，是唯一能遮體的東西。

望向那些巷弄本身，破布晾掛在窗外的竹竿上，隨風飄動，像是一種可憐的笑柄，在等待清洗與曬乾；門檻邊躺著滾動的孩童，身後是比但丁筆下地獄更汙穢的後院，以及充滿排泄物的樓梯間。你也許會透過骯髒模糊的窗戶凝視，看到那些人居住的可憐窩巢——疾病纏身、虛弱不堪、奄奄一息、甚至早已死亡的身影，橫躺在光禿禿的地板上，最好的情況也不過是蓋著幾塊破毛毯或草蓆；顫抖的老人蜷縮在沒有火的壁爐邊，醉醺醺的丈夫從腐爛的大門衝出，一把扯住妻子的頭髮，將她浮腫的臉打出數道瘀青，只因她將原本可以換酒的破布拿去典當了。[17]

小說家蓋斯凱爾夫人（Mrs. Gaskell）在其作品《瑪麗．巴頓》中，對曼徹斯特貧民窟的描寫冷靜、客觀，幾乎不帶任何感情，而這樣的描述，同樣可以輕易地套用在倫敦身上：

〔這條街道〕沒有鋪砌，下到中間可以看到一條緊挨著道路的溝渠，不時在洞裡形成水塘，街道上到處都是這樣的地方。沒有比這條街道，更讓老愛丁堡人需要高聲尖叫「小心髒水！」了。當他們經過的時候，女人會從門中把家裡五花八門的髒水倒進溝渠中；接著，他們又陷入下一個滿溢且腐臭的水塘。路過的人絲毫不關心清潔，恣意地放足踩踏，讓踏腳石揚起大量的灰塵。[18]

所謂「五花八門的髒水」，其實就是人類排泄物的委婉說法。

在這些貧民窟中，即使每週租金僅需幾便士，大量金錢仍被花費在租屋上。其中一處位於波特曼廣場旁的貧民窟——卡爾梅爾屋群——距離首都一些最優雅的建築僅咫尺之遙。這個屋群由一條寬二十二英尺的狹長庭院及其四周環繞的二十六棟三層樓房所構成；庭院中央流著一條惡臭撲鼻的開放式陰溝。在這片擁擠不堪的空間裡，共住著四百二十六名男性與五百一十八名女性，平均每棟房屋擠入三十六人。每棟房子每年可為房東帶來二十至三十鎊的收益。[19]

雖然大都會改善勞動階級住所協會（MADIC）於一八四五年成立，並在一八四九年於東倫敦的斯特普尼區興建了「亞伯特住宅」，內部設有廚房、流理台、兩間臥室、自來水與抽水馬桶，租金每週介三先令六便士至四先令六便士之間，並被要求在財政上盡可能維持合理，但這樣的住宅仍遠超出貧民窟居民的負擔能力。維多利亞時代的體力勞動者，據估計需將收入的百分之十用於租金支出。然而，只有技術工人才能達到每週兩鎊這樣幾乎不可能的高薪，以負擔每週四先令的租金。實際上，能賺到這樣薪資的工人少之又少，多數人則長期處於不穩定或間歇性失業的狀態。一名每週收入十五先令的勞工，也許勉強能負擔每週二先令六便士的租金——這已佔去他收入的六分之一，只能租下一間房間，與妻子和家人擠在一起生活。微薄的收入、疾病、工安事故、失業，以及過多的子女，使人輕易陷入早期維多利亞時代倫敦最基本的生存線之下。

第二章　女性的空間？

女王陛下萬歲！

當維多利亞女王於一八三八年六月二十八日在西敏寺舉行加冕典禮時，她腳下這座首都陰暗的一面——悲慘、泥濘四濺、長期陷於饑餓與困頓的現實——全都被華麗的儀式所掩蓋。女王當時仍是個年輕女子，個性謹慎，甚至可說受制於母親的嚴格教養，內心渴望著婚姻與家庭生活。她不太可能真正了解倫敦下層社會的貧窮與極端困境。[1]

更何況，她的第一任首相墨爾本子爵（Lord Melbourne）對社會改革立法缺乏信心，甚至認為那是「幾無效益之事」。

在墨爾本的盤算中，加冕典禮成為挽回英國皇室聲望的契機。這是自一八三二年《改革法案》通過以來的首次加冕儀式，子爵希望藉由一場從西敏寺一路巡遊至白金漢宮的華麗遊行，將之打造成一場面向群眾的盛大慶典。白金漢宮此時正作為嶄新、現代化，並自此成為王室正式住所的象徵。這場遊行預計歷時一小時，為此倫敦部分主要路段被重新鋪設，使四輪馬車得以比平時更順暢地行駛在原本顛簸的鵝卵石路上。

騎兵隊列、顯貴的平民與各國使節乘著馬車，緊隨王室爵爺與維多利亞家族其他成員之後。新任女王坐在黃金國家馬車中，由近衛騎兵團與御林衛士護衛，馬車兩側則有一隊騎馬的御林軍隨行侍從，場面隆重華麗，氣勢非凡。

清晨四點，夏日破曉時分，禮砲隆隆作響，為加冕日揭開序幕。到了早上八點，政府特別搭建於海德公園角、面對聖喬治醫院的觀禮看台，已經擠滿盛裝出席的淑女與紳士；每位觀眾為了一席之位支付了二先令六便士。特別是美國大使館，更是幾乎被洶湧的索票人潮淹沒。十點鐘，隨著烏雲散去，陽光露臉，年輕的維多利亞女王乘坐皇家馬車，開始穿越歡呼的群眾，從憲法山出發，抵達海德公園角。她的馬車在此右轉，經過威靈頓公爵的宅邸「阿普斯利邸宅」——以「倫敦第一號」聞名——隨後沿皮卡迪利大道前行，再右轉進入聖詹姆士街。長長的遊行隊伍繼續前往帕摩爾街，再轉向查令十字路，沿白廳進入西敏區，最終抵達西敏寺。整段行程如預期般耗時一小時。當天下午四點一刻，皇家馬車依原路折返，讓成千上萬的民眾再次得以一睹女王風采，並為他們的年輕君主熱烈歡呼。同一天，著名主廚阿歷克謝·索耶（Alexis Soyer）在兩年前創立的帕摩爾「改革俱樂部」中，為兩千名賓客準備了豐盛的早餐。

據估計，當天約有四十萬人擠滿街道，排成長龍，只為親眼目睹維多利亞女王的加冕遊行並向她揮手致意。這些觀禮群眾多半是搭乘特別安排的旅遊火車而來，抵達新近落成的幹線車站，如尤斯頓廣場與倫敦橋，或是在尚未設立維多利亞與派丁頓車站之前，使用位於九榆樹與主教橋路的臨時「終點站」下車。許多人選擇在皇家公園紮營過夜，當地也特別設置了娛樂與餐飲設施應對人潮。在海德公園，更設有一座巨大的露天遊樂場，連續開放兩天，提供群眾休憩與歡樂。現場還有樂團表演與熱氣球升空，熱鬧非凡。而在綠園舉行的煙火大會，則為這個愉悅的夏夜增添了無限光彩與生氣。

「在我看來，它就像是場死亡的行進」

在這個舉國歡騰的六月時節，觀察者們紛紛讚嘆那些沿著加冕遊行路線、早早占好位子的仕女們是多麼優雅動人。[2]然而，倫敦同時也是許多其他女性的家園。她們與維多利亞女王年紀相仿，卻可能在骯髒、酗酒與粗俗言語的環境中長大成人。這些女子多為單身女工，尤其是處境最為悲慘的低薪縫衣女工、家務幫傭或無依無靠的孤兒。她們往往成為年輕有錢少爺的消遣對象——那些少爺們在步入上流社會、準備結婚前，時常將這些社會底層的女性視為玩物，任意享用與拋棄。

這類女子或許曾短暫享受過高檔的生活，但當那位少爺結婚後，她便會被毫不留情地拋棄。她可能成為一八五一年登記在案的四萬兩千名私生子中的一位母親——這些私生子約佔當年所有新生兒的將近百分之七。她也可能將孩子寄養他人，甚至，絕望之下將孩子殺害。[3]她將顏面盡失；若還有父母，往往也會遭到逐出家門的命運。為了求生，她可能被迫在如聖詹姆斯這類較高階地區當起阻街女郎，或是在德魯里巷、柯芬園一帶的劇場酒吧中尋找目標。[4]當時，乾草市場與下攝政街仍是妓女拉客的熱門地點，尚未如日後般，被皮卡地里圓環以及儷人街、沃杜爾街與風車街等更時尚區域隔離開來。

與那些搭乘浮誇馬車沿攝政街緩緩而行、停下來隔著光鮮亮麗的平板玻璃欣賞令人心動的櫥窗商品的仕女們不同，她只能步行在乾草市場與柱廊街的街道上——攝政街正是在此處轉入考文垂街，而今日這一帶已成為皮卡地里圓環。

當柱廊街在一八四〇年代被拆除後，妓女們轉往伯靈頓拱廊街，那裡聚集著沉迷享樂的時髦男子。倫敦城裡的店員會特意前往那裡裝模作樣地遊逛，幻想自己能在街頭被昂貴妓女拋來一記媚眼。這些妓女通常會在下午三點至五點之間出沒，等待浪蕩紳士傳遞信號，隨即與對方一同上樓。[5]拱廊內女帽店或廉價飾品店的樓上，往往是眾所周知的性交易場所。縫衣女工縫一件衣服所得微薄至極，連勉強餬口都成問題，遑論穿上自己製作的漂亮衣服。她們飽受華美衣裳誘惑，在大都市所謂「愉悅」（gay）生活的吸引下逐漸沉淪（這裡的gay不像現在是指同性戀，而是普遍指性放縱）。當狄更斯在《尼古拉斯．尼克貝》第十章中，讓拉爾夫．尼克貝把姪女凱特送進馬塔里尼夫人的縫衣工坊時，讀者無不明白拉爾夫的惡毒用心。他明知那是一個充滿危險與誘惑的場所，卻依然把凱特推進那樣的深淵之中。[6]

警察幾乎不曾干涉這種現象。在一八四一年只有九四〇九名娼妓被逮捕，大部分都出身最貧窮的階級，而且或許都是因為相關的犯罪，如偷竊或違反公共秩序才被逮捕的。[7]

就如同撲粉抹脂無法掩蓋歲月的痕跡，倫敦妓女的收入也終將從高峰滑落。曾經，她們或許能靠每年二十至三十鎊的收入維持吸引力——這被認為是她們維持外貌與生活所需的最低標準。然而，隨著年華老去與魅力褪色，她的營利會一路下滑。她可能會轉戰攝政街前端的波特蘭坊，加入當地提供性交易的女子行列，或是在乾草市場前方那些狹窄街道中尋求客源。再之後，她或許會到以色欲橫流著稱的沃克斯豪爾與克雷摩恩遊樂花園兜攬生意，然後沿著從海德公園向北延伸、昏暗的埃德韋爾路蹣跚前行。但最終，她恐怕仍無可避免地淪落至更低階、競爭激烈的生存邊緣。倫敦賣春的最底層地區，是碼頭一帶。在那裡，患有梅毒潰瘍、語帶粗俗的邋遢女子，身穿二手的破舊華服，遊走於一家又一家的酒吧間；她們與其他妓女爭執拉扯，只為能擠入那些剛領完薪水、準備揮霍的水手所形成的買春行列。這些顧客加速了她的墮落，使她的舉止與品味不斷下滑，直到徹底跌落谷底。那時的她，只能為了一杯琴酒、或一晚可過夜的床位出賣自己。這樣一位悲慘、酒精浸透的下等妓女，衣衫破敗地乞求風雨憐憫；她消瘦憔悴的面容上胡亂塗著胭脂，最終的結局，也許是死於毆打、酒精，或梅毒之手。

外國觀察家對於倫敦厚顏無恥、明目張膽的賣淫現象，無不感到震驚。法國作家泰納（Hippolyte Taine）曾寫道，在乾草市場或河岸街，你幾乎無法走上一百碼而不被妓女糾纏——她們只為籌得下一餐的酒錢或支付房租。他說：「我感覺自己就像是在觀看一場垂死女子的分列式……這裡的化膿潰爛，是英國社會肌體上真正的膿瘡。」[8]

特里斯坦曾走訪一個相對較新的街區，位於滑鐵盧路一帶——這條街得名自滑鐵盧橋，位於其南側。根據一八四一年的人口普查，該區共有二十四棟房屋，居住著五十七名年輕女性。她們的年齡結構與幾乎完全缺乏男性的情況，顯示這些女子極可能是妓女。[9]特里斯坦記錄道，她曾在一個夏夜造訪此地，見到這些女子上身裸露，站在窗邊或門邊。她認為，她們的處境正是女性在社會不公與生活壓迫下幾乎無法逃避的結果。她也十分清楚，這些女子的保護者——妓院老闆或皮條客——往往就在她們身旁、窗邊守望。她還詳細描述了所謂的「完事處」（finishes）——富有男子在放縱一夜後的最終去處。她說，這些地方通常是「光鮮亮麗的小酒館」，裡頭展示著昂貴的女子，供男性挑選，並在桌邊陪伴娛樂。根據她的說法（雖或許略有誇張），在那裡的女子要價可達五十，甚至一百鎊之多。[10]

特里斯坦引用了一篇當時對倫敦賣淫情況的調查指出，在這座首都，每晚有八萬到十萬女性在出賣自己的身體。然而，這個數字不可避免地只是猜測，或是依據警方逮捕、以及那些獲准關進醫院裡，接受水銀治療——這是當時唯一可以獲得的治性病方法——的妓女數字，來做出推斷。對於妓女，並沒有清楚的法律定義可循。一位基層司法官就曖昧地宣稱：

> 在這座城鎮、在我們現在所處的西敏區、或者從河岸街的半途到坦普爾酒吧區（倫敦城的起點），每個晚上，我們大概可以發現五百到一千名可憐人；她們如何從自己的賣淫行為中賺取利益，實在是筆墨難以表述。[11]

不像是某些歐陸城市，倫敦的妓女不可能建立起統計數字，因為她們並沒有被要求向警方註冊，以便接受定期醫藥檢驗，或是在特別允許的紅燈區進行交易。

缺少控制讓整體狀況益發惡化。直到一八七五年，十二歲都是性交的合法年紀。於是許多母親賣掉她們的十二歲女兒，或是那些被宣稱已經十二歲的女孩子。客人被保證他們是這女孩的第一個男人；這是一個重點，因為當時普遍相信和處女性交，可以治療傳染性的性病。可是不論如何，年輕女孩常常都會逾越父母的控制；性行為混亂在生活於便宜寄宿房舍或倫敦鴉巢中，犯罪或是半犯罪的青少年階級間，是相當普遍的事。倫敦防治青少年賣淫協會在一八三五年成立，他們報告說，在倫敦也有少年被買賣的情況產生。

當時社會上並不缺乏致力於改革娼妓問題的組織。一八四七年，狄更斯發揮影響力，與慈善家庫茨夫人（Angela Burdett-Coutts）合作，在倫敦西郊的牧羊人叢林區設立了一處合宜的收容所，並為其取了一個樸實無華的名稱——「維納斯小屋」。入住的女子皆經過嚴格篩選，並接受紀律嚴明但不苛刻的訓練，同時被鼓勵學習實用的家務技能。據記載，許多結業後的女子移民至美國或澳洲，開啟新生活。[12]

根據倫敦警察廳的統計，當時倫敦的娼妓人數至少約為一萬人；而報章媒體所傳播的數字，則從這個可能偏低的估計一路飆升至十萬人不等，誇張程度不一。一八四八年，攝政街的店主甚至要求拆除由納什設計、具有喬治與攝政時期風格的著名拱廊，理由是天氣不佳時，妓女便聚集在拱廊下躲避風雨。對此，《泰晤士報》的一位通訊員強烈反對這種驅趕手段。他呼籲倫敦市民，若曾因這些「無助之人」而感到困擾，應該挺身而出，說清楚自己的立場與感受。[13]十年後，一八五八年一月八日，《泰晤士報》發表評論指出，在其他歐洲首都中，從未見過如倫敦這般「日夜不分地公然展現賣淫行為的城市」。[14]女性若在攝政街或皮卡地里購物，常會遭妓女挑釁——對方視她們為競爭對手，認為是來搶生意的。更甚者，一般女性有時也會被類似今日「開車尋找性交易」的男子搭訕，這暗示妓女並不總是容易辨認的。在某些方面，這也預示了現代關於「女性應否穿著端莊得體」的論爭。當時，女性被勸導應配戴闊邊女帽（poke bonnet），以在未經允許的情況下遮掩面容，並被建議避免穿著鮮紅色衣物。當時著名的交際花蘿拉・蒙泰絲（Lola Montes），亦因其穿著與形象，常被視為夜生活女性的「制服」代表之一，並曾捲入當代相關法律案件。

黑暗與異國情調：蘿拉・蒙泰絲

蘿拉・蒙泰絲（Lola Montes，又譯蒙提斯）是那個時代最著名的女性投機者之一。一八四九年，她的名字佔據了倫敦各大報章的版面，成為全城話題。[15]她本名伊麗莎・吉伯特（Eliza Gilbert），一八二〇年出生於愛爾蘭，是一位軍官的女兒。父親被派往印度服役，後在當地染上霍亂去世。伊麗莎十六歲時與中尉湯瑪斯・詹姆斯私奔，但這段婚姻很快破裂。返英後，她依靠繼父的財力過著揮霍的生活，經常出入海德公園，駕著閃亮馬車，乘坐矮種馬，身邊總有數名男伴陪伴，其中包括中尉喬治・雷諾克斯（後來成為國會議員）。然而，她很快揮霍殆盡。隨後，她又經歷一段醜聞：雷諾克斯為免公開爭議，在未引起社會關注的情況下承認自己犯下了「通姦罪」（crim. con.，即criminal conversation的縮寫，當時用於指涉不正當性關係），並向詹姆斯象徵性支付一百鎊，以求息事寧人。這位美麗而機敏的女子遂離開英國，前往西班牙安達魯西亞學習舞蹈，並改名為瑪麗亞・朵洛莉絲（Maria Dolores），對外則簡稱蘿拉（Lola）。與此同時，一八四二年十二月十五日，詹姆斯於教會法庭取得與她的分居許可。此舉並不構成正式離婚，依照當時法律，日後的任何婚姻關係皆屬非法。

使用藝名「蘿拉・蒙泰絲」之後，伊麗莎迅速成為巴黎的風雲人物。在當地，她受到上層階級男性的「保護」，並將自己無庸置疑的舞蹈才華，與挑逗性的肢體律動及極為輕薄的服裝風格結合，形成獨具一格的表演特色。她最著名的演出是所謂的「蜘蛛舞」——一種以假意在衣物或身體敏感部位尋找蜘蛛為表演核心的舞蹈，充滿感官暗示與挑戰社會禁忌的元素。

在一次走訪倫敦中，蘿拉試著吸引報章媒體的注意；她登上牛津街的公主劇院，穿了一件袒胸露背的深紅色洋裝——那是一種會讓人認定「這樣穿的女性是個妓女」的色彩。她的賭博聲名狼藉地失敗了。人們紛紛別過頭去，蘿拉這位聞名的蕩婦，遭到了排斥；但這在她的事業中，不過是個小小的問題罷了。

當一八四六年在慕尼黑演出時，蘿拉吸引到巴伐利亞的路德維希一世——一位六十來歲的小君侯、平庸的詩人、以及新古典宏偉建築的建設者——的注意。路德維希無可抗拒地為蘿拉的黑暗與異國風情感到神魂顛倒，封她為蘭斯菲爾德伯爵夫人。於是，在她的領地與巴伐利亞首都，蘿拉表現得像是位被寵壞的時尚偶像。她毆打自己的僕人、脾氣不好時會破壞窗戶，拒絕付自己欠下的高額帳單，最後還勸說路德維希關閉當地的大學，以壓制學生對路德維希鋪張浪費、以及在情婦身上過度花費的抗議。不只如此，她還密切牽涉到內閣辭職的政治密謀當中，結果在一八四八年，路德維希最終被迫退位。

帶著從國王處獲得的珠寶與財富，蘿拉返回倫敦。她依舊難掩奢華習性，在靠近皮卡地里的半月街二十七號購置了一處擁有十個房間的高價公寓。不久，一部改編自她在巴伐利亞經歷的舞台劇由於過於傷風敗俗，引起關注，甚至促使負責審查戲劇的張伯倫勛爵下令查禁。儘管在上流社會遭到冷落，蘿拉依然引發了極大的社會轟動。全城都在談論她，女性紛紛模仿她的髮型與穿著風格。商人則迅速嗅到商機，有的將她的肖像印製在扇子上販售給仰慕她的婦女，有的則印在鼻煙壺上，供男性購買後贈送給志趣相投的友人。

一八四九年七月十九日，蘿拉與她所傾心的一位鰥夫喬治·斯塔福·希爾德在時尚的漢諾瓦廣場聖喬治教堂舉行婚禮。然而，這場婚姻很快被證明是一個錯誤。當兩人蜜月返家後不久，蘿拉即遭逮捕，並被控犯下重婚罪。

一八四九年八月六日，在公眾高度關注下，蘿拉與丈夫一同出現在倫敦西區大馬爾伯勒街的地方法院。《泰晤士報》的記者帶著幾分嘲諷地報導道：「蘿拉聲稱自己二十四歲，儘管實際年齡已二十八歲，看起來卻像三十歲，而且對自身處境『頗為不以為意』。」報導中充滿關於她外貌與服飾的細節描寫。蘿拉在庭上表示，自己已依法解除與詹姆斯早年的私奔婚姻，並堅稱獲得合法同意後才與希爾德再婚。當天，她穿著黑色絲襪、貼身的黑色天鵝絨上衣，頭戴一頂飾有藍邊的白色草帽。她舉止率直，面容具有高聳顴骨與一雙藍色大眼，長睫毛下更添幾分戲劇化的神情。與她結婚的年輕丈夫僅二十一歲，外貌則被描述為「鼻樑上翹，使得整張臉顯得相當愚蠢」。這起重婚指控由他的未婚阿姨提出，她擔憂蘿拉這位聲名遠播的女投機者，只是意在覬覦他每年六至七千鎊的可觀收入。

蘿拉以高達兩千鎊的鉅額保釋金獲准保釋，但她選擇不再出庭應訊，而是與希爾德一同棄保潛逃，悄悄穿越英倫海峽離境。兩人的婚姻不久便破裂，蘿拉則繼續在歐洲大陸從事舞蹈表演，之後更遠赴美國與澳洲簽約演出，為如巴拉瑞特（Ballarat）等金礦城鎮的礦工提供娛樂。最終，她選擇在美國展開新生活，期間又經歷了兩段婚姻。晚年，她的生活充滿對昔日風華歲月的鄉愁與回憶。據稱她皈依宗教，並對早年所為表現出悔意。她自西班牙學習舞蹈以來即嗜菸如命，最終因多次中風而健康惡化，並於一八六一年一月十七日辭世，年僅四十歲。儘管生命短暫，蘿拉的經歷比許多同時代女性更為自由奔放、充滿變化。在她年輕時，她或許不會贊同當代出版物中所展現的道德訓誡，例如馬丁・塔珀（Martin Tupper）在其暢銷書《諺語哲學》中所提出的格言：「確實，沒有任何化妝品比神聖的良心更有用。」然而，大眾顯然接受這套說法：截至一八四九年，該書已出版至第九版，在英國銷量達五十萬冊，在美國更高達一百萬冊。[16]

永遠的美

凡是對歲月痕跡感到焦慮，或將容貌視為生命般重要的女性，往往會造訪瑞秋夫人位於新龐德街的店鋪。這裡是當時倫敦時尚的核心地段。十九世紀中葉後不久，一種名為「上釉術」（enamelling）的美容技術風行一時，主要用於染髮與遮掩皺紋，搭配其他療程，每一項價格幾乎都不低於一幾尼。除了這些療程，還有牙膏、洗髮精與眼影等美容產品，售價同樣不菲。瑞秋夫人販售的產品包裝華麗，但實際內容多為水與常見藥房調劑物。例如，她所宣稱來自「撒哈拉磁石」的純水，售價高達兩幾尼，後來被驗出不過是鉛、澱粉、鹽酸與蒸餾水的混合物。不過據說，她本人曾在嚴重掉髮時，從一位醫院醫師處獲得一份或許真正有效的生髮配方。她的各類療法與美容觀念被輯錄於她自編的小冊子《永遠的美》中。這個標題可視為對當時風行的詩人考文垂．帕特莫爾《永遠的承諾》一詩的諷刺回應。該詩後被納入詩集《屋子裡的天使》，成為維多利亞時期妻子理想形象的象徵之一。[17]瑞秋夫人的廣告宣傳也頗具戲劇效果：看板上畫著兩名女子一前一後行走，前者美貌動人，後者則醜陋不堪——暗示這正是美麗女子在接受改造前的模樣。瑞秋夫人過去曾在克萊爾市場販售炸魚，也曾在德魯里巷劇院後巷從事妓院經營，身分背景頗為複雜。最終，她因不實宣傳遭到起訴，被送上老貝利刑事法院受審，並判處有期徒刑與苦役。然而，她之所以入獄，並非因欺騙那些蜂擁至店中的女性顧客，而是因為另一樁精心設計的詐騙案：她假扮一位年輕性感的貴族，以書信熱情勾引一位年長寡婦，誘使對方購買全套昂貴療程，最終騙取七千鎊鉅款。這才導致她被判刑入獄。[18]

瑞秋夫人位於新龐德街47a號的沙龍，亦因成為已婚婦女邂逅情人的場所而廣為人知。這樣的風評並非偶然，因為儘管當時社會對虔誠與體面日益強調，倫敦上層階級的生活仍充斥著性道德的矛盾與逸脫。這種現象也反映在河岸街（Strand）附近霍利威爾街（Holywell Street）一帶色情書刊市場的繁盛上。一八六五年，警方突襲了威廉·杜格戴爾（William Dugdale）在此設立的書店，查扣書籍八二二冊、印刷品三八七〇件，以及大量其他相關物品。[19]

然而，獲取關於性行為的資訊並不必然仰賴色情書刊。報紙本身即經常刊載關於通姦事件的露骨報導。在一八七五年《離婚法》通過之前，媒體擁有更多機會詳細描寫當時盛行的通姦案件，藉此迎合並滿足所謂的「公眾興趣」。

在十九世紀中葉，正直、守貞與嚴謹（維多利亞時代的流行術語）取代了攝政時代隨意奔放的性態度。當維多利亞的統治持續推進，高等階層在性方面的不正確，不再是一種無憂無慮的作為。內政大臣巴麥尊勛爵就為此大吃苦頭；一八四〇年，他被發現和維多利亞的一名侍女有染。女王此後對「帕姆（巴麥尊的暱稱）」的長期敵意，都是起源於這起越軌事件。[20]

婚姻、離婚與女性的空間

貧窮女性要贏得足以餬口的薪資是如此困難，以至於她們通常別無選擇，只能出賣身體。小說家夏綠蒂・勃朗特（Charlotte Brontë）在她的小說《雪莉》中這樣寫道：

> 大部分女性除了家務工作與縫紉外，根本沒機會就業；除了毫無用處的拜訪外，她們也沒有任何快樂；而且終其一生，也無任何改善的希望。[21]

夏綠蒂出版這些話是在一八四九年，以一個男性化的筆名「庫瑞爾・貝爾」為之；之所以如此，是因為她不願以可能引發誇張聯想的女作家身分，遭人品頭論足。她的話語暗示了這種狀況並不只是從今日女性遭嚴重閹割的經濟、社會與法律地位角度出發，同時也是她和某些當代女性看待自己生活的態度。

女性的法律地位完全仰賴於她們丈夫的身分地位。妻子在沒有丈夫的同意下，不能作為代理人、託管人或是遺囑執行人。在沒有丈夫允許下，她不能提出請求、不能作為契約的一方、也不能立遺囑。丈夫甚至可以違背妻子的意願監禁她，就像羅徹斯特先生在夏綠蒂作品《簡愛》中做的那樣。總而言之，妻子完全不是法律上獨立的存在。她的財產屬於丈夫，除非那些財產已經透過信託設在她名下。她的收入——假設有的話，在法律上也是屬於丈夫。

但是在對抗丈夫隨意離棄方面，妻子則是受到保護。如果丈夫想要以不貞為由和妻子離婚，他必須要對她的情人提告通姦罪。他會請求損害賠償，然後在教會法裡，為了「從餐桌到床鋪」（a mensa er thoro）的離婚立案；這也許會獲得合法分離的允許，就像蘿拉・蒙蒂斯獲得的一樣。若非如此，要解除婚姻的聯繫（a vinculo），就只有在婚姻本身被宣布非法，比方說一方已婚、血緣關係太近、或是在一開始的儀式上出了某種錯誤的情況下，方有可能為之。[22]離婚再任何案例中，都會使妻子變成受人指指點點的女人，尤其是她的丈夫足以證明她通姦的時候更是如此。她當然可以反擊說「這是丈夫已經允許的事情」，但這會讓她們暴露在共謀罪的指控下，而這會讓離婚無效。故此，出於所有實際意圖，絕大多不愉快的夫妻都還是保持婚姻，就像婚禮儀式中所言，「直到死亡把我們分開」。

在十九世紀中葉的觀點中，社會秩序有賴於性穩定；所以虔敬、福音主義與社會紀律的壓倒氛圍，造成了一種對性的禁慾觀點。一個「嚴謹」的人不只要對他（她）的配偶忠貞，還要自我控制或擺出一副馬爾薩斯主義的調調，也就是領悟到過度熱情的性交，在人口學上導致的不良結果。這些嚴謹的中產階級，他們的觀點不只擴大到上層階級，也強加在下層階級頭上，要求社會必須從群氓亂糟糟的性傾向中獲得拯救。這種觀點表現在要求貴族做好模範，以及減緩下層階級生活的無知與骯髒上。這種熱誠的福音主義立場，並不敵對愛與婚姻。天使般的妻子以一種「家中的救世主」形式被凸顯出來，這種論點因為對一八四九年瑪莉亞・曼寧殘酷無情、惡名昭彰謀殺案的恐懼，而顯得益發振振有詞。瑪莉亞一點也不曾反映維多利亞時代的觀念，也就是妻子應該作為家中的天使，為保護家庭、讓它成為隔絕外在惱人世界的避難所而犧牲奉獻。瑪莉亞的通姦、當然還有她的法國口音（她來自法語系的瑞士），都把她和海峽對岸的不道德相連起來，也把她排除在維多利亞時代的理想妻子門檻外；這種妻子被認為缺少性激情——雖非事實，不過就像維多利亞本人後來被認為的樣子——，甚至是對性激情感到驚恐，以至於寧可不在丈夫面前裸露身體。[23]威廉·阿克頓醫生（William Acton）一再重版的《生殖器官之功能與無秩序》（一八五七年）就堅稱說：「作為普遍法則，一位端莊的女性不會渴望任何自身的性滿足」。[24]

阿克頓的意思似乎是說，女性熱愛性就是不端莊。大多數維多利亞時代的人不可能對性抱持一種解放態度，因為這和無神論與革命激進主義有關，而當時普遍的觀點認為英格蘭正是運氣好，才能逃脫法國大革命的暴行，以及一八四八年在歐陸蔓延的社會與政治風暴。

穿長褲的女性！

對去女性化的恐懼蔓延廣泛。一八五一年，一項要求緩和女性繁重衣物的運動，引發了暴力反應。這種服裝是由艾蜜莉亞·布魯默夫人，一位廣受尊敬的美國戒酒運動期刊編者所設計；它是根據土耳其式的長褲設計，在膝蓋處收緊，並在外面再套上一件長到小腿的裙子。除了長褲會讓女性的腿露出到裙子之外，這套服飾並沒有任何不端莊。布魯默夫人前往倫敦，走訪在海德公園舉行的萬國博覽會。她在一八五一年九月十一日穿著自己的「合理」服裝，沿皮卡地里發送傳單，當她走到聖詹姆斯公園時，威脅者緊追在她身後，要把她丟到池塘裡，接下來又因為她的服裝，爆發了一連串附帶事件。[25]這是在她的「女用燈籠褲」（bloomers）被騎腳踏車女性採用之前四十年的事；在一八五一年，它激起了大量的文章與諷刺畫，揭露了對女權運動進展的深層焦慮。神聖的女性氣質，被看成是對抗骯髒、墮落男性群氓的保護手段；性的端莊合宜、自我限制，也是體面社會的捍衛者。絕非反動派的狄更斯就問說：

如果茱莉亞是位國會議員、是教區的守衛者、是高級司法行政官、是陪審團成員、或是一位在大學系所展現明顯才能的婦女，我們應該更愛她嗎？還是說相反地，我們寧可為茱莉亞在社會上，找一個從國會議員、教區守衛者、高級司法行政官、陪審團成員、以及能幹大學教授手中，得以逃避的避難所？[26]

「墮落」的懷孕

在長達兩年又三個月的婚姻關係中，瑪莉亞與腓特烈．曼寧並未育有子女。那麼，瑪莉亞與她的兩位伴侶——派崔克．歐康納與腓特烈．曼寧——究竟是身體上無法生育？還是她被某種意志所決定，必須刻意避免那種被視為「墮落」的懷孕結果？

由於女性可能像狄更斯的妻子那樣，在十三年間便誕下十名子女，因此哺乳在觀念上被視為一種「自然的」抑制因子，用以延緩下一次懷孕。在當時，避孕方式主要以男性在性高潮前進行體外射精（coitus interruptus）為主。墮胎亦相當普遍，而用以墮胎的各種方法與藥物雖然被委婉地描述為「恢復女性的規律」，但其實眾所皆知。事實上，直到一八三七年為止，女性自行進行墮胎在法律上甚至不被視為犯罪——至少在胎動出現之前，或子宮尚未有明顯變化時，都不構成罪行。女性常使用一些極具風險的方式進行人工流產，包括服用混合琴酒與火藥的強烈刺激劑（會引發劇烈痙攣），或使用催吐劑、斑蝥（俗稱西班牙蒼蠅）、蘆薈、杜松、麥角等強效通便劑。較為精細的避孕方法，如使用浸有殺精劑的海綿或保險套，也曾在諸如理查・卡里爾（Richard Carlile）於一八二六年出版的《婦女須知》（*Every Woman's Book*）與《何謂愛》（*What is Love*）等小冊子中被公開推薦。儘管這些資訊已為不少女性所知，實際上要獲得這類避孕器具卻極為困難。當時的橡膠保險套被認為不適用於已婚夫妻，不但取得不易，也被視為在實際使用上相當不便。美國醫師查爾斯・諾頓（Charles Knowlton）在一八三四年出版的《哲學的果實》（*Fruits of Philosophy*）中推廣灌洗法，這可能是僅次於體外射精，最常被採用的避孕方式。然而，這本僅四十頁的小書在接下來的四十年間銷量平平，直到一八七七年，自由思想家查爾斯・布拉德洛（Charles Bradlaugh）與安妮・貝贊特（Annie Besant）因再版此書而被起訴，此書才因官司而聲名大噪，銷量驟升。[27]

一八四九年的倫敦大眾，沉浸在兩起可恥案件帶來的刺激與血氣中：一起是蘿拉重婚案，另一起就是曼寧夫妻謀殺了瑪莉亞的情夫一案，因為這兩位女性都不適用於對貞潔的狂熱追捧，以及被具體化的道德靈感，就像帕特莫爾在他的詩句《屋子裡的天使》中表達的那種家庭天堂之樂一樣——這部詩篇賣了二十五萬本：[28]

她的性情虔誠，
她的面容有如天使般聖潔。
我們深信不疑的最美善事物，

都在她和善仁慈的臉上顯現，
不貞者看到她，想像的不只是天堂，
也是自己的希望。

第三章　他們吃什麼、去哪裡購物、又穿些什麼？

你想要與我們共進晚餐嗎……？

瑪莉亞與腓特烈．曼寧計劃謀殺派崔克．歐康納。他們邀請他在一八四九年八月九日星期四傍晚五點三十分，到他們位在伯蒙德的住處共進晚餐。人們何時吃晚餐，標誌了他們的社會階級。五點三十分曾經是十八世紀上流階級通常的用餐時間，但經過幾代後，高級社會的晚餐時間已經延後到七點三十分。[1]對「中間」的中產階級而言，晚餐會在六點鐘上桌。曼寧夫妻屬於中產階級的下層，所以他們比這個時間早半小時用餐。

在當時的時尚潮流中，晚餐時間甚至被推得更晚。數以千計的讀者在喬治．雷諾茲（George Reynold）一八四六年出版的暢銷系列小說《倫敦之謎》中，會讀到這樣的描述：

> 宴會在七點準時上菜。當格林伍德先生的事業在世界各地興旺時，他漸漸讓自己的晚餐時間晚上一個小時；他還決定，如果他當上男爵，絕不會讓自己的膳食在八點半之前端上餐桌。[2]

對於普通的勞動大眾而言，「dinner」指的並非晚餐，而是他們在中午或下午一點左右享用的主餐。到了晚上，人們通常要勞動至八點，甚至更晚才結束。下午四點左右，他們會喝「午茶」（tea），而「晚飯」（supper）則在更晚的時間享用。深夜時分，貧窮人家的孩子常常從父親的晚飯中分得一盎司的火腿與幾小片起司。他們的身影也時常出現在炸魚店裡，挑選幾片美味可口的鰈魚。然而，正如特里斯坦所抱怨的，當時炸薯條或薯片還未成為炸魚的常見配菜，甚至在倫敦也幾乎見不到。[3]

新聞工作者薩拉寫道，勞工的晚飯時間通常會延後至深夜十一點。接著，他或許帶著半開玩笑的語氣補充道：

對一個勤勉可靠的技工而言，當抽完最後一縷菸絲，他會讀起借來的報紙，和愉悅可人、同樣認真勤奮的伴侶一起討論今天的大小事，以及未來一週的展望；依偎在雙手老繭的主人身旁，妻子會為他裝滿菸斗，為他倒滿啤酒，縫補孩子的短褲。[4]

他們都吃些什麼？又得花上多少？

就像現代人打電話訂外賣一樣，當時的商店與小攤販準備了各式各樣的外帶食品：布丁、派、用牛油和鹽烤過的半便士馬鈴薯、熱鰻魚以及豌豆湯。對於那些一有錢就想填飽肚子，卻缺乏基本烹飪設備，如壺、平底鍋甚至盤子的窮人而言，他們並不指望在家裡擺上一頓豐盛的菜餚，而是選擇在隨處可買到食物的地方購餐，並吃下所有能獲得的食物。一名居住在倫敦東部貧困地區——白教堂區的商人告訴前來調查的新聞工作者梅休（Henry Mayhew），他一天能賣出三百個一便士的派，而購買者大多是男孩。他們會興奮地問：「這是剛出爐的嗎？我愛死它了！」[5]

大衛・科波菲爾（David Copperfield）對自己早年生活的小說化描述，映照出狄更斯對那個時代的深刻記憶——當年他十歲時，曾在位於亨格福德橋附近、華倫地區的一家鞋油工廠工作，負責為瓶罐貼上標籤。在小說中，大衛寄宿於米考伯家，生活費雖由他冷酷無情的繼父摩德斯通先生支付，但他每週從工作中僅能賺得六至七先令，而這點微薄的薪資幾乎全用於購買食物。他的早餐通常是一條一便士的長條麵包或幾個麵包捲，再搭配一便士的牛奶（若是當街或牛棚新鮮擠出的，甚至還帶著溫熱）。晚餐則是另一條一便士的長麵包與一片起司。若起司需花費一便士，那麼每週光是這兩餐就得耗費兩先令又四便士，剩下可作正餐的錢，也僅餘四先令左右。有時他飢腸轆轆，根本無法撐到午餐時間，只得在糕餅店外購買一些已不新鮮、折價出售的餡餅充飢；再不然，他只好：

> 一個厚厚的白布丁，又重又鬆鬆垮垮，裡面還隨意散布著大顆扁平的葡萄乾。它在我那時候幾乎每天都會熱騰騰登場，在無數歲月裡，我就吃這個當中餐。

當大衛有辦法把錢留到晚上的時候，他會去買一條乾臘腸和一便士的條狀麵包，或是一盤四便士的牛肉，又或者是麵包、起司與一杯啤酒。「午茶」通常是一品脫咖啡，配上一小片麵包與牛油。

當年長大衛回首自己的童年時，毫不意外會看到一個每天從早工作到晚，從康登鎮走到泰晤士河畔，然後又走回來的十歲小孩身影；這孩子成天飢腸轆轆，只會花費每一分額外掙到的錢在食物上。他的早餐和晚餐不只欠缺營養，還很枯燥無味。如果他在這一天中能吃到一頓適度均衡的餐點，那或許並不是什麼要緊的事；但在倫敦工作，卻甚至無法像大衛這樣賺到一星期六、七先令來維持營養的孩子，又有多少呢？

除了最富裕的人之外，對多數家庭而言，食物始終是家庭預算中最主要的開銷項目，而在所有食品之中，麵包無疑占據了最重要的位置。難以消化、潮濕、帶有淺灰色的大麵包（quartern loaf）重達四磅，這種麵包之所以得名，是因為通常會被切成四等分（quarter）販售。根據一八二二年頒布的《倫敦麵包法案》，每個大麵包的標準重量為四磅十五盎司，約略接近五磅（約二點二公斤）。到了一八四六年，這種麵包的價格為八便士又半文錢。[6]雖然穀物法在一八四六年被廢除，開放了廉價穀物的進口，使麵包價格略有下降，但在美國與俄羅斯的鐵路尚未建成、蒸汽船也尚未廣泛投入低成本的遠洋運輸之前，倫敦的貧困居民仍難以從這些遙遠地區大量生產的小麥中獲得實質利益。[7]

一杯「好茶」

在一八三三年之前，東印度公司享有茶葉的壟斷輸入權，這導致茶的價格居高不下。茶也被課予很重的稅；正因如此，在維多利亞時代早期，每一磅茶得結結實實花上三先令才行。這導致人們常常把茶沖得既淡且薄，所以消費量也相當低。[8]可是，就像生活的許多其他層面一樣，改變正在到來。茶稅在一八五三年被降低，同時印度和錫蘭的新貨源也在穩定發展；於是，茶的消費量開始上揚。

牛奶本身被飲用的量並不是太多。畢竟不管怎麼說，大部分的人都很難常保牛奶新鮮，特別是在夏季更是如此，所以倫敦人會每天從擠牛奶女工那裡買下一壺牛奶；這些女工會從後院的乳牛取奶，然後用軛將兩個沉重的奶桶扛在肩上，沿著當地街道販賣。加很少甚至不加牛奶的薄茶通常需要靠糖提味，糖的價格此時已經跌到了一磅五便士。在英格蘭與威爾斯，每人平均要消費高達三十六磅的糖；當然，這種糖癮也意味著不習慣使用牙刷的英國人，蛀牙的情況日趨嚴重。[9]

人們所能食用的食物種類與數量，端賴其收入高低。培根因價格低廉而被視為平民理想的肉類來源，一磅僅需八便士，而且烹煮方式簡單，只要生火即可。不過，精打細算、具備一些烹飪技巧與時間的家庭主婦，往往會選擇更便宜的替代品——例如肉販在分切完整肉品後所留下的餘料。這些肉邊料每磅只需四便士，甚至更便宜。高級肉販的商品通常價格昂貴，也較不會特意保留這些邊角料；即便偶有剩餘，也不像培根那般易於處理與料理。

對較為貧困的人而言，食物選擇的考量往往也受到實際烹飪能力的限制。許多家庭沒有灶台，甚至連專屬的壁爐也沒有，有的僅僅擁有一把煎鍋可用。不僅如此，若家庭主婦與男性一樣整日勞動——或是為了微薄工資從事縫紉工作，又或是在上層家庭擔任洗衣工——那麼投入在備餐上的時間與精力，往往顯得得不償失。到了二十世紀下半葉，超市開始普及，蔬果應有盡有，現成料理與經過切割處理的肉類也隨手可得，加上可靠的瓦斯與電爐，才真正滿足了快速烹飪的需要。與之相比，在二十世紀上半葉（其生活條件與十九世紀初相去不遠），倫敦家庭主婦冬天所能從菜販那裡買到的選擇十分有限：不外乎是滿身泥土、品質不佳的馬鈴薯，破爛不堪的萵苣，畸形的紅蘿蔔，以及帶蟲的蘋果。一隻需要自己宰殺、拔毛處理的雞，對她們而言，早已是遙不可及的奢侈品。

家庭的食物預算

極度貧困的人幾乎只能依靠馬鈴薯維生；稍微富裕一些的人，也僅能靠麵包、馬鈴薯與稀粥來填飽飢腸轆轆的肚子。稀粥是監獄與濟貧院的主要食物來源，《孤雛淚》中那位孩子因飢餓難耐，鼓起勇氣請求「再來一碗」的橋段，便廣為人知。在倫敦，許多勞工的生活同樣困苦。以狄更斯《聖誕頌歌》中的克瑞奇（Bob Cratchit）為例——他是史古基（Scrooge）手下薪資微薄的員工，每週收入僅十五先令，卻還得養活一家人，對飲食的選擇自然非常有限。若他的妻子是個精明能幹的主婦兼管家，她或許能為自己、丈夫與孩子們，精打細算地備妥如下食材放入菜籃中：

	先令（s.）	便士（d）
五個四磅重大麵包，每個8 1/2d	3	6 1/2
五磅肉類，每磅5d	2	1
七品脫啤酒（黑啤酒），每品脫2d	1	2
半英擔（五十六磅）煤		9 1/2
四十磅馬鈴薯	1	4
三盎司茶、一磅糖	1	6
一磅奶油		9
總計	11	2

這個家庭四分之三的收入都花在食物與煤炭上。而十五先令中所剩無幾的那一部分，還得用來支付全家居住空間的房租，以及購買蠟燭和其他必需品。至於衣物、鞋子、醫療、緊急開支，甚至是任何形式的娛樂，則完全無從負擔。

但話說回來，這樣的飲食其實並不理想。從肉類中雖然能攝取一定量的蛋白質，數量也稱不上微不足道，然而一磅奶油要分給全家五口，幾乎難以帶來任何脂肪儲存。家中也完全不喝牛奶。麵包與馬鈴薯則提供了所需的纖維。父親每天必須飲用一品脫啤酒，以補充從事粗重勞力所需的熱量。至於孩子們喜愛的甜食，似乎可以由每週一磅的糖來充分供應；然而，這個家庭的菜籃中，從未出現過任何水果或綠色蔬菜。

收入較優渥的工人，一週或許能賺到約一鎊又五先令，尤其若是穩定受雇者，便能每日享用肉類，甚至在餐點中加些培根與起司。但當時局嚴峻、景氣低迷時——例如冬季的建築業淡季——肉類便可能從餐桌上消失，取而代之的是用來填飽肚子的麵包與馬鈴薯，再佐以些許奶油，或者是肉販分開販售的廉價動物油脂。

生活條件大為改善的中產階級男性，一年可有高達二百五十鎊的收入，家中通常有兩到三名孩子，並雇有一位提供食宿的女傭。根據朗德爾夫人（Mrs. Rundell）於一八二五年出版的《國內經濟新體系》記載，他們每週的飲食內容相當豐富：包含三又二分之一磅的奶油，平均每人可分得超過半磅；另有四分之一磅的起司，以及驚人的四又二分之一磅糖，也就是每人幾乎能享用到一磅。此外，他們每週還能吃上十八磅的肉類，然而在水果與蔬菜上的花費卻極為有限，僅有價值六便士的份量。10

收入更為優渥的家庭，其所食用的肉類與奶油自然也更多。著名的法國大革命史家卡萊爾（Carlyle）、他的妻子珍（Jane），以及他們的僕人，因為擁有地產收益與寫作收入，每週可以享用十磅馬鈴薯與二又二分之一磅奶油，卻只購買少量且不新鮮的蔬果。他們的聖誕晚餐包括湯、燉羊肉與麵包布丁，接著還有肉餡派，至於蔬菜，則依然被忽略得一乾二淨。然而，卡萊爾活到了八十六歲，顯然這樣的飲食對他的健康並未造成太大影響。[11]

他們如何烹飪？

若一位家庭主婦想買一隻雞、鴨或鵝，向肉販購買時，對方通常會幫忙拔毛並清理內臟；但若她是直接向市場中牽著幾隻雞鴨叫賣的家畜商人購買，那麼這些麻煩、令人不悅又耗時的工作——從宰殺、拔毛到清理內臟——恐怕就得由她親自處理。更別提此時腳邊還可能有幾個吵鬧不休的小孩圍著打轉，讓整個過程更加令人頭痛。

維多利亞時代早期流行的食譜顯示，英國式烹飪風格相當樸實。大蒜與各式醬汁被視為「外國貨」，因此多半敬而遠之。值得一提的是，相較於日後深受英國人喜愛的印度與中國料理，出版於一八四五年、並在一八四〇年代廣受歡迎的食譜——伊麗莎．阿克頓（Eliza Acton）的《私人家庭現代烹飪》——對外國料理的篇幅僅佔約兩百五十頁，可見當時對異國風味的接納仍屬有限。

中產階級家庭會廣泛宣傳「良好、樸實的烹飪」。主婦被預期要提供簡單易懂的英國食物，就像這樣的每週菜單：

星期日：烤牛肉、約克夏布丁、馬鈴薯配青菜。
星期一：碎牛肉配馬鈴薯。
星期二：烤牛肉配蔬菜。
星期三：魚、肋排配蔬菜。
星期四：烤豬肉、豌豆布丁、青菜。
星期五：豌豆湯、豬肉。
星期六：燉牛排與板油布丁。[12]

他們每天都要食用肉類；星期三的魚雖然未明確指涉種類，卻需與肋排一同食用。令人意外的是，除了馬鈴薯之外，蔬菜——包括豌豆和青菜——也在每週的菜單中被明確列出。不過，沙拉則未被納入其中，原因在於當時人們普遍認為沙拉的原料過於難以消化。蔬菜之所以出現在菜單上，或許可以從一個事實來解釋：這份菜單出自阿歷克謝．索耶（Alexis Soyer）之手，他是一位在一八三七至一八五〇年間，任職於「改革俱樂部」的著名法國主廚。索耶於一八三〇年法國革命時流亡英國，為了報答英國人的盛情款待，在高失業與貧困的時期，他於倫敦中區的萊斯特廣場設立湯品廚房，並在一八四七年馬鈴薯災害期間，設法為飢餓的愛爾蘭人提供救濟。隨後於一八五三年，他遠赴克里米亞，協助護士南丁格爾設立戰地廚房，致力於改善斯庫台軍醫院中那些飽受疾病與傷痛折磨的士兵飲食條件。

索耶的菜單收錄於他於一八四九年出版的著作《現代家庭主婦》（*The Modern Housewife or*

Ménagère）中。這本書銷售成績亮眼，上市僅兩週便迅速再版；到了一八五一年，銷量已突破兩萬一千本。[13]索耶的書如此風靡，以至於幽默週刊《笨拙》（*Punch*）在一八四九年九月十五日刊登了一幅諷刺漫畫，畫中兩位已婚婦女——瑪莉A與伊麗莎B——正抱怨，自從這本書問世以來，她們的丈夫對家庭料理的要求越來越高。當格雷托瑞斯牧師（Reverend Dan Greatorex）於一八五六年外出赴宴時，款待他的女主人很可能熟讀過艾克頓與索耶的著作——因為他在日記中記錄道，當天吃的是烤羊肉、水煮雞、蘋果餡餅與櫻桃布丁。[14]

食物如何抵達：在倫敦購物

在維多利亞時代早期，鐵路尚未能為倫敦擁擠的兩百萬居民，帶來他們所需的大量食物。不管是夏季拂曉天光微亮、或是依舊籠罩在冬季黑暗當中，每天，數以百計的馬匹都會從鄰近或是「鄉下」各郡——如埃塞克斯、薩塞克斯、薩里等的田野間，拖著沉重的步伐進城，長途跋涉的婦女則會扛著從漢默史密斯、富勒姆、德普特福德等地菜園採收的農產品，以供柯芬園與倫敦其他大市場的需求。批發商會在早上五點到七點間，從菜農手中買下農產品；這些貧窮愛爾蘭移民婦女的一大特色，就是會買下少量蔬菜，然後將它們一併裝進大籃子裡，運往倫敦的各個角落。至於肉類，進城的主要道路早被趕著鴨和鵝的人們塞到水洩不通；不只如此，一八二八年在史密斯菲爾德市場，總計有一五二八〇四頭牛和一五八二五三〇頭羊被銷售一空。[15]

所有這些都會隨著鐵路的到來而產生改變；即使在這時候，它也已經開始讓一切變得不同。到了一八五三年，七家鐵路公司每年會把一百萬頭活牛運進首都。一個令人震驚的例子是鐵路如何降低聖湯瑪斯醫院的成本：一直以來，醫院都是以每加侖一先令的價格，向當地酪農購買牛奶給病患飲用，但自一八五四年以降，他們就改向利用東郡鐵路運來牛奶的埃塞克斯酪農購買產品，這樣可以讓價格便宜百分之二十五。東郡鐵路在這一年載運了七十五萬加侖的牛奶，大部分都是運往倫敦。[16]水果雖然還不是菜單的主要構成部分，但當外國生產的更價廉物品從南安普敦或利物浦卸貨、再用鐵路轉運到倫敦時，它的價格自然也跟著下跌了。不過，這種改變似乎不是那麼受歡迎；珍．卡萊爾就認為，水果除了會引發腸絞痛外，毫無任何用處。儘管如此，來自異國的西印度鳳梨，業已開始出現在倫敦；根據狄更斯的報告，至少在一八三〇年代晚期，在柯芬園的主要市場就已經可以看見它們的蹤影。[17]可是，鳳梨的價格也貴到嚇死人；據說，卡萊爾夫妻的女僕就有一位富有舅公，這位舅公會砸下兩鎊十先令去買一顆鳳梨，完全面不改色。

可是，正是冷凍技術的創新，以及它的使用在貨櫃船上，最終大幅削減了進口食料的成本，並從而造成了維多利亞世紀晚期英國農業經濟的崩盤。肉類原本要從阿根廷輸入活體家畜、相當昂貴，但這時也可以冷凍後再運進英國了。

家庭主婦一般會在星期六晚上進行採購，她的丈夫通常在這時候，會剛剛好領到一週的薪水。作為一位抱負滿懷的中產階級女士，瑪莉亞．曼寧會從自己位在伯蒙德的家中走到波羅市場，或是滑鐵盧路附近的新卡特區（New Cut），然後踏著優美的步伐，好避免泥漿飛濺到她的白棉襪、美麗諾羊毛洋裝、以及深藍或黑色的圍巾上（所有這些後來都被警方造冊，列入她的財產清單當中）；她會無視於攤販主人的粗魯插科打諢，也許會輕蔑地用戴手套的手指，指著成堆帶泥土的馬鈴薯、胡蘿蔔與其他蔬菜。也許她會買下價值一先令的鯖魚、一盤鯡魚、或是一夸脫的淡菜。牡蠣今天是很昂貴的佳餚，但在當時是很便宜且很受喜愛的海鮮。

我們也許會懷疑，那些中產階級、或是渴望被認定為中產階級的人們，會紆尊降貴從賣烤馬鈴薯的小販手上，買一個烤好的馬鈴薯、獨享一個羊肉派，或是倫敦東區佬的最愛，價值一文錢（倫敦話稱為「penn'orth」），裝在小小金屬盤裡的燉鰻魚嗎？畢竟，這不只是要在街頭的插科打諢中享用，還得跟一群真心覺得這樣邊吃邊聊很有樂趣的人一起打混才行啊！

酒館老闆：看起來像是要下雨了。
酒客：是啊，我想應該不是下啤酒才對。

有位自稱「飛翔派販」的肉餡派供應商相當出名，但他的派裡面究竟有多少真正的羊肉，就是個令人存疑的問題了。確實，當時對產品內容物的真實性並沒有太多控制與要求，所以食物常常都會攙進假料。這種事會被人察覺，而且引發強烈好奇心，是因為同時有一些書出版，結果順理成章地就把某些事情，演變成一樁大醜聞；舉例來說，一八四八年，約翰．米歇爾就出版了《論食物的攙假偽造與察覺它們的化學方法》一書。貪婪與激烈削價競爭，導致食品的廣泛造假，特別在麵包、啤酒以及重稅商品如茶等方面更是如此。麵包師把馬鈴薯與豆子磨進麵粉裡，甚或還會混入明礬、白堊、灰與骨粉，而這些麵粉在磨坊裡的時候，其實就已經混了一手石粉進去。釀造啤酒者與酒館老闆，都屬於最惡劣的罪犯之林。前者不只使用有毒的「印度防己」（*Cocculus Indicus*），還會添加馬錢子（nux vomica）——另一種來自東印度的有毒漿果，再混上辛辣的辣椒與香菜，來替代麥芽與啤酒花，為變薄的啤酒添加後勁與香味。新啤酒可以用硫酸很快地釀造成熟，老舊發酸的啤酒則可以用牡蠣殼讓它恢復味道，含鐵質的亞硫酸鹽則可以讓稀薄的啤酒重新冒泡。硫酸和砒霜也被添加在琴酒中。

至於雜貨商，他們則是販賣定義寬鬆的「茶」；在這些所謂茶裡面，混了大量的灰、黑刺李、或是老舊的茶葉。在一八四〇年代，倫敦有八家「工廠」專門回收利用茶葉。[18]用過的茶葉會被烘乾、以化學方式染色，再跟貨真價實的茶葉混在一起。另一方面，銅也被添加來為醃菜染色，鉛丹和胡椒粉則被添加到起司皮中。鋅、鐵甚至是砒霜（砷），都被使用在類似的目的上。[19]他們的目標就是要欺詐，跟今天習慣把老舊的肉放在漂亮的燈光下，來誇張誤導其新鮮度差不多，只是更加危險罷了。一八四九年八月二十五日，《笨拙》諷刺性地指出，在現今霍亂流行的情況下，醫生開出來止腹瀉的白堊藥方，可以輕輕鬆鬆被賣給一般民眾喝的牛奶所取代；牛奶商只要宣傳自己賣的是「真白堊配方」，鐵定可以大賺一筆。

然而，就算是為了公眾利益來控制食品或飲料的攙假、以及供水的純淨，人們對官方干預的態度，還是認為這是一種「歐陸式」的、讓英國自由公民難以忍受的愛管閒事。除非我們認知到在人們漸漸習慣警察出現之前，巡邏警察的概念有多不受歡迎，否則我們就很難理解為什麼穿著制服的法國檢查員去秤巴黎麵包師的麵包重量，會被當成「警察國家或許會降臨不列顛」的例子。然而，就像狄更斯常常呼應的那樣，輿論也醒覺到一種觀點，那就是傳統的倫敦市政當局，根本無法管理一個現代化、人口龐大且脈動強烈的城市。狄更斯就舉例說，如果巴黎的公共馬車伕比起他們那些粗口雜言、狡詐欺騙的倫敦同業更守規矩，那是因為他們受到中央管控，從而讓他們產生一種「集權」的效果——儘管這個詞現在已經被妖魔化了。[20]他的這篇呼籲，也許是在回應一八五〇年代的一起事件：那時候在諾丁漢，有二十位客人因為參加一場公開宴會而生了病，這些客人都吃了當作甜點的牛奶凍，而這些牛奶凍的綠色後來被辨識出，都加了含有亞砷酸鹽的銅。對這些倖存者而言幸運的是，沒有一個人死亡。[21]

讓我們上個館子吧！

說到外食，在倫敦只有少數旅館的餐廳有開放給大眾用餐。根據一八五一年出版的《穆雷的倫敦指南》，倫敦最好的餐廳包括了攝政街上的維雷餐廳、萊斯特廣場附近的巴托里尼與吉勞德餐廳，還有騎士橋的穆法雷特餐廳。

倫敦開始有「餐廳」（restaurant），是起源於法國大革命期間，那些被砍頭的貴族老爺底下失業的主廚們；故此，「餐廳」這個字一直有著法國內涵，而且發音也跟法語差不多。《穆雷指南》忠告，所有這些餐廳供應的都是「法式」晚餐，因此女性被要求不該在無人陪伴的情況下，前往這些場所用餐。可是，當珍．卡萊爾因為建商從沒能完成她在切爾西房屋的修繕整建，被搞到焦躁不安時，就去維雷餐廳用了一頓「晚餐」——她偏好的時間是下午兩點。在那裡，珍點上一道肋排加一杯苦味啤酒，只需要一先令五便士。另一天，她又去了河岸街的餐廳用餐，當天的菜餚包括了半隻烤雞、一大片火腿，以及三顆新鮮的馬鈴薯，加起來只要一先令。她想必不會太懷疑自己一個人用餐是否合適，因為她注意到自己可以看見其他模樣端莊的女士，同樣獨自在用晚餐，這讓她彷彿吃了定心丸。[22]時代明顯在轉變了。

一個人的飲食確實會受到社會階級所制約，或者說，它其實就是社會階級的另類表現。有很多髒亂的飲食場所，像是所謂的「廉價小飯館」（greasy-spoons），它們是穿工作服的勞工熱愛光顧的地方；在那裡，戴著白色紙帽的粉刷工、燈芯絨褲子的油漆工、木匠以及鉛管工，全都坐在一起。這些人都是專業勞工，地位高於單純的勞工與粗工——這些粗工都是把食物用口袋的手帕，打包起來帶走的。穿西裝的男士在「餐廳」（dining-room）裡，會坐在隔板隔開的桌子前。直到今天，在倫敦的陰鬱郊區，一排排等著拆除的維多利亞時代店鋪中，仍然可以看到某些關閉已久的店面，在比較現代的店招下，透露出寫著「dining-room」的舊字樣。在這裡，穿著黑色外套的用餐者坐在封閉的木頭雅座中，他們將帽子掛在隔間的角落，一邊吃肋排與馬鈴薯，一邊用調味瓶當架子，閱讀著報紙。在倫敦城有「肋排屋」（chop-houses），高階主管會在這裡享受羔羊肋排或煮牛肉，也許還會有一兩顆馬鈴薯佐餐。在更高一點的層級中，未婚男性與退役的軍官——比如小說家薩克萊筆下的彭登尼斯少校（Major Pendennis），則會在私人俱樂部中用餐。你可以在雅典娜酒店中用二先令十便士享受到一頓豐盛的晚餐，雖然它比珍．卡萊爾為餐點付的價格高很多，但如果和狄更斯筆下三個法律系學生去消費、喧鬧不已的飲宴比起來，可以算是物超所值。

在菲斯為《荒涼山莊》第二十章所畫的插畫中，呈現了賈柏林、古皮與年輕的史默維特三人在一間餐廳中共享雅座的狀況；狄更斯在這裡告訴他的讀者，這是一家「小飯店」（slap-bang），也許是因為它供餐的方式頗為粗魯的緣故吧！那裡的客人任意揮霍、一擲千金。史默維特估算他們究竟吃了些什麼，還有這樣整體吃下來，每一項餐點的成本：

四份小牛肉與火腿價值三塊（先令）、四顆馬鈴薯三到四塊、一顆夏天的萵苣三到六塊、三個葫蘆瓜四到六塊、六片麵包五塊、三塊柴郡（起司）五到六塊、四品脫的半對半（譯按：鮮奶和奶油的混合物。）六塊三、四小杯蘭姆酒八塊三、還有三份小費八塊六……

雖然沒有蘭姆酒的話每份帳單可以少掉六便士，不過事實是每位客人得為這份餐點，花上可觀的兩先令又十便士。這對一個每週賺一鎊多一點的人來說，仍然是很奢侈的享受——雖然古皮一週可以賺上一鎊十五先令就是了。維多利亞早期，從波士頓造訪倫敦的訪客柯爾曼估算說，他吃一頓晚餐不加酒，大概要一先令六便士到二先令左右。一盤受要八便士、馬鈴薯要一便士、芹菜兩便士、鮮蔬兩便士、麵包一便士；蘋果派四便士、一品脫啤酒一便士。再加上給侍者一便士，全部成本是一先令八便士，接近珍．卡萊爾在維雷餐廳的帳單。23

吃，並且享受它

商店裡食物的品質、餐廳的烹飪以及服務，都是另一回事；對這些事情，完全不需要大驚小怪，你只要吃下人家端給你的東西，並且享受它就行了。說到底，那些深深信賴當地商店信譽的人們是不會有所怨言的，畢竟這是在連鎖零售商——如立頓與著名的「家庭與殖民地商店」——在倫敦大街上展店，並與小商店在價格與品質上展開競爭很久之前的事。一個批評者在一八五〇年左右，對倫敦餐飲業的菜餚大膽提出了抱怨，但仍然只是匿名：

> 半熟的牛肉配上濕黏黏的布丁，浮在一片鹽與油膩的混合物上，周圍環繞著看起來紅到很噁心的胡蘿蔔，以及蒼白到讓人沮喪的蕪菁。[24]

美國人梅爾維爾在一八四九年十一月十八日，到聖殿區附近的一家肋排屋用早餐，那裡離他住的河岸街也很近。他說自己用了「一杯糟糕透頂的咖啡、一大塊骯髒的捲餅，以及一條培根」，雖然他付的錢不超過四便士，所以他的期望或許也太高了一點。[25]相較之下，一位奧地利劇作家格里帕策（Fran Grillparzer）在倫敦的咖啡店裡用晚餐，他的評論是：

> 鮭魚對皇帝而言太過高貴，烤牛肉超過概念所能形容，葡萄乾水果派充滿不列顛口感，豌豆煮得清如水，沙拉吃起來充滿原味，還有我們從來沒見識過、無與倫比的斯蒂爾頓起司。[26]

少數這些餐廳、餐館或肋排屋會有女性光顧，她們通常不會單獨在外用餐（或許珍．卡萊爾的經驗是個例外），直到這個世紀比較晚期，新的百貨公司開始開設便餐店，甚至到了更晚期，里昂公司（J.Lyons & Co）、艾雷德麵包公司（Aerated Bread Company, ABC）開設茶室，讓從事新的打字工作或接電話的辦公室女性，能夠在晚餐時間有些東西可吃，人們才逐漸遠離了肋排屋與「小飯店」那種一面倒的男性氛圍，同時也遠離了那些和善或陰鬱的侍者、鋸屑與痰盂、髒汙的桌布，以及又重又粗糙的陶器和餐具。

「這是我在週五晚上的小確幸」

生活更有餘裕的人會在西區劇院消磨一個晚上並用晚飯；他們也許會在乾草市場的歐洲咖啡廳，點上一份松雞、里脊肉排或松露，也有可能點樸素的英式肋排、牛排與腰子、臘腸或威爾士乾酪，再配杯白蘭地與水來潤口。如果他們的預算支撐不起這麼奢侈的開銷，那他們就會從在街上滿臉厭世、捧著托盤的老婦人那裡買上一個老火腿三明治，或是品質有點差的豬腳。再不行的話，他們也可以帶著半文錢的烤馬鈴薯，在乾草市場與考文垂街路口的皇家亞伯特廳過一個晚上。

魚也許是外食當中，最物超所值的食物。貝類在倫敦相對便宜，特別是牡蠣，更是廣為人知的窮人食品。在著名的格林威治市集上，攤販會賣一文錢的醃鮭魚，配上茴香、牡蠣與螺肉（whelks）；狄更斯對最後一項其實不是很熟，他寫說，「我想它們應該叫做『wilks』吧！」[28]在乾草市場有一家電，裡面牡蠣、龍蝦、螃蟹、醃鮭魚與鯡魚任君享用。人們可以在木製吧檯前站著食用這些海鮮，再配上硬麵包與奶油，以及一品脫的烈性黑啤酒。但是，在那裡沒有餐巾、也沒有各種餐紙，所以人們只能在一條公用的捲筒手巾上擦手。

吃鯡魚是受歡迎的晚餐樂事。歌曲《林肯郡的盜獵者》，就給了我們這樣一段歌詞：

哦！這是我在週五晚上的小確幸，
當鯡魚不那麼昂貴的時候，
請幫我炸兩份各二十條，

要火候十足。

另一項明亮夏日的樂事，是搭著汽船沿河而下，到位於布萊克威爾的勒葛羅夫東印度酒館，在那裡你可以吃到店家特製的名產：鯡魚配上榨檸檬與辣椒，或是鮭魚、鰻魚與燉鯉魚，佐以黑麵包和奶油，再用加冰的潘趣酒來潤口，最後還會上蛋奶凍和水果餡餅。

奢侈的用餐

上層階級的情況又相當不同。他們的晚餐是從湯開始，接著上魚，然後是主菜與烤肉；當這些都上完之後，會再上助消化菜跟甜點。他們的晚餐也許會採取「法式方法」，也就是有兩套菜單，每一套都有可供廣泛選擇的菜餚，或者是「俄式方法」，每一道菜依序登場。真正的有錢人會僱用法國主廚（索耶就會輪流在好幾家貴族宅邸中工作）；這是追隨攝政王（譯按：即英王喬治四世，因為父親喬治三世精神失常，所以長期擔任攝政王。）的慣例，當年攝政王每年要付一千鎊給他的主廚，但有點矛盾的是，這位主廚姓「卡雷米」，意思是「大齋期」。

社交慶典會由座落在優雅伯克利廣場的梅費爾飯店主廚羅伯特·岡特負責，他是位遠近馳名的派餅大廚。岡特提供大量派對所需的鬆糕、冰淇淋、龍蝦沙拉、火雞肉凍、清湯等，而且你總是能在岡特的餐廳，為你女兒找到合適的結婚蛋糕。岡特餐廳也會提供瓷器與玻璃器皿，以及必要數量的黑衣侍者；這些人看起來表情嚴肅，而且頗有男管家的風範。如果不選岡特餐廳，有錢人則會光顧皮卡地里的福南梅森（*Fortnum & Mason*），這家店的歷史可以回溯到一七〇七年，至今仍然吸引著富有的觀光客以及各國顯貴。[29]福南的專長是野餐食品籃。

市內購物

考慮到不穩定的天氣，倫敦的拱廊和商店街，相當有效地提供了遮風避雨的購物方式。靠近特拉法加廣場、位在洛泰爾拱廊中的阿德雷德長廊有八十碼長，其中的商店能夠透過天窗採光，主要販賣珠寶、女帽、餐具、香水以及精美小物。牛津街的瑪莎百貨一直屹立到今天，它座落在一棟稱為「萬神殿」的建築中，這是一條專門賣飾品、小物、玩具、蜜蠟花與針織品的商店街，他們會僱用帽子上有金色飾帶的差役站在牛津街與大馬爾伯勒街的街口，阻擋不速之客與遊民進入，好避免打擾到顧客，這些差役看到女性顧客，還會鞠躬歡迎。進到裡面，攤位的桌子上擺著小物、玩具與紙漿製的飾品，玩偶、小孩洋裝、蜜蠟花與針織品，還有各式各樣吸引女性目光的器皿。萬神殿也會僱用女性店員。一位當代的新聞工作者這樣描述她們：

> 各位紳士，我要很高興（雖然也有點羞愧）地說，她們的待客態度是在優越感中，混雜著含蓄的尊嚴，讓我不禁為這種極為大膽的精神感到畏懼。

在蘇活廣場的一角聳立著蘇活商店街，女性在那裡可以用每天兩到三先令的價格租到攤位。所有的商品——女帽、飾帶、手套、珠寶等，全都是為了高消費力的女性而準備，在商店街外頭，可以看到她們的私人馬車排列成行。

在攤位上服務的女性當然都非常的「體面」。她們會受到一位女總管監督，並且被要求穿著樸素的深色洋裝。[31]沿著牛津街往下走，有很多後來知名的百貨公司（現在大部分都搬走了），包括了彼得．羅賓森、狄金斯與瓊斯、馬歇爾與史奈格洛佛，當時都以亞麻衣料商的身分盛極一時。在西倫敦的富裕郊區，一位茶商亨利．哈洛德，接掌了一家在開在布朗普頓路上的雜貨店，不過位在韋斯特本格羅夫的懷特利百貨公司，則要等到一八六三年才開幕。

攝政街是花俏且非必要奢侈品的主要購物中心。它落成於一八二〇年。在一八三七年，也就是維多利亞女王即位那年，它被描述成以下這樣：

> 這條高貴街道上的建築主要是由宮殿般的商店所構成，它們廣闊的展示櫥窗中，展覽著足以用最光輝燦爛方式描述的商品，簡直就像鄰近財富與時尚的世界，乃是每日所需一般。這些雅致建築物的上層部分，大部分都作為出租公寓，租給來到這個大都會，臨時居住的訪客。
>
> 圓環（攝政街圓環，現在稱為牛津圓環）連接攝政街與牛津街；在那裡有著連綿不絕的建築物，其上則有著住居。它的架構是人為了效用所能想出來的最好形態之一，它不只給了街道莊嚴的氛圍與充分的空間，還給了房舍自由流通的空氣。它讓馬車和車夫能夠從一條街道靈巧轉彎到另一條，不只形式優雅，還兼具實際的應用性。[32]

至於由東向西橫越西區中央的牛津街，雖然它與攝政街在攝政圓環交會，但並沒有完全分享到攝政街的高社經地位；不過，它仍是女性時尚的中心，在一八一七年就已經有三十三家衣料商、二十四家製鞋與製靴商，十七家製襪商與手套商，還有其他各式各樣滿足女性需求的商店。[33]波士頓的一神論牧師柯爾曼，對攝政街優雅的商店櫥窗，包括平板玻璃、煤氣燈、鍍金再加上灰泥粉飾的房屋正面、金字招牌、地毯、以及結實厚重的柱子，莫不大加讚賞：

確實，我認為我在倫敦見過最美麗的景象，就是坐在公共馬車的車廂裡，沿攝政街兜風所見的種種；當夜幕降臨，街道充滿了衣著優雅的人們與商店時……伴隨著燈火通明、寬闊無邊的櫥窗……這整條華麗的街道，似乎搖身一變成了東方宮殿的大廳。[34]

新聞工作者薩拉在一八五九年寫道，攝政街是一條「充滿虛幻美好事物的偉大幹道」。下午兩點到四點間，是最時尚的採購時段。在攝政街，當昂貴時尚商店的店員展現她們四先令一雙的絲襪、三先令的袖口蕾絲邊以及兩畿尼的圍巾時，總是會流露出一種倦怠與冷漠的氛圍。確實在一八五六年，就有一位巴黎的訪客談論到倫敦商店店員乃至店主，一直持續至今的奇怪行為：

倫敦商店店員不帶感情的態度讓人驚訝……不管你買或不買，他們似乎都表現得相當冷漠……收銀員收下我的錢時，那種態度就好像是為了某種慈善目的在收受捐款一樣。[35]

在時尚商店裡討價還價，會被看成異國鄙陋風俗的極致，可是商品並不總是有標示價格，所以仍舊必須詢價。客人在閒暇之餘，並不會被邀請來審視商品。直到衣料店轉型成百貨公司，有著固定且清楚標示的價格，規定現金交易且不能賒帳（現今被很多人看成粗俗之物），這種情況才真正改變。

女要衣裝

有錢人可以請裁縫為自己量身訂做衣服。當他們不再想要這些衣服的時候，就會把它們丟給下面的僕人，僕人又會把這些穿舊的衣服傳給街上的窮人，或是賣到流通暢旺的二手衣市場。法國歷史學家兼批評家泰納觀察這種英國習癖後，認為倫敦窮人穿二手華麗服裝，是一種怪誕且格調很低的行為。泰納寫說，法國工人和農民都會穿自己的衣服，但是「在英國，窮人卻寧願讓自己成為其他人的踏墊」。[36]

瑪莉亞與腓特烈．曼寧的審判記錄，揭露了許多有關女性衣著的狀況。瑪莉亞穿的是她的雇主波克夫人與布蘭特爾夫人給她的衣物，這兩位夫人的洋裝、鞋子與羔羊皮手套，也許都是穿一兩次就不要了。然而，瑪莉亞有能力修整這些衣服，並建立起自己體面、時髦且整潔的形象。不只如此，她其實有著大量的服裝；當她謀殺了歐康納、逃亡到愛丁堡時，隨身帶了超多的行李箱，以至於後來警察在她的包包裡，還搜到一張超額行李的收據。她還寄存了超多衣物在倫敦橋車站的保管箱裡，以至於警方書記在列清單的時候，用銅版體整整寫了四大頁的內容。在這當中有十一件襯裙、九件長袍、二十八雙長統襪、七套內褲、九雙羔羊皮手套、床單、桌巾、餐巾，還有為數驚人的二十七件枕頭套。[37]然而，這些跟她帶到愛丁堡的財產——晨褸、襯裙、睡衣、手帕、連衣裙、面紗、圍裙、薄綢長袍、美麗諾羊毛與絲綢長袍、精紡的圍巾、蕾絲裝飾、蕾絲面紗、披肩、衣領與手套，三十匹絲綢、衣料、裙子與馬甲，還有其他許多——比起來，不過是小巫見大巫。

瑪莉亞會親手縫製衣物。縫紉機之後才被廣泛使用，雖然在一八四九年，已經有十件相關的專利提出申請。[38]她博覽各種時尚雜誌來處理衣飾，其中包括了巴黎的時尚雜誌《女士們的私房信件》（*Le Petit Courrier des Dames*）以及《淑女時尚畫報》（*The Lady's Gazette of Fashion*）。後來時尚雜誌為了搶客人，還會在每一期雜誌中附贈洋裝的紙型。

記者鉅細靡遺地描述了瑪莉亞在審判過程中，穿戴在身上的衣服與飾品。她穿著整潔、質料很好的衣服，品味既素淨又優雅。就像維多利亞繼位後，攝政時期的簡單線條開始退流行一樣，瑪莉亞穿著符合時尚、比較寬鬆的裙子，不過當她走向死亡的時候，用鯨骨環撐起來的誇張蓬蓬裙——一般稱之為「crinoline」（硬布裙），因為在它的底下，有著用馬鬃（法語crin）做成的硬式襯裙——還沒有引進。不過，一八四〇年代的蓬鬆裙子，還是需要數量不斷增長的襯裙，好支撐它們，並讓它們膨脹起來。瑪莉亞穿著高達七件、用法蘭絨或者上漿棉布做成的襯裙，這是為了讓她的裙子看起來呈現穹型，其周長大約有幾英尺。為了展現當時流行的小蠻腰與豐滿突出的胸部，瑪莉亞穿著綁得緊緊的馬甲。這是基本的裝備，將她們與被認為「下流」的舒適相隔離，從而產生出一種以女性形式而言，頗不親切的輪廓。但是對非常年輕與纖瘦的女性，比方說瑪莉亞·海康柏——狄更斯的友人兼小說家威爾基·柯林斯（Wilkie Collins）在一八六〇年出版的《白衣女郎》中介紹到的女性——而言，透過馬甲，腰身可以「引人注目、且愉悅地不變形」。

馬甲可以事先量好尺寸，但也可以買現成的。它通常是從後面綁起來，不過也有一種版本稱為「新束腹」，是從前面綁起來，比較方便。瑪莉亞．曼寧穿著白棉襪，一雙要價四先令十一又二分之一便士，雖然在比較貧窮的地區如她居住的伯蒙德，可以找到價格比較親民的版本——低於四又二分之一便士。

警方針對瑪莉亞衣著的清單也列出了好幾套內褲；雖然我們常說內褲是在一八五〇年代，為了避免風灌進巨大的「鳥籠」鯨骨環內颳起女性的裙子，造成嚴重有失體面的情況，所以才發明出來的，不過實際上這種衣著早在蓬蓬裙流行之前就有了。穿內褲代表著瑪莉亞對社會階級的渴望；也因為這樣，後來很多勞工女性都開始採用這種衣著。[39]

瑪莉亞的衣服在有關她和她丈夫審判的報導中，被描述得相當詳細。在她的頭上，她會戴著有黑色、白色蕾絲或是細棉布的帽子。體面的女性出門不會不戴帽子，而在所有正式的場合中，瑪莉亞總是會戴著一頂煤簍形狀的帽子，這也許是她在攝政街與皮卡地里轉角的斯旺與艾德嘉商店購買的；這頂帽子上妝點著緞帶，還有跟臉搭配的蕾絲與細布，這讓她看起來顯得品行端正，畢竟端莊的女性不會擺出招蜂引蝶的模樣。

從畫家為了報導在法庭上畫出的瑪莉亞畫像中，我們很難看出在頭髮上如何穿戴。一方面來看，她似乎把自己的頭髮梳成了小捲髮，落在她的前額上，然後下垂到臉龐上。[40]可是在杜莎夫人蠟像館的形象中，瑪莉亞是將自己的頭髮中分，並且牢牢地往下垂到臉龐的兩邊。她戴著一頂蕾絲帽，綁在自己的下巴上，所以我們看不見她的後腦勺，但她也許是把自己的頭髮緊緊綁在耳後，然後再用一條緞帶紮起來。[41]或許這是監獄要求她的髮型吧！

在法庭上，她穿著優雅且色彩搭配合宜的圍巾。確實，連愛批評的法國觀察家泰納在看待她的時候，都不曾像他在描寫英國女性（瑪莉亞是瑞士人）時那樣，敘述她的衣著；泰納筆下的英國女性是：

> 穿搭拙劣、裸露、大驚小怪、浮誇、喧鬧、用五彩繽紛的粗話互相咒罵。[42]

美國人柯爾曼則認為，相較於我們那些「穿著長到膝蓋、不斷晃動的骯髒燈籠褲」的女性，英國上流社會的女性顯得整潔多了。[43]他又暗示說，英國女性不會（像美國女性那樣）胡亂捲髮或是染髮。但是到了一八四三年底，柯爾曼在寫出去的信中表示，他現在有點不太敢保證自己對英國女性的好印象，因為他發現，「在許多例外的情況下，英國中產階級（女性）的穿著與樣貌，比我們這邊的還要差。」[44]不過，柯爾曼這個人有善變的傾向就是了。

讓我看看你的穿著，以及……

至於男性，福音主義的嚴肅與城市街道的骯髒氛圍結合，導致他們的衣著變得益發嚴肅。[45]攝政時代的墊肩與浮誇背心，都已經成為昨日黃花。就像某些馬車伕乃至雜貨商般，新的專業人員如警察、火車站長以及某些機關人員都會戴著高頂禮帽，但並非所有禮帽都是絲製的，你甚至可以找到用紙漿做成的禮帽。[46]幽默劇作家兼新聞工作者杰羅德（Douglas Jerrold）筆下的虛構人物考德爾先生，曾經弄了一頂妻子說要價一鎊三先令的海狸皮帽子來犒賞自己，但有一天晚上當他跟朋友出去聚會後，錯拿了別人的帽子，結果他的妻子第二天早上嘲諷說，沒有哪個二手貨商人會用五便士來買這樣一頂帽子。[47]考德爾太太也許太誇張了，因為在一八三〇年代，卡萊爾戴一頂海狸皮禮帽只需要六先令六便士，而那已經相當昂貴了。

當狄更斯在一八三〇年代晚期寫《尼古拉斯．尼克貝》的時候，他在第二章中讓主角尼古拉斯的叔叔拉爾夫穿著一身明顯老派的打扮；拉爾夫穿的是一件深綠色的針織大衣（spencer），裡面穿著一件藍色上衣、白色背心、混著灰色的馬褲，以及一件皺邊襯衫。一八三四年，卡萊爾獲得了一件「來福綠」（也許是指英軍來福槍團制服顏色）的禮服大衣。可是到了一八四〇年代晚期，人們穿的禮服大衣都是棕、灰、深藍、純黑，或者是黑色常禮服外套。後來，珍．卡萊爾買了一件天空藍配黃釦子的醒目大衣給丈夫，但這也許是出於她自己而非丈夫的品味。梅爾維爾在一八四九年十二月十三日寫道，我的綠色大衣「對我在此地的體面造成很大的困擾」，因此他只得買一件他口中顏色比較深的「寬外套」（paletot），這是對長大衣的一種普遍稱呼。[48]

卡萊爾會穿著綢緞質地且上過漿的領子。在那底下，他會依據天氣，穿上珍為他縫製，由法蘭絨、平紋細布或是麻紗製成的襯衫。到了冬天，他會穿上用厚重毛料（shag）紡織而成的室內拖鞋，上面有著釦子。這種拖鞋一雙要價五先令六便士，而且通常是女性在穿，但卡萊爾訂製了一雙九先令的版本。[49]

男性的背心可以是白色的，手套則是淡紫色。褲子也許會由格子布，或是黑白相間的布料做成，但通常整套服裝，都是由單調乏味的同一色彩所構成。通常是一條黑色的領帶遮擋住白襯衫的上半部，這在倫敦煙霧瀰漫的週末，往往會弄得有點骯髒。如果領帶綁得夠緊，可以讓襯衫領子高到擋住耳朵。除了那些衣著時髦的風頭人物以及他們的粗俗模仿者——戴著艷俗珠寶、頭髮油膩、還故意穿錯襯衫的「飄撇男兒」（natty gents）以外，如果男人想要看起來「正派體面」（這兩個詞都暗示著某人渴望獲得比自己階級更高一等的事物），那他們就必須看起來單調且不顯眼。

婚禮是唯一適合穿上亮麗顏色的場合。考德爾先生在一八三一年結婚的時候，穿了一件藍色外套配亮色鈕子，以及白色的波浪綢背心。[50]在一八四〇年代，狄更斯筆下的董貝先生也是相似地在婚禮上穿著一件藍色外套、淺褐色馬褲，以及淡紫色的背心。[51]

腓特烈．曼寧是從哪裡獲得他的衣服呢？我們很難想像瑪莉亞會同意他在密德薩斯街（這裡鄰近阿德爾門，至今仍以「襯裙巷」著稱），或是白教堂、聖吉爾斯之類貧民窟的二手衣店閒逛。他也不可能穿著簡單的工作服，也就是所謂的「slop」。簡單說，像曼寧夫妻這樣年收略高於一百鎊的人們，雖然自認是屬於中產階級，但還是負擔不起訂做衣服的成本。因此，他們之中大部分的人會去光顧倫敦名聲最響亮的男用成衣商——摩斯父子商店（Elias Moses and Son）；這家公司的總部設在阿德爾門與米諾利斯街的轉角處，在托特納姆宮路與新路轉角，以及牛津街上也設有分店。摩斯原本是以製造「slop」起家，後來也販賣夾克、褲子、背心與女用騎馬裝。他也提供預訂的男用西裝，以及其他「量身修改」、保證合身的衣物；這句話的意思也許是說，他的存貨足以供應一定尺碼的衣物，畢竟修改總是比較便宜。不像其他商店，摩斯父子從來不會因為不標價，讓顧客感到困擾，也從來不預想顧客會討價還價。摩斯會在標籤上標示出固定的價格，這被那些在龐德街上喬治．史圖斯（當時倫敦最時尚的男裝裁縫）商店訂製衣物的人們，看成是極為粗俗的表現。

摩斯當然也不會遺漏自我促銷的花招。他們的名字被標記在公共馬車的兩邊，以及倫敦鐵路沿線主要車站的布告欄上；他們會僱請兒童到車站，當旅人從馬車上下來的時候，就把傳單塞到他們手中。摩斯還會在報紙上宣傳，甚至是在令人敬畏的《泰晤士報》頭版上打廣告（當時的頭版不只包含新聞，也刊登廣告與告示）。這家公司做了小冊子，夾在狄更斯於一八四三—四四年間的連載小說《馬丁．翟述偉》的頭四期中，並且在狄更斯接下來的小說中，都會買下書封內頁空間來宣傳。某些摩斯的廣告文案是詞藻華麗的散文，某些則只是拙劣的打油詩；它們會和這一年的季節，甚至是某些連載小說的特定章節有所關聯。[52]一首特別的韻詩這樣寫道：

參與我的歌謠，大家都來參與吧！
我的存在要歸功於摩斯父子。
我被人評價為穿著完美，
無論我在何時走著，都是成功的樣板。
我的時尚與優雅無可非議，
所有人都肯定我穿著「漂亮的西裝」。

比起底下這段打油詩，這些詩句和接下來的十六行詩堪稱充滿詩意：

我們的背心無人能比，
我們的褲子證明本公司是當之無愧的明星。[53]

摩斯父子公司深知，假如就像他們自己宣稱的，他們正在賣「連博．布魯梅爾（譯按：攝政時期著名的美男子。）都會樂於穿在身上、價格卻連一名技工都付得起的衣裝」——當然，這兩端的說法都太誇張了——，他們的商店就要和傳統紳士裁縫那種沉默又浮誇的調調不同，同時也得和二手衣店或市場攤位那種現成準備好的粗糙衣物有所區別。摩斯大賣場的店員都彬彬有禮。他們被訓練成既不拍馬屁、也不傲慢，只是用讓顧客輕鬆的方式來販賣衣物，而能夠做到這點的前提是裝置在分枝燭台上、遠近馳名的七百盞煤氣燈放出的燦爛光線。德國觀光客史勒辛格（Max Schlesinger）就這樣描述摩斯公司：

數以千計的煤氣火焰，形成了樹枝、葉子與藤蔓花紋；它所散發出的火焰如此耀眼，以至於遠在半英里外，就可以看見摩斯商店熊熊燃燒的圓柱。它照亮了薄霧，甚至是在極不清晰的夜晚，也可以將霧氣從倫敦的天空中徹底驅散。[54]

在摩斯賣場裡有著柯林斯式的圓柱、設有雕像的鑲板、以及柔軟的地毯。摩斯販賣各式各樣的事物，就像一位當代新聞工作者所寫的，「從錫製的刮鬍碗到喀什米爾羊毛圍巾」[55]；不只如此，他們還有針織襪、帽子、靴子，以及鞋子，提供給「從公侯到農夫」的每一個人。到了一八六〇年代，摩斯宣稱百分之八十人口都在買做好的成衣。假如薩克萊在一八四八年三月二十五日出版的《笨拙》上刊載的詩句有任何真實性，那這種情況一點也不令人驚訝；薩克萊主張，「窮人不被摩斯父子玩弄，富人則不被他們剝削」。至於一般民眾，則不會再像法國觀察家泰納所見的那樣，因為穿著貴族傳給手下的二手衣，所以看起來像高階生活的滑稽模仿了。

就像幾十年後摩斯在文化上的繼承者——伯頓男裝與五十先令服裝店一樣，摩斯父子在出版品中掀起的廣告風潮，並不必然意味著它們在很大程度上虛假不實。這些零售商用適合男性的新西裝，把一個人打扮成體面的中產階級；雖然透過訓練有素的眼光就可以看出，它並不適合他在身體上的所有特質，而且它創造出來的是一種標準型式，而不是客戶的個人品味。

珍．卡萊爾會為丈夫湯瑪斯自己縫製一些襯衫，但服裝確實還是用買的便宜許多，大概每一件只要四便士半；然而，這只是因為有數以千計的婦女進行「血汗勞動」（sweated）之故。總體而言，在成衣店彼此的嚴酷競爭下，她們不只過量工作，薪水還很低。「血汗勞動」是導致倫敦十九萬七千名外包紡織工——在一八六一年，占了全體英格蘭與威爾斯織工的四分之一——，普遍陷於貧困、疾病與賣淫的根源。一八四三年，《笨拙》刊登了一首匿名寫作、題為《襯衫之歌》的詩：

用著疲勞憔悴的手指
用著沉重發紅的眼皮
女人用一點也不像女人的疲憊坐姿
不間斷地穿針引線

一針，一針，又一針！
既危險，又骯髒。

當摩斯被指控為「血汗勞動」，也就是他付了最低薪資給那些幫他製作成衣的人時，他激烈地捍衛自己，堅稱說他付的薪資比其他雇主都高，特別是比攝政街上廣告打超大的尼克爾公司高；尼克爾公司曾經透過操作，讓進行調查的新聞工作者梅休丟了在《晨報》（*Morning Chronicle*）的工作——在梅休指控他們是血汗工廠後，他們便向《晨報》威脅要撤掉廣告。

大鬍子！

那個時代的插畫顯示，許多男人都有著鬍鬚刮乾淨的臉龐——除了軍人，他們通常會留八字鬍。在討價還價的時候，鬍子事實上被認為是一種心理不平衡、怪癖、不道德的象徵，或是一種具顛覆性、異國風情的事物。梅休所著、關於桑德柏伊夫妻和他們來倫敦參觀萬國博覽會的滑稽小說中，就包含了一堆有關「鬍子」、以及山羊鬍法國人的糾纏不清參考資料。山羊鬍變得如此不時興，以至於它的熱烈擁護者亨肖（W.H.Henshaw），被逼著在一八四七年出版了一本名為《刮鬍子、以及刮鬍刀的普遍使用：一種在基督徒間不自然、不理性、不男性化、不敬神，以及致命的流行》[58]。不過把臉刮乾淨的時尚後來改變了，原因是在一八五四到五六年的克里米亞戰爭期間，英國士兵被迫留起了滿臉于思；也因為這樣，不剃鬚變成了市民之間的時尚，直到它在世紀末一度變成和無政府主義暗殺者以及炸彈客有關，風潮才又改變。

傳播最廣的男性頭髮相關商品，是羅蘭公司的馬卡髮油（macassar oil）。雖然一八五〇年的化學分析發現它的主要成分主要是橄欖油，但它還是留下了它的名字在扶手椅後面那塊白布上，直到當代——那塊白布被稱為「椅罩」（antimacassar，直譯即為「抗馬卡髮油」之意）。[59]

在身體的另一端，也就是鞋子和更普遍穿著的靴子方面，人們通常會使用華倫公司的黑色鞋油；這種鞋油是在亨格福德橋附近一家工廠中製作出來的，年輕的狄更斯曾經在那裡工作，並成為他在《大衛．科波菲爾》中描述，摩德斯通與葛林白公司的原型。這種黏糊糊、每一瓶要六便士或一先令的東西，透過一張畫像廣為宣傳；那畫像是一隻貓，回望著自己映在亮閃閃靴子上的倒影。

在一八四九年，一項重要發明被創造出來，並迅速造成了人們對時髦觀感的重大改變。一位巴黎裁縫不小心將松節油打翻在桌布上，從而注意到它可以去除掉某些汙漬。這就是乾洗的起源；這種技術在一八七〇年，由阿奇里．賽雷帶進英國。汙漬可以從色彩比較淺的衣服上去除，讓穿著非常深色的衣物變得較沒有那麼必要。

「有型」的大原則改變得很緩慢。雖然化學漂染過、色澤比較鮮豔的布料最終獲得接納，深色西裝和黑色晚禮服仍然盤踞時尚不去。當維多利亞時代早期女性的孫女們在一九一四到一八年的大戰中進入大眾勞動市場時，她們開始縮短裙子、放鬆胸衣，但男性仍然持續穿著分離的翼領、長袖襯衫以及長到腿的內褲，厚重的靴子、廣腰身的褲子，直到美國風格在一九四五年二戰後大舉傳入為止。談起翼領而非束腹，它其實一路存活到合成纖維的時代。

第四章　疾病與健康

內科與外科醫生

雖然一般開業醫生（medical practitioner）正在變成普遍可見的人物，但有錢人還是會向內科醫生（physician）徵詢意見。這些內科醫生都是高社經地位的紳士，頭上掛著「大夫」（Doctor）頭銜，而且有牛津或劍橋學歷。他們身邊有專門跑腿的小聽差；這些孩子戴著專屬的皮革製有邊帽，並會把寫好的處方帶給付得起帳單的有錢人。這些醫療世界的大老爺通常一年開一次帳單，除非患者十分小心謹慎，在他們離開住處時，將費用（通常是用畿尼表示，這比粗俗的英鎊優越許多）以紙張密封的方式，直接面交給他們。內科醫生會推薦藥物或者藥劑（physic），但不會去包紮傷口或動外科手術，只會看病人的脈搏，並掃視對方的小便。然後他會開出必須的藥丸或藥劑，這些藥會由藥師來提供；藥師會給予藥物上的建議，但是不被允許為此索費——因為不夠格。藥師以販賣手頭的藥物維生，算是在「做生意」；正因如此，他們的社經地位比內科醫生要來得低。

大部分人在生病的時候，都會求助於傳統療法。當感到發冷不適時，他們或許會在胸口擦上鵝油，並塗上一層熱熱的敷劑。當要對抗失眠、並緩解疼痛發熱的時候，人們會去買嗎啡、鴉片，甚至是砒霜和水銀來與之抗衡。雖然有點粗暴，不過便祕的時候來一劑蓖麻油或是甘草粉，就能有效解決。鴉片酊——一種將鴉片和酒混合起來的酊劑，是普遍使用的止痛藥、孩童鎮定劑，以及強力鎮定劑。它還會被用來當作止咳或是止瀉劑，這兩種疾病在不衛生的夏日倫敦，都是司空見慣。

在狄更斯於一八三八到三九年出版的連載小說《尼古拉斯·尼克貝》第八章中，他描述了在士括爾斯「學校」——與其說是學校，還不如說是不被需要孩子的寄宿所——中，士括爾斯夫人如何強迫每一個孩子吞下一大湯匙的著名萬靈藥，硫磺（brimstone/sulphur）加糖蜜。士括爾斯夫人宣稱說，她給孩子們吃萬靈藥，是因為不想他們為了各種有的沒有的事情生病。

內科醫師會明智地推薦飲食、運動、休息、洗澡與按摩，再加上一套效率比較低的療法，包含通便、灌腸、放血與出汗，以便克服導致身心抑鬱的各種症狀。他們也會針對許多疾病——包括發熱、癲癇、甚至是營養不良導致的佝僂病，開出以砒霜為基礎的處方。史家卡萊爾就為自己曖昧不明的病痛，開出了蓖麻油加「藍藥丸」的藥方；所謂藍藥丸，是由五厘的水銀所構成。水銀相當危險，但非常長壽的卡萊爾以液態形式攝取它，這可以讓它從有機體中迅速消滅。他妻子珍的食慾不佳與消化不良，則是由醫生開奎寧來治療，同時還加上一種稱為「胃液素」（pepsin）的物質，它是由熊的胃袋中取出，煮沸、蒸餾，裝瓶，然後一次攝取一兩滴。她也會使用嗎啡。卡萊爾夫妻似乎都為便秘所苦，這時他們會使用番瀉豆莢。[1]

有許多藥品仍舊是來自專利製藥商的現貨；這些藥品不是止痛藥，就是簡單的通便劑。它們銷售的數量相當龐大，阿特金森藥廠的「保兒好」——主要成分是鴉片酊，在一八四〇年代可以年銷四萬瓶；其他還有「戈弗雷的甘露」與「達菲的萬靈藥」等，提供給一代又一代的母親，讓她們在出外工作、或是從事吃力不討好的家務時，能讓孩子（也許是永久）鎮靜下來。[2]

由湯瑪斯．霍洛威發明的「霍洛威藥丸」，被推薦使用在從瘧疾、哮喘到便祕、水腫、痛風，再到腰痛、痔瘡，最後到字母表尾端的潰瘍（ulcers）與性病（venereal disease），幾乎每一種病痛上。不只如此，廣告文案的撰寫人因為擔心自己遺漏了哪些疾病、導致人家認為這是霍洛威藥丸無法治療的病，所以又加上一句「以及所有各種原因引起的虛弱」。分析之後發現，霍洛威藥丸的成分包含了蘆薈、大黃、番紅花與芒硝（硫酸鈉）。作為一種治療便秘——在攝取蔬菜水果極少的情況下，這是必然會產生的風俗病——的手段，霍洛威藥丸最好的地方就是，它至少不會造成太大傷害。不只如此，報紙上還刊載一種叫做「帕爾長生藥」的廣告；據說就是這種藥讓其可能的發明者湯瑪斯．帕爾，一路活到一百五十二歲（他逝世於一六三五年）。[3]

「莫里森的植物通用藥丸」宣稱自己獲得了「英國健康學院」推薦；這間虛設的機構好巧不巧地，剛好跟藥丸的製造廠商，也就是位在靠近王十字的新路上、名為「莫里森與莫特」的公司同一個地址。這種藥丸只有通便效果，但這並不能阻擋它們在一八三四年時暢銷一百萬盒。[4]另一種專利藥叫「貝里的Revalenta Arabica」，這個充滿異國風情的名字暗示著來自東方的神祕療效，但事實證明，它其實大半只是扁豆的粉末而已。[5]

事實上，只有極少數的疾病可以治療、甚或可以辨識出來。重度菸癮造成的心臟病，直到下一個世紀都沒被清楚理解。如果心臟遭到風濕病影響，那醫師也許會開出毛地黃——一種以強心劑和利尿劑著稱的藥品——來刺激心臟，但沒有任何已知的藥方可以對付癌症、摧毀明顯可見的腫瘤，也沒有任何藥方可以對付關節炎、糖尿病與哮喘，當然更沒有任何可行的技術，能分析乃至辨別血液。威廉．奧德林——曼寧審判案中警方醫生專攻化學的二十歲兒子，就沒辦法積極作證主張瑪莉亞衣服上的汙漬，是血跡留下的斑痕。雖然他的測試已經排除了鐵質氧化與生鏽，但他仍舊不能證明那血究竟是被害者的，還是像辯護律師隱約提示的，是瑪莉亞本人的血？

假如醫生使用了聽診器，那他也許能夠察覺到早期的結核病，但他的主要看診工具，還是得仰賴病患的醫藥史。糞便分析與細菌學，此時還不為人所知。肝腎方面的疾病除非有黃疸或結石症狀出現，通常是無法察知的。醫生對急救技術所知相當有限，當時也沒有輸血或是靜脈輸液的技術。對一個遭逢複雜性骨折、皮膚破裂或者是動脈阻塞，並且有壞疽風險的病患而言，由外科醫生截肢幾乎是唯一解。

外科醫生被認為是一種略為劣於內科醫生的職業。他們雖被稱為「先生」（Mr.），但在實務技能方面頗受好評。他們通常是「從做中學」，其中有些人相當能幹。他們的技術範圍相當有限。他們會接骨、割瘡，處理某些外部狀況，並對某一些工具能夠到達的部位迅速動手術。頂尖的醫生能夠非常技巧且迅速地針對複雜性骨折進行截肢，打碎膀胱結石，移除某些惡性腫瘤，修補阻塞的疝氣腸道，切開膿瘡與癰，診治眼睛並移除白內障。所有這些手術都會帶給病人很大恐懼，無法估計的痛苦，能在失去意識下結束就讓人謝天謝地，而且往往會造成大量失血。缺少無菌處理的手術室，再加上在恢復病房中的感染，都意味著就算病患不會因休克死亡，外科手術也還是非常冒險；因此只要人們能夠避免，他們就會想盡辦法不要讓自己面對手術刀。直到一八六五年萊斯特（Joseph Lister）發現石炭酸噴霧抗菌的特質，並將之應用在外科手術上，情況才有所改變。

「你生產兒女必多受苦楚」

牙痛的受害者，通常得用木匠的鉗子來拔掉蛀牙。不過在維多利亞時代早期，已經可以看見麻醉藥的引進。雖然在較早的時代中就已經知道，笑氣和硫化乙醚的威力足以讓一個人失去意識，但是第一次在麻醉狀況下施行外科手術，則是於一八四〇年代的美國進行。在倫敦，乙醚是在一八四六年十一月，由鄧肯醫生在醫藥外科學會中示範其效果；當時他的手臂被針扎穿，而他完全沒有意識。布斯（Francis Booth）在一八四六年十二月九日，於進行拔牙之前使用乙醚；兩天後，乙醚再次被使用在倫敦大學學院醫院的一場著名手術中，當時李斯頓（Robert Liston）在為一位貝爾格萊維亞管家截肢之前，使用了乙醚。很快地，乙醚——不久又被更安全的氯仿所取代——的使用便在英美普及起來，同時也在許多歐陸國家開始流行。

雖然有某些基於聖經的反對意見，認為夏娃的原罪就是要讓女人歷經生孩子的痛苦，但其他權威則引用前面的章句指出，上帝在取下亞當的肋骨之前曾經「使他沉睡」，因此宣稱神意也贊成使用麻醉劑。一八四九年，狄更斯的妻子在一位宣稱已經運用氯仿四到五千次的巴特醫院醫生主持下，於家中用氯仿來減輕痛苦；她說她感覺不到任何疼痛，而且在之後幾天都相當舒適。由於對方提供麻醉師很謹慎、且小心照料病患，所以狄更斯認為氯仿「在運用上很安全，而且在效果上相當神奇又慈悲」。[6]當坎特伯里大主教的女兒在生產時使用麻醉方法，以及維多利亞女王在一八五三年四月生下利奧波德王子時親自使用氯仿——她指出自己的經驗是「慰藉、寧靜與難以估計的喜悅」——後，這場爭議於是變成了學術、或者更正確說是神學的討論。在女王生下第九個孩子的時候，亞伯特親王親自拿著一條手帕來使用氯仿，直到他的工作被更有經驗的其他人接手為止。[7]有關氯仿使用在女性生育的爭議很快平息下來，麻醉現在變成了相當體面的事情。[8]

另一方面，醫學也到了大躍進的邊緣。在一八〇一到一八五〇年間，英國有八千名受過大學教育的男性投入醫學相關職業，開業醫生的數量也隨著人口增長不斷攀升。倫敦的醫院如巴特醫院、蓋伊醫院、倫敦醫院、西敏醫院、聖喬治醫院與密德薩斯醫院等，都仰賴自願捐獻。這些醫院主要收受緊急病患，不過如果有醫院董事的推薦，付不起醫院費用的非緊急病患也可以聘請內科醫師到家裡看診，並雇用護士——關係果然是很有用的。

某些醫院——包括歷史較為悠久的巴特與聖湯瑪士醫院，是非常富裕的。泰納就對巴特醫院病房的清潔有序，以及食物的品質感到印象深刻。

說到比較現代的醫院，則有位在派丁頓普拉德街上的聖瑪麗醫院。這是一家建立於一八五一年的綜合醫院。專業醫學在許多建立於十九世紀上半葉的新醫院中獲得了實踐，包括倫敦發燒醫院、肯辛頓兒童醫院，以及富勒姆的免費癌症醫院。也有一些醫院會診治呼吸系統疾病，其中著名者有大奧蒙德街兒童醫院，以及最近剛建立，和牛津劍橋相較勁的大學學院、國王學院相關的綜合醫院與醫學院。[9]到了一八五〇年，接受醫院提供膳宿的病人，已經是一八〇一年的兩倍。

比起一八〇〇年，到了十九世紀中葉有更多藥品可以獲得，其中包括了奎寧、阿托品，以及可待因。許多疾病如肺氣腫、支氣管炎與肺炎都已經被描述出來，並和其他疾病作出區別。一八五〇年，理察・布萊特（Richard Bright）觀察到尿蛋白與心臟肥大及腎萎縮有關。布萊特、艾迪森、何杰金、帕金森的名字，都被冠在他們辨識出來的疾病上。不只如此，有關衰老機制的知識，也變得日益增長。

短暫且險惡的生命

天花會導致毀容、失明與死亡。雖然一八五三年的法案已經強制規定嬰兒在十二週大之前，都必須進行種痘，但基於宗教虔誠反對種痘的人，還是讓這種疾病一直維持下去。另一方面，只能部分用水銀治療的淋病和梅毒也傳播甚廣，不只從男性感染到妻子，也流傳到小孩身上。

英格蘭和威爾斯的年度死亡率大約是千分之二十二。到了一八四〇年代晚期，特別是因為種痘對抗天花的人數日益增長，所以數字比起世紀初已有下跌，但整體而言仍然相當頑強，直到這個世紀非常晚期、公共衛生有了實際改善為止，它才開始持續遞減，到了一九〇六至一〇年左右，降到了千分之十四點七。[10]儘管如此，年度嬰兒死亡率直到一八七一至七五年，仍然維持在每一千名新生兒有一五六名死亡的程度，這還是不計死產嬰兒的結果。[11]這個數字背後隱藏了一個廣泛的波動，範圍從富裕家庭的百分之十，到窮苦家庭令人膽寒的百分之三十死亡率。因此，嬰兒死亡對維多利亞時代的家庭生活而言，是個普遍且可以接受的特徵。缺少可信賴的避孕方式，以及為了因應只有少數孩童能夠活到一定年限、且成功抵禦兒童疾病如猩紅熱、白喉、麻疹、白日咳等，而產生的多產需求，都導致一八四〇年代的全國出生率高達千分之三十二點五，是現在的三倍之多。

可是，比起這個國家的其餘地方，倫敦的死亡率是惡名昭彰地高。《社科年鑑》在一八四九年提供的統計數指出，當地的死亡率接近千分之三十三，主要是受到十五歲以下兒童的高死亡率影響而放大。一八四一年，英格蘭與威爾斯的成人預期壽命是四十一歲，但倫敦只有三十七歲。[12]可是，如果把嬰兒死亡率也包含進去，則首都的平均死亡年齡只有二十七歲，在工人階級之間更只有二十二歲；一八三九年，倫敦的葬禮有一半都是為十歲以下兒童舉行。流行病，再加上正常的高發生死亡率，只會讓人們跟死神日益親近。黑色裝飾的馬匹與靈車，成為倫敦街頭頻繁出現的景象，而行人也總會聽到清晰的敲擊聲——那是殯葬業者的槌子敲打著黃銅頭的釘子，好將黑布固定在棺材上的聲音。

消化不良、壞牙、風濕病、營養不良的諸疾病如佝僂病、傳染病如輪癬、咳嗽感冒還有「流出」（對於腹瀉的普遍稱呼），再加上治療不佳的受傷、癤子以及膿毒症，都是大多數人們生活的一部分。如果一個孩子倖存下來，那主要的死因就會是傳染性疾病。在一八四七年十一到十二月，倫敦有四分之一的人口感染了傷寒。[13]在結核病——當時的人稱之為肺癆、非霍亂弧菌、英國的夏季腹瀉——它在一八四九年夏天和恐怖的亞洲霍亂一起橫掃倫敦，導致了三八九九人死亡——肆虐下，死亡率始終居高不下。

「你所能想像最骯髒的地方」

空氣不流通的房間、持續的潮濕、人們生活的雜亂無章、以及缺少洗滌與排水設備，在在助長了不衛生的習慣，並導致呼吸道疾病、支氣管炎與腸胃傳染病的盛行。腹瀉通常被認為是導致嬰兒死亡的主因，而它主要是來自糟糕的食品衛生，以及因為不洗手所導致的傳染病散播。當人們上完廁所後，沒有任何設備可以用來洗手，而人們是否知道在觸碰其他人的食物、或是把手指放到自己嘴巴裡前應該先洗手，也是個很大的疑問。在此同時，食物中缺少纖維質、以及對於在冷雨中跑廁所感到極不舒服，則會導致便秘。

倫敦的下水道完全不合時宜。愛德溫・查德威克（Edwin Chadwick），濟貧法委員會的秘書長，在一八四二年提出了一份名為《關於勞工階級衛生狀態之調查》的報告。這份報告提供了有關倫敦較貧窮地區狀況的大量細節；這些地區現在都處於非常嚴峻的狀態之中，主因是首都人口極為迅速的增長與集中，以及大量增加的新式沖水廁所和下水道直接連結、而非通往化糞池，這些都造成穢物的日益堵塞。

化糞池是磚頭砌成的空間，長寬大約是四乘六英尺。它們具有滲水性，會讓小便排入周遭的土壤當中。當化糞池被地表廁所——如卡萊爾夫妻的花園廁所——的糞便填滿時，挑糞人（night soil men）便會定期來清理它們。[14]但是，來自沖水廁所、為數龐大的水，會讓化糞池滿溢出來。水管工會把這些汙水引走，導致汙水流入下水道中；下水道原本並不是設計來處理人類廢棄物，只是為了地表水引流而存在，結果這樣一來又把穢物傾倒進泰晤士河裡，而泰晤士河卻是倫敦飲用水的來源。[15]「汙水」(slops)——糞便的委婉形容詞，通常會流到街上，如果有路可尋的話，便會一路「大江東去」，直抵泰晤士河。

一八三二年曾造成數千人死亡的亞洲霍亂，於一八四八年再次逼近歐陸。究竟是什麼導致霍亂捲土重來？最普遍的理論是，霍亂是由「沼氣」或者街頭散發出來、盛行的汙濁臭氣所導致，也就是由腐爛的有機物堆積，以及住宿在擁擠且通風不佳房間中的人們所引發。確實，倫敦總是臭氣逼人，不只是如眾人所見般，因為空氣中的煤煙，也是因為它座落在一塊腐爛的底土上。破損或不足的下水道總是壅塞不堪；這些汙水滲進水井和自來水中，甚或逆流回昂貴的西區房舍之中。在鴉巢，一間惡臭的廁所也許要供應好幾打家庭的需求，這樣的廁所往往都會因為過度滿溢的穢物而氾濫成災，然而就算是西敏寺本身，也存在著積累好幾世紀穢物的化糞池。在白教堂區，當地的調查員向詢問的查德威克老實承認，有一些街道完全沒有下水道連接。套句這位調查員的話，這地區是「你所能想像最骯髒的地方」。[16]

一八四七年一位調查官報告說，「穢物（出於當時的禮貌，他不會縱容自己直接使用「糞便」兩字）散布得……既厚且深，以至於幾乎不可能清除它」。[17]糞尿順著街道中央的陰溝流動，直到它碰到死巷停下來為止。穢物會從房子地基的淺層滲漏出來；倫敦的土壤，是被穢物浸透的土壤。在維多利亞早期的倫敦，乃至於之後的幾十年間，大部分窮人都是簡單將排泄物拋棄到街道上，期望雨水能夠將它們帶進主下水道，再帶往河流。相同的情況也發生缺少在洗滌槽，以及家庭排水設備的各種汙水上。在位處低窪的伯蒙德地區，一份報告就指出，所有地區都交錯縱橫，充斥著汙穢、惡臭的水道；這些水道承受了廁所的內容物、以及化糞池中滿溢出來的事物，有時卻也是飲水和洗滌的供應源頭。[18]

泰晤士河的整個南部地區都排水不良，尤其是靠近河畔、尚未築堤的沼澤地帶更是如此。廁所排泄到陰溝與下水道中，再回流到各個房舍，帶來刺鼻的惡臭；糞便與其他腐敗事物幾乎難以清理殆盡。伯蒙德地區包括了惡名昭彰的雅各島（今天被標記成「雅各街」），這是一個不出名的鴉巢，也是《孤雛淚》中比爾．賽克斯死亡的場景。梅休在他對貧民窟的調查記錄中，這樣描寫了雅各島：

我們可以保證，這是當地悲慘居民必須引用的唯一水源。當我們用恐懼的眼光凝視它時，我們可以看見排水管與下水道將它們汙穢的內容物流入其中；我們可以看見在路邊有一整排沒有門、開放給男男女女使用的廁所，就蓋在它上面；我們還可以聽見一個屁股接一個屁股的穢物，濺起水花的聲音。[19]

西門醫生的報告

不過，倫敦城高度集中的人口與商業，創造出了非常特殊的公衛問題。一八四八年的《城市下水道法案》要求所有新造房舍與一定尺寸的老舊房舍，都必須連接下水道、並且設置水槽形式的儲水設施，為改善起了開頭。一八四八年十月，倫敦城指派約翰・西門（John Simon）醫生為醫學健康部長。西門相當勇於任事，上任後便派遣公益督察官（Inspectors of Nuisance）去強迫清理廁所，並移除排泄物。他強迫新河公司每兩天為給水豎管（一種有龍頭的管子，豎立在街上）供水一次。一八四九年九月，在深具影響力的《泰晤士報》強力支持下，西門醫生出版了他的第一份年度報告。據一位史家說，這份報告「在十九世紀公衛改善的歷史上，是一份經典文件」。[20]根據西門所言，如果倫敦城這個仍有眾多最貧窮之人居住的地區死亡率居高不下，甚至達到千分之三十到四十，那是因為有缺陷的排水、不適當的給水設施、人們不衛生的生活習慣，最後還有令人不悅的生意、以及淺葬所致。屠殺動物，以及在過度擁擠的墓地埋葬屍體，都會導致令人厭惡的氣味與景象。

「那個可恥的地方」

每天都有大量的牛、羊、豬被驅趕進倫敦，並在某處遭到屠宰。沒有任何規定說屠宰場該開在哪裡，有些屠宰場是建立在肉舖的後院或地下室，距離優雅的主幹道不過幾碼。舉例來說在新港市場，臭氣、蒼蠅與垂死牛隻可怕的哀鳴聲，全都會落入前來參觀位於附近萊斯特廣場中心、首都著名觀光景點之一——魏德大地球儀的觀光客耳目見聞當中。

數十萬隻的動物穿過倫敦城擁擠的街道被驅趕到屠場，而牠們製造的數噸糞便，又跟運輸馬匹的糞便、泥濘與一般穢物混雜在一起。特別是在史密斯菲爾德的大肉品市場周圍，街道上充滿了鮮血、肉屑、黏滑的內臟、獸蹄與獸皮，上面又全都黏附著嗡嗡叫的蒼蠅；在這市場周遭的景象，簡直就是一副但丁式的繪卷。狄更斯在《荒涼山莊》第十六章中，曾經如此描述它們：

> 蒙著眼的牛被有刺的棒子猛烈驅趕著，在毫無指引的情況下跑向錯誤的地方，又遭到一頓毒打；牠們不斷衝刺，紅著眼睛、汗水一路滴到石牆上；這樣的牠們，往往既會嚴重傷害到無辜的路人，也會嚴重傷害到自己。

再次地，在《遠大前程》第二十章中，當皮普出外溜達、好逃避賈格辦公室的壓迫氛圍時——

所以，我來到了史密斯菲爾德；那個充滿了穢物、脂肪與血漬的可恥地方，似乎緊緊纏繞著我。

西門醫生發現史密斯菲爾德：

充滿了老弱家畜的屠宰場、裝滿內臟的櫥子、貓的肉鍋、羊腸線的編織工、煮內臟的爐灶、吹膀胱的人、以及一切後院屠宰場具備的惡臭與殘酷。

在一八四九年九月七日的一個炎熱星期五晚上，一頭被驅趕到史密斯菲爾德屠宰的閹牛脫逃，闖進一家報社的機房，結果卡進了兩台閃閃發光、最先進的蒸汽印刷機中間。[21]當蒸氣與機械時代的技術光輝，遇上了中古落後的倫敦屠宰場，這種狀況不改革是不行了。

就像常常可以見到的那樣，改革總是會受到那些活在遠離麻煩、不受干擾地方的既得利益者所阻撓。自行其是的倫敦城政務議事廳，每年可以從史密斯菲爾德以及其他倫敦城內市場的各種稅收中，收到接近一萬鎊，因此他們當然會抗拒所有改革的嘗試。[22]可是一八四九年，皇家委員會建議關閉大肉市；儘管政務議事廳反對，這個被《泰晤士報》稱為「臭氣薰天、令人厭惡的中心」，仍然必須關閉。[23]一八五九年一月九日，新的哥本哈根市場在伊斯林頓開幕，其中仍有一部分是屬於倫敦城北部的郊區地帶；它可以容納八千頭牛與五萬頭羊，以及大量的豬和馬。

令人作嘔的惡臭

數世紀以來，有數以千計的屍體被埋葬在倫敦的教堂墓地，以及其他一些歷史悠久的墓園當中。每一層屍體都要花費七年時間去腐爛，但是新的墓葬遠超過腐壞的速率。空間非常缺乏，所以墓穴被再次打開，以放進新的棺材。掘墓人打散腐敗中的死者殘骸，導致令人作嘔的惡臭不斷湧出。許多墓地的土壤中，都擠滿了大量腐化階段各異的屍體。在喬治・雷諾茲的《倫敦之謎》中，提金斯這位「掘墓人」、或者說提供最近剛死的屍體，給解剖學家剖析的供應商，發現了一個理所當然的現象：甚至是在寒冷的冬天，墓地的泥土也不會凍結，因為整個墓園都被遺體的油脂給浸透了。[24]《倫敦新聞畫報》在一八六二年九月十五日宣稱，一項「恐怖的事實」被雨揭露出來，當時的恐怖景象「噁心、令人反胃，而且惡臭薰天」。另一位作者在筆下這樣寫道：

> 在毗鄰白教堂之處……土壤是如此擁擠，以至於呈現出一整片的大量人骨與腐敗遺體……它們被鏟子一鏟一鏟挖掘出來，令人作嘔地暴露在外……要在這片土壤上挖一個墓穴，而不碰觸到其他剛埋葬的遺體，是幾乎不可能的事；決牧人的十字鎬一個不小心，就會鑿穿棺材的蓋子，然後讓可怕的臭氣洩露出來。[25]

除非堆疊起來的棺材已經抵達距離表土一英尺左右的程度，否則墓穴通常不會被填滿，因此最近死亡的人得被埋葬在距離表土大概只有十八英寸的地下。半腐爛的屍體、骨頭，以及被剝走黃銅飾件腐朽的棺材碎片，在各個墓地中總是隨意暴露、散落滿地。

「霸王級」霍亂

就在這種公共髒亂的狀況下，霍亂一如預期地在一八四九年初襲擊了倫敦。一八四九年九月二十二日，在南華克位於倫敦橋南邊一點的波羅市場地區，診斷出一起霍亂病例；接著在泰晤士河南岸的低窪地區，霍亂便零星地爆發開來。

霍亂的襲擊相當突然；它在幾個小時之內就會殺掉一半染病的患者，有時候患者在一天中會遭到猛烈的腹瀉與嘔吐襲擊——霍亂最主要且最完整的症狀，就是脫水。它的襲擊有著高度隨機性，有時候會跳過整個城鎮、地區、街道甚至是街道周圍。現在，我們都知道霍亂是一種非接觸性的傳染病，你不會像感冒一樣，從其他人那裡「染上」它。霍亂甚至襲擊了囚犯船茱斯提亞號，當時上面所有的囚犯都是在等待艦隊啟程將他們轉運到澳洲，這個慣例一直到一八五七年都不曾中輟。茱斯提亞號繫泊在河畔，完全沒有和任何陸地接觸，所以霍亂似乎是在內部爆發的。但我們又該如何解釋，當座落在泰晤士河北岸的米爾班克監獄（也就是現在的泰特美術館）爆發霍亂時，其他像是彭特維爾、或是人稱「瘋人院」的伯利恆精神病院等監禁場所，卻都倖免於難呢？對某些人而言哪些是共通點，對其他人卻又不是呢？

有各種理論來解釋霍亂是因為不衛生的生活條件所引發，但在怎樣特殊的情況下，這樣的條件才會引發霍亂呢？最為人所接納的意見主張，解決之道是發動一場轟轟烈烈的戰役，來對抗倫敦不健康的公共衛生條件；然而他們相信，霍亂是一種透過毒氣或大氣產生影響的疾病，同時也是從缺少衛生的動植物、主要是人類糞便以及人畜呼吸之中發散出來，位在空氣中的毒素。通風是不夠的，而且人類的排泄物沒有有效地，從人們居住的地方被加以清除。換句話說，過度擁擠的聚居，人畜的臭氣，缺少新鮮空氣以及骯髒的生活習慣，都是導致霍亂的原因。

至於治療法，霍洛威藥丸被吹捧成靈丹妙藥。根據藥盒上的吹噓，假如你每晚服用五到六顆、第二天早上也服用相同數量，如此持續六週，就會獲得治癒。氧化亞氮（笑氣），也被推薦成對抗這種在一八四九年殺死一萬四千名倫敦人的恐怖疾病的妙藥——當然是假藥。最受歡迎的妙藥是鴉片，雖然它也許只在疾病的早期階段有效。其他在倫敦醫院裡面使用的治療方法包括了電療、白蘭地、松節油、卡宴辣椒，以及對內臟進行鹽水灌腸，或是對靜脈注射鹽水；這兩者都暗示了霍亂必須用緊急的液體替代來進行治療。

「圖廳的天國」

最糟糕的一次霍亂爆發、同時也是將這個議題從醫藥問題轉換成影響深遠社會政策問題的關鍵，是發生在圖廳（Tooting）；這裡現今是南倫敦建築林立的地區，但在當時只是一座有著開闊田野的村莊。在這裡，巴多羅買・德洛特經營著一間孤兒院，這間孤兒院是專為窮苦孩童設立，直到這些孩童年紀夠大、足以出去見識世面為止。這些嬰兒是由某些倫敦濟貧院所寄養；它們是相當嚴酷的機構，窮人往往是為了衣食或避難所而被迫進入其中。一八四九年一月的第一週，在這間德洛特貧苦嬰兒救濟院照料的一千三百名孩童中，出現了一一二個霍亂病例。薩里郡的驗屍官基於這所孤兒院的管轄權，認為驗屍是不必要的；直到其他染上霍亂的孩童被移出德洛特救濟院，並且在其他驗屍官的管區中死亡，這起收容所醜聞才引起公眾的注意。一月十九日，在魏克萊醫生（Dr. Wakley）的主持下，舉行了一場驗屍；魏克萊是著名雜誌《柳葉刀》（刺胳針）的創辦人，也是位積極的醫學與社會改革者，比起其他驗屍官，他的醫學技能要來得更加優異。他發現德洛特孤兒院照料的孩童，不管在飲食、衣著或住宿上都相當惡劣；那個將孩童從他們濟貧院轉包給德洛特的倫敦霍本區濟貧法監護人，因此被判有殺人罪嫌。德洛特在一八四九年四月十三日接受刑事審判，但被無罪釋放，原因是無法證明他的粗忽，導致調查中的特定孩童因霍亂死亡。

德洛特確實把他的孤兒院經營得既無效率又殘酷不仁。他讓孩童吃不飽穿不暖，還虐待他們。到最後，在德洛特之「家」中因霍亂死亡的人數，達到了一百八十人。如此多無抵抗力的孩童死亡，以一種醫藥雜誌嚴肅的專欄文章、還有國會關於公共健康的報告都辦不到的方式，激起了社會大眾的良心。其中最有力的砲火也許是來自狄更斯的健筆；他在一八四九年一月二十日，在《觀察者》雜誌上，發表了一篇名為〈圖廳的天國〉的文章。

健康委員會的調查員葛蘭格醫生作證說，德洛特慣於釘緊門窗所導致的通風不良，「超越了任何我在醫院或是其他被疾病攻陷的地方……曾經目睹過的侵犯行徑」。[26] 雖然受過警告，但德洛特依然讓他的宿舍過度擁擠，並把四名霍亂病患放在一張床上。這些孩子當然會沾染到彼此的腹瀉，調查官描述說，「每一個侵犯性的、下流的、野蠻的環境，都讓他們身處的慘狀益發惡化」。不充裕的衣食，再加上寒冷、潮濕、骯髒與腐爛的房間，都只是讓傳染性疾病更容易爆發。然而，狄更斯沒有隻字片語提到丈夫和妻子分開住在不同病室這點，而這是上了年紀的窮人最怕的命運。不只如此，他拜訪濟貧院是在一個風和日麗的春日；窗戶和門或許是打開的，這就是他為何沒寫到任何有關氣味的原因。

然而，這些腐敗嚴酷的狀況只是導致霍亂爆發的先決條件，卻並非它的真正原因。這種疾病是由某些無法辨識的原因所引發的嗎？事實是，相對於狄更斯所寫、大多數醫學意見所相信，霍亂並不是如小說家所言，是因為德洛特的機構「管理殘酷、經營惡劣、檢閱違常、保護不實，是基督教社會之恥，也是文明之地的汙點」，所以才擴散開來。所有這些攻擊都是公允的，但這些條件本身並非霍亂的原因。

這場瘟疫蔓延了整個夏天，特別是在南倫敦的蘭貝斯、南華克與羅瑟希德，六月有二五〇人死亡、七月有兩千人死亡、八月更超過四千人。到了九月初，已經有一〇一四二人死亡，其中兩個人是股票經紀人，之前曾經在曼寧謀殺案的訴訟中作證。曼寧夫妻生活的伯蒙德，死亡人數也居高不下——當地總共死了五九一名居民。死亡的喪鐘從早敲到晚，當送葬者從墓地回來的時候，也許會發現房子裡的另一個病人已經斷了氣。

真正的原因——受汙染的水

假如你夠幸運的話，你的供水也許不會被破損的下水道或漏水的化糞池所汙染。也許你會煮沸你家的水來泡茶，或者只喝啤酒。日益增長的證據指出，霍亂的根源就是受汙染的水。維多利亞早期的大量新建設破壞了化糞池的牆壁、損壞了下水道，同時新引進的抽水馬桶將穢物直接沖進下水道中，這些浮現出來的穢物最後會進入泰晤士河，而水公司又從河裡汲取他們的水源，將水打到倫敦的各個水塔水槽，供人們引用。下水道、廁所與開放式的溝渠，被理解到會滲漏進水管與水井當中。亞瑟．哈薩爾（Arthur Hassall）在一八五〇年出版的《對倫敦居民供水的顯微檢驗》一書中，揭露出「這座都會的某些居民正被迫以某種形式，消費自己的一部分排泄物。」[27]

不過，霍亂弧菌在這時候尚未被分離出來。

龐大的開放性下水道

倫敦的供水是個普遍的醜聞。在一八四九年九月二十九日，《倫敦新聞畫報》憤怒地說：

> 供水應該跟空氣、陽光一樣，被當成一種攸關個人利益的事物分配給我們！

倫敦的水由八家公司供應，他們從泰晤士河、深井與利河汲取水源；但泰晤士河跟利河很早就被馬糞、死亡腐臭的魚，以及最糟糕的下水道排放物給弄得髒臭不堪。同樣在一八四九年，當霍亂蹂躪倫敦時，小說家金斯萊（Charles Kingsley）寫道：

> 我昨天……途經伯蒙德的霍亂地區；天哪，我究竟看到了什麼！人們——數以百計的

人——除了共通下水道的水以外，沒有水可以飲用……那裡面全部都是……死魚、死狗和死貓。[28]

在伯蒙德隔壁的南華克，一萬八千棟房子中，只有四千棟有自己的供水設施；剩下的人只能從街上的給水豎管中汲取用水，但它供水的時間非常短，而且不總是每天都供水。水槽的蹤影不常出現在房舍中，結果各種不適合且不衛生的容器，都被拿來儲水。這種緩慢且不規律的供水，導致許多等待裝滿手上瓶瓶罐罐的婦女爭吵不休，而這些瓶瓶罐罐也沒有被適當清洗過。水被盡可能地保存下來，而且被一再使用，直到發臭且不能用在其他用處上為止，都不會被喝掉。

有水管對地下室廚房、或是外頭「開放區域」水槽供水的房舍，堪稱相當幸運。一名地主得花費四鎊來安裝供水設施，並繳納大約六先令的年租來供應一樓，如果要供應四房的房舍，還得再加一倍。水管供水（自來水）的進展相當之慢，因為地主害怕房客會偷走水管，並賣掉鉛製的零件。至於水公司則是擔心，沒有計量供應的水會被浪費掉。地主也沒有保證說一定會提供規律且充裕的租金，來補足安裝供水設施的費用。不只如此，負責水龍頭與水管內部配置的倫敦水管工，也是惡名昭彰的無效率，往往會搞到水槽變得惡臭。不管怎麼說，自來水每天只供應兩小時，或是在選擇性的天數供水，而且星期天絕對不供水。

阻止霍亂的方法，就是保持飲用水供給遠離下水道。要治療遭霍亂攻擊，導致劇烈胃痛、嘔吐與脫水的患者，必須取代流失的水分。劇烈脫水會導致整個人虛脫，以及體溫迅速降低，最後會失去脈搏、變成一具枯乾發青的屍體；但當時既沒有普遍認可的真正原因，也沒有眾所認定適當的公私療法。

斯諾醫生與布勞德街的取水幫浦

指出水是霍亂載體的是斯諾醫生（John Snow），他就是維多利亞女王分娩之際，負責進行麻醉的御醫。斯諾在一八四九年完成了第一本關於這個主題的出版品《論霍亂之傳染模式》，但乏人注意且無法撼動臭氣論的優勢地位。斯諾繼續研究這個題目，並在一八五五年出版了一本跟一八四九年論著同樣標題的書籍。他宣稱很少有機會漱洗的窮人是直接接觸到霍亂菌，並使之轉移到他們的口中。醫生不會染上霍亂，是因為他們在吃東西之前會先洗手，而且會盡可能避免在患者的家中用餐。霍亂也會擴散到家庭環境更好的社群中，原因是細菌滲進了公用的供水之中。斯諾小心交叉比對了人們獲取水源的地點與霍亂發生的影響範圍，結果他發現位在倫敦西區中心蘇活區、布勞德街（今布勞德威克街）的幫浦，其提供的水被鄰近的化糞池所汙染；該化糞池的磚牆已經破損，因此會讓霍亂菌得以進入供水系統當中。用顯微鏡觀察水時，斯諾注意到其中有霍亂患者腸中脫落的標準絮狀物或碎屑。從這個幫浦汲水的人會染上霍亂，但其他住很近、卻從未汙染水井中取水的人，都沒有染上霍亂。最後的證據是來自一名寡婦，她雖然從布勞德街搬到漢普斯特德，但還是持續把布勞德街幫浦特殊的甜水送給自己飲用，結果她成了擁有自己水井的漢普斯特德地區，唯一一位染上霍亂並因此過世的人。斯諾勸當局移除幫浦的手把，結果布勞德街的霍亂感染就此平息。

然而，這只是一場地方性的爆發。下水道排放穢物到泰晤士河上的部分地區，而這些地區又是某些供水公司——特別是南華克與沃克斯霍爾水公司——取水的來源，這才是導致霍亂在一九四九年大規模爆發的原因。

一八四九年十一月十六日，全國國民被召集起來，感謝上天讓霍亂爆發平息。雖然當天是週末，但商店都打烊、鐵路也只開星期天的班次。教堂的鐘聲隆隆作響，但《泰晤士報》指出了一個非常正確的重點：

> 一個基督徒或任何理性的人若去懇求上天去除邪惡，那大概有九成的邪惡可以自行去除，但霍亂顯然不屬於這個層次。[29]

有超過一萬四千名倫敦人因霍亂死亡。直到維多利亞年代的第一部分結束，一八五二年的法案才下令水公司在一八五五年前，必須停止從泰丁頓以下的地方取水——這是距離中倫敦十一點五英里、十八點八公里處的上游地帶。水公司也被要求在一八五七年前對他們的儲水池加蓋，過濾他們的水，並提供穩定的供水。當蘭貝斯水公司於一八五三年按照法案規定，將引水口移動到上游時，他們供水地區的死亡率立刻急遽下降；相較之下，南華克與沃克斯霍爾公司供水的地區，則仍然保持每一萬人中有一三〇人因霍亂死亡的比例，直到他們也把取水地點移動到泰丁頓上游為止。

一八五五年大都會工程委員會設立，倫敦終於有了一個涵蓋全境的適當下水道管理機構。但是，直到一八五七到五八年夏天，連國會議員自己都受不了泰晤士河的惡臭，以及維多利亞女王與亞伯特親王因為蒸汽船槳攪拌起來的惡臭而被迫放棄遊河時，政府才給予大都會工程委員會照自己意願建立下水道系統的權限。委員會的總工程師約瑟夫・巴澤爾傑特（Joseph Bazalgette），建造了八十二英里的下水道。到了一八六五年，這些下水道已經開始運作，並且每天收集四億兩千萬加侖的水與廢水，將它們引到遠離飲用水取水的河川地帶之外。霍亂最後終於止息。可是，直到大都會供水委員會在一九〇二年買下水公司為止，清淨、規律且負擔得起的供水問題仍未完全解決。

第五章　金錢、住居與階級

不義之財

要維持一間還算體面的中產階級住居，就算不太高調，也還是需要年收三百鎊。假設妻子有休閒生活，也許會保留下來作點簡單的縫紉。一對僕人是必要的，一間適合款待客人、夠大來容納日益成長的家庭、並位在可以接受的倫敦中產階級地段的房子，也是必要的。

但是，許多從事中產階級職業的人，比方說不斷成長的辦事員大軍，賺的錢遠遠少於一年三百鎊。狄更斯筆下的鮑伯・克瑞奇一星期的收入就只有十五先令，也就是一年三十九鎊，這似乎讓他勉強足以溫飽——雖然他的僱主史古基在《聖誕頌歌》中承認自己給克瑞奇的薪水太少，所以狄更斯也許是故意寫低克瑞奇的薪水。年收一百五十鎊的話，可以租一間房子而不需要另外分租給房客，並且雇用一位包食宿、以及一位每天前來工作的僕人。每年一百二十鎊加一間房子，這是狄更斯筆下切爾以布兄弟提供給尼古拉斯・尼克貝的薪資。在柯林斯於一八六〇年連載的小說《白衣女郎》中，繪圖師傅哈特萊特每週被提供四畿尼——這算是所謂「紳士的基礎薪資」，來教導繪畫並裝幀畫集；不過，他倒是說這個條件「令人驚訝的慷慨」。

拋開小說回到現實，根據審判記錄，腓特烈・曼寧——受雇為一家位在霍爾伯恩文具公司的代理人，每個星期可以領到兩鎊，一年可以領到一〇四鎊，再加上百分之五的佣金。這似乎沒辦法讓他上升到每年一百五十鎊的魔術數字，因為審判也揭露出，他和瑪莉亞需要讓出一間房給租客，以便付房租。他們也沒辦法雇用一位包食宿的僕人。腓特烈的問題在於他是個酒鬼，而且在他丟掉了擔任鐵路警衛的工作後，也沒有做任何努力的嘗試。瑪莉亞是個強悍且有決斷力的女性，但她老公明顯是個雷包。

至於曼寧夫妻的受害者——海關官員歐康納，則證明了錢在倫敦確實是可以滾出來的。關係良好、懂得如何使用關係，以及從提供人們渴望的事物——以歐康納的例子來說是借貸——中找到利基，對於錢滾錢都大有幫助。據那位向曼寧夫妻租房的醫學生所述，瑪莉亞說歐康納累積了大概兩萬鎊的財富，而且立下了一份對她有利的遺囑。雖然瑪莉亞的話聽起來有點太樂觀了，但歐康納確實存款甚豐，在鐵路股票上也有可觀的投資。

「那裡的山丘全是金子」

可是，甚至還有更大的財富可以創造出來。到了一八四九年，倫敦已經陷入了一片狂熱的騷亂之中，原因是傳來消息，在遙遠的加利福尼亞發現了黃金；據說在那裡，這種珍貴的金屬甚至在地上直接俯拾即是。商業經營的蒸汽船航線開始繞過合恩角，展開從倫敦直抵美國西海岸的航海。[1]加利福尼亞的黃金熱，變成了日常討論的主題之一。一部在河岸街阿德爾菲劇場上演的熱門滑稽劇，名字就叫做「倫敦佬在加利福尼亞」。在沃克斯霍爾與克雷莫恩花園，情侶跳的舞是「加利福尼亞波爾卡」、「黃金波爾卡」。在倫敦著名的餐酒館，如柯芬園的「蘋果酒窖」與河岸街的「煤礦坑」中，吞雲吐霧的紳士們唱著「跑向加利福尼亞」，留下了令人難忘的畫面：

在小木屋裡、在溪谷裡，
挖呀挖地挖著礦；
做個礦工、做個四九年人（譯按：指一八四九年的加州淘金者），
帶上他的女兒卡洛琳。

在一八四九年間，《笨拙》不停嘲笑黃金熱。在一月十三日，這本雜誌刊出了一幅漫畫，上面畫了一個清道夫帶著他的三個小小孩、鐵鏟還有掃帚，宣稱說：「喔！我不會一直留在這裡，找尋著一匙煤屑。我要去『卡利福你雅』，那裡有一堆便宜的黃金碎屑，可以好好地掃。」非常相稱地，那艘清潔工要搭乘的船，名字就叫做「月光」（蠢話的雙關語）。同一天的另一幅漫畫名為「在礦山的幾天」，描繪了新聞工作者請款的「加州價格」——這年年底他們為了搶好角度看曼寧夫妻被處死，也會做出這樣的要求。《笨拙》諷刺地畫著北佬道格柏伊，正在要求每天三十美元（超過六鎊）的價格，好在採金地包伙租房子。

不過，《笨拙》也出於比較嚴肅的心情，希望豐富的黃金能夠讓利率降低。同年九月二十二日，《倫敦新聞畫報》報導，有大量加州黃金與墨西哥金披索在大批警察護衛下，抵達了英格蘭銀行，其價值超過五十萬鎊。增加的黃金儲備回流，讓英國能發行更多紙幣流通，並且如《笨拙》預測，

帶來了一八五〇年以降的信用擴張。銀行利率在一八五一年四月跌到百分之二，接著在一八五四到五六年，克里米亞戰爭期間的需求增長，更進一步創造了景氣爆發。

英國的國家債券又稱為「統一國債」（Consols），它是「綜合銀行年金」（Consolidated Bank Annuities）的口語簡稱。統一國債從一八〇一年起支付百分之五點三的利率，它讓國債從一七九三年的兩億兩千八百萬鎊，上升到一八一六年的七億零九百萬鎊；那年是英國結束所費不貲、對抗拿破崙戰爭的年份；這種高利率在拿破崙戰爭的通膨年代，被視為相當合理。國債的帳面在一七九四到九五年是一百，到了一八一八年價格已經翻倍，但隨後又跌回到戰前的水準。[2]結果，利率在一八四一年暴跌到百分之三點二五。對那些把投資利率當成他們全部收入的人而言，這是一個幅度巨大的下跌。統一債券的利率雪崩，導致了熱錢滾滾流向股票投機與外國債券。在一八四七年英國鐵路股票崩盤後，新的投資流向歐陸的鐵路、公用事業與礦產：所有這些都是透過倫敦城，而且常常是以大型商業銀行的放貸為基礎。

曼寧夫妻的受害者歐康納是個精明的投資者，但投資在一八四〇年代，其實是一般人相當普及的風氣；根據下議院提供給國會的報告，包括鄉村牧師、退休軍官、僕人、郵件馬車與鐵路警衛、肉販、廚師、車伕與棉紡工人都是如此。[3]這些人當中有許多人投資了畢生積蓄，結果卻因為這場崩盤陰謀、甚或證券交易所不誠實的操作而傾家蕩產。

詐欺

狄更斯在《尼古拉斯・尼克貝》裡面的「聯合大都會改良熱馬芬與煎餅烘焙法暨準時交貨公司」，在一種不合理、厚顏無恥且荒唐誇張的估價下，發行了總計五百萬鎊、面額十鎊的股票五十萬張。這家公司和《馬丁・翟述偉》裡面的「英國—孟加拉無息貸款暨保險公司」一樣，都是關於那個年代惡名昭彰的現象——股票詐欺，在小說中的例子。直到一八五六年通過《有限責任法案》為止，破產公司的股東不只是會損失他們的股票價值，自己的財產也會被債主給沒收。天真的尼古拉斯・尼克貝——和小說主角同名的父親，就參與過股票投機。在小說的第一章中：

> 一股狂熱流行起來，接著泡沫破了，四個股票經紀人在佛羅倫斯買了鄉間別墅，四百個市井小民變得一文不名。

在《大衛・科波菲爾》第三十五章中，大衛的阿姨貝西・特洛烏德投資了一個打撈寶藏的古怪計畫。在這裡，狄更斯也許是參考了一個實際存在的計畫；這個計畫是要找回希伯來人的寶藏，雖然希伯來人當時是奴隸，不過據推斷，當他們在出埃及的時候，曾經投棄一些細軟在紅海中。[4]

另一個經常出現在早期維多利亞小說中、反映出其在現實生活中重要性的人物，是放高利貸者。在銀行信貸的年代前，當一個人走投無路、需要資金時，就必須求助於放債人。雖然在傳統小說中，當富有家庭的浪蕩子需要錢時，總是會去找猶太放債人（因為基督徒是被禁止放高利貸的），但現實往往是另一回事。查爾斯・雷德（Charles Reade）在一八五六年出版的小說《改過永遠不遲》就是如此；在書中，他描述了一位神秘、帶東方色彩且高貴的猶太人以撒・列維。另一位非猶太人、且收取百分之二十高利貸的放債者約翰・密道斯將列維視為敵人，因為列維的利率比他更低。可是，跟小說中拉爾夫・尼克貝收取的利息相比，百分之二十甚至都是小巫見大巫了。在尼古拉斯還是學生的時候，拉爾夫叔叔放債是以「半文錢收兩便士」，也就是百分之四百的利率在放的。

破產

如果一個人無法償還自己的債務，那最後就只有破產（bankruptcy/insolvency）一途。在《尼古拉斯・尼克貝》第二十一章中，曼塔里尼夫人曾經遭遇過一段可恥的經歷；當時有兩名叫做「史加利」與「提克斯」，身上充滿著「腐臭菸草味與新鮮洋蔥味」的執達官，粗野地闖進她的製衣作坊，為的是要收回曼塔里尼先生因「賭博、浪費、閒混與賭馬」，所欠下的「一千五百二十七鎊，四先令九便士又半文錢」債務。

一八四九年，當布萊辛頓伯爵夫人的愛人與繼子——奧賽伯爵，被迫逃到歐洲躲債時，拍賣破產者財產的消息上了新聞版面。從珍・卡萊爾對奧賽伯爵馬車的描述，可以判斷他的負債必定相當龐大：當時被倫敦社交圈稱為「花邊教主」的伯爵，剛走下他那輛「天藍色與銀色相間、光輝燦爛的馬車，卡萊爾家的僕人讚嘆道，「好一個美男子啊！」」但珍自己則認為奧賽伯爵的美貌，是一種「頗為噁心的類型」——她的意思是，奧賽伯爵看起來非常女性化。[5]這正街的絲綢商豪威爾和詹姆斯，試著收回布萊辛頓夫人居所——高爾宅邸中，昂貴陳設的費用；這棟宅邸聳立的地點，就是後來南肯辛頓的皇家亞伯特廳。一八四九年，這棟宅邸遭到拍賣。布萊辛頓夫人是一位小說家，曾經建立起一個時尚的文學沙龍，知名作家薩克萊也曾是其座上賓。薩克萊對於把宅邸事物粗糙地處理變賣，以及競標者的粗鄙無文，都感到深深的憤怒。[6]

破產似乎已經是一種普遍的命運，至少從《泰晤士報》在一八四九年第一季表列出的失敗者清單中，可以做出這樣的判斷。雖然這也許反映了鐵路股票泡沫在一八四七年爆破後，接踵而來的連鎖效應，但破產在狂亂暴跌的十九世紀早、中期商業中，似乎已是家常便飯之事，也常常出現在維多利亞小說的描寫裡。在那個投資與股票詐欺橫行的世界，以及一種跟詐欺很高比例糾纏不清、注定失敗的企業文化下，破產已經是倫敦這種脈動劇烈城市生活的一部分了。由於薪水實在很低，所以一份投資良好的遺產，也許會在舒適的生活與就算大環境轉好、仍需持續忍耐的處境間，造就出截然不同的差異。

付不起債務、也沒有財產可以讓執達官扣押的人，就只能面對欠債的牢獄之災，就像二十歲的狄更斯去南華克的馬歇爾海監獄探望父親約翰時，所體悟到的那樣。就像狄更斯在《小杜麗》中描寫的，馬歇爾海是個骯髒、危險、充滿腐敗與敲詐的所在。

住居

在倫敦有一些大規模的建商，比方說湯瑪斯・邱比特（Thomas Cubitt），他在格雷律師學院路上建造了卡爾索普住宅區，另外也建造了許多高品質且昂貴的建物，如海布里公園、沃本普雷斯住宅、黃金廣場、貝爾格萊維亞的大量建築，以及匹黎可的大部分建物。日記作家格雷托瑞斯牧師的兄弟用八百鎊，買下了一間位在非常高檔的地區——韋斯特伯恩街五號的房子。[7]但是不時尚地區的矮小連排屋，如位在伯蒙德、曼寧夫妻居住並謀殺歐康納的明瓦公寓，就是小建商投機建造的產物。

倫敦在一八四一到五一年間，新建了四萬三千棟房舍。小建商會蓋好地基、打好牆壁，然後付款給外包商，讓他們完成房子；至於外包款的來源，則是來自每對夫妻一百鎊的貸款補貼，而這些補貼又是建商將房子抵押給維多利亞早期迅速成長的「建屋合作社」（building society）換來的。當房子落成後，建商可以把地產賣給某位願意付個幾百鎊進行投資的地主，好換取微薄的利益，並贖回抵押權；當時的人認為地產投資反映了安全性，因此有一種說法叫做「穩若房舍」（safe as houses）。這種說法確實有幾分真實性，畢竟房子會一直在那裡，但是要真的獲利，只有找到可信賴的房客、並獲取有利可圖的租金才行。

曼寧家在伯蒙德的房子，就是租給比較低等中產階級的地產標準範例。相較之下，卡萊爾夫妻在半農村的切爾西租下的房子，則是倫敦比較非典型的狀況。不像是中產階級的店主或職員、以及具有專業技能、經常獲雇用的勞工，卡萊爾雖是一位靠筆吃飯、但有地租收入的知識分子，因此他可以在家工作，而不須往倫敦市中心便捷通勤。

一般租房子的方式是透過仲介商；仲介商會在窗口掛出一面粗呢底布的告示板，上面釘著一張張紙，寫著出租地產的各種細項。明瓦公寓三號，是建商詹姆斯·柯爾曼自己出租給曼寧家的。根據羅伯特・惠許（Robert Huish）出版、相當轟動的一文錢週刊《罪案進展：瑪莉亞・曼寧的真實回憶錄》所做的速寫，它是一間白色粉刷、用磚頭砌成並用灰泥打底的聯排屋。它的前門裝飾有拱心石和楣石，打開門之後是一條走廊，接著會連到一座樓梯，將人們帶往樓上的兩個房間。一樓有前後兩廳，地下室還有前後廚房。一八五一年時在英格蘭與威爾斯，每間房子居住的人數是平均五點五人，因此雖然曼寧夫妻必須把六個房間之一再轉租出去，但他們住的還是堪稱寬敞。[8]這棟房子在一九六〇年代被拆除，其理由據推斷是它不能被改良成符合最低標準。

在整個一八四〇年代，公衛戰爭都在和衛生設施、過度擁擠、酗酒以及社會問題等普遍性議題奮戰，而沒有特別針對居住問題；幾項提出的建築改革，都因為建商的反對而遭到擱置。一八四四年，《大都會建築法案》依據街道寬度與可居住的地窖，立法規範了房舍的最小尺寸，但這項法案直到一八五五年，都沒有處理排水與衛生設施的問題。倫敦在防潮層與通風等事物上，顯得尤其落後。說到底，一八四四年的法案適用的範圍只有倫敦城、西敏地區與某些毗鄰的教區，而當時倫敦雇用的地區調查員，也只有三十三人。[9]

曼寧家擁有一個小花園；隔壁的鄰居說，雖然瑪莉亞曾試著種一些蔓生的紅花菜豆，但並沒有照料得很好。這棟房子唯一優雅的東西就是扶手，它暗示了中產階級的自我節制。

另一棟和曼寧家相似的地產坐落在北倫敦卡姆登的貝漢街，是由狄更斯的父親以每年二十二鎊、再加上各種規費與稅賦所租下；一旦租金超過二十鎊，租客就有繳納這些稅賦的義務。[10]一個人需要年收兩百五十鎊來租下這棟房子，也就是說，一個中產階級將收入的百分之八投注在租屋上，並把剩下的收入花費在適當的生活水準上，被認為是件相當合情合理的事，[11]而轉租因此也成為相當普遍之事。在曼寧家租一個房間的醫學生威廉．梅塞，大概每週要付上四先令，包括煤炭與蠟燭費用。

不論一世紀後的狀態如何，明瓦公寓、也就是後來的威斯頓街，比起當代描述的伯蒙德貧民窟住宅還是好多了：

這棟房子一高一低，有個小流理台，但沒有後院，只有一個三英尺深、地面有鋪砌的封閉區域。烘乾和洗滌都要在前庭進行，在前庭的另一端，有一座提供二十五個家庭使用的給水豎管，它每兩天會供水一次，不過星期天從不供水。沒有可供洗澡的地方，也沒有其他的水可以用來洗澡。這二十五棟房舍，只有一個共用的洗手間與糞坑；男人、女人和小孩組成的人龍，在廁所外面大排長龍。[12]

在中上階級方面，在馬克思每天拜訪大英博物館閱覽室的那段歲月中，他在北倫敦每年付三十六鎊，租下一間八個房間的房子。

這些房舍都是位在步行可以抵達中倫敦的範圍內；但是卡萊爾夫妻位在切爾西——當時被認為是半鄉村高階郊區——的房舍，就和肯辛頓之間隔著一片田野；這片土地沿著泰晤士河比較清淨的部分展開，有著較為廣大且整體而言較佳的生活品質。卡萊爾家有一個頗具規模的矩形花園，四周圍繞著磚造的高牆，還有八個房間；在每一層樓有一個別室，尺寸大到可以做為更衣室之用，還配有相當合宜的櫥櫃空間。它有一個灶台，可以燒兩加侖的熱水，另外還有一個大的銅製品；那是個色澤深沉的金屬製大汽鍋，上面有蓋子，周圍有磚頭圍繞，建造在一個爐火之上，它可以特別提供熱水給洗衣房。然而，在卡萊爾家並沒有浴室。前廚房面對街道，因為它的水平位置低於街道，所以總是昏昏暗暗的，後廚房則有一個食品室與儲煤室。

卡萊爾家在一八三四年租下這棟房子的價格是每年三十五鎊。一八四三年，他們徒勞地勸說大房東，希望對方能夠讓步，給他們一份就這件一七〇四年蓋好的老房子而言，實在太長的長期租賃契約。不過，看在卡萊爾家持續自掏腰包改善這棟房子，包括接自來水、裝上兩個儲水槽、還在廚房水槽上裝了水龍頭的面子上，房東最後同意延長契約，以相同租金再租給他們三十一年。[13]明顯地，沒有人預想到通貨膨脹。卡萊爾家也在前門外與廚房內安裝了煤氣燈；這是相當實際的作法，因為油燈或蠟燭很容易導致火災。

除了租金之外，水費每年要一鎊六先令，教會費要二鎊五先令，其他還有照明、鋪路以及改善費，另外還有濟貧費。火險也是必須付的支出。這些支出讓每年的固定成本，上升到接近四十鎊。

在維多利亞時代早期要維持一間房子，沒有至少一名傭人是很困難的。廚房位在地下室，裡面既陰暗又潮濕；除非在前面有個「採光井」（area），能夠讓一些光線透入廚房前端。採光井也被稱呼為「通風口」（airy）；由於這個字剛好跟某個普愛爾蘭的菜市場姓押韻，因此有人就寫了一首兒童在倫敦街上嬉戲時，常常可以聽見的歌曲：

一、二、三，歐萊利（O'leary），
我的球掉進了通風口（airy）。

只有比較好的房子會有燒熱水用的廚房灶台；除此之外，居民就必須用壁爐的明火，或者是在「銅鍋」中加熱少量的水。假如水有接管到房子裡，它幾乎肯定只會接到一樓，這稱為「低壓供水系統」（low service）；它也只會連結到地下室的廚房中；在炎熱的八月初晚上，瑪莉亞在對準不幸的歐康納後腦開槍之前，就是邀請他到那裡洗個提神醒腦的臉。

「趕時髦的愚蠢設施」

甚至在昂貴的上等階級房舍，浴室也非常罕見。奢侈享樂的人會安裝冷水淋浴設備，就像卡萊爾在廚房裡接了水管與龍頭一樣。他用繩索與滑輪組吊起裝滿冷水的桶子，再用設備傾倒桶子，讓桶裡的水倒向自己的身體。卡萊爾勸自己較為病弱的妻子珍也這樣做，他寫信給珍說：「這種衝擊真是筆墨難以描述！不過它究竟會強化我、還是粉碎我，我到現在還沒有拿定主意。」[14]在薩克萊一八四九年的月刊連載《潘丹尼斯》第二十九章中，一群聖殿區的年輕律師安裝了淋浴設備，但他們的年長同事格蘭普先生宣稱此舉是「荒謬、搶流行、趕時髦的愚蠢設施」。

一八四〇年代，在公衛改革的壓力下通過了一項改善措施，那就是一八四六年的《公眾衛浴設施法案》。一八三三年肥皂獲得減稅，之後歷經一段長時間，到了一八五三年，肥皂稅終於完全廢除。在衛生方面，對肥皂消費的必要補助，從一八四一年到一八五一年增加了一倍。[15]一八四九年五月，在白教堂區的葛斯登階，開設了大型的公共浴場，它可以讓九十四個人進冷熱沐浴，還有蒸氣與硫磺設備。[16]一次冷水澡花費一文錢，一次熱水澡則是兩便士；至於硫磺浴，則或許是為了治癒皮膚疥瘡所開的處方。

再說回人們的排泄物，它通常是在後花園角落（如果有的話）的廁所或是「必須之處」獲得解決。排泄物會落入一個盒子裡，然後用一鏟土加以掩埋。掏糞人在白天通常是兼任掃除煙囪的工人，到了晚上他們會來清空這個盒子，並把糞賣給肥料商。這是一種清理令人不悅事物所在區域的安全方式。不過在曼寧家的花園，他們是裝了一間連結到化糞池的廁所；這對夫妻被認定為將謀殺用的武器，以及腓特烈用來給受害者最後一擊的鐵撬丟進裡面。警方報告提及一間「沖水式廁所」，但並沒有明說它是具備自有水槽的盥洗室。[17]雖然這棟房子很新，但它是便宜建造起來的產物，而且裡面的居民也不太享受這種非常新穎的解放方式；他們最多就是裝好一桶水，然後倒進廁所裡面而已。

可是，水本身也相當稀有。當時已有接管到廚房的自來水，但供水相當不規則，而且沒有任何水槽或其他方式，能在房子中儲存大量的水。在曼寧案審判中，證據顯示瑪莉亞曾經試圖清理盛裝他們夫妻用來對歐康納毀屍的生石灰的籃子，「直到她耗光了房子裡所有的水為止」。這暗示說平常的時候，她是把水儲備在容器裡。

家中的烹飪

瑪莉亞・曼寧的廚房使用明火，上面有足夠空間可以懸掛烤叉，但是沒有多爐爐灶（range）或者炊事用爐（kitchener）。這是一個燒煤的小爐子，有烤箱和頂部加熱板，可以用來進行平底鍋烹飪。這種設施剛剛實用化，不只在用煤上頗為經濟，也可以提供熱水。

煤在當時是主要的開支項目。卡萊爾加每年要燒掉十二噸煤，每噸二十一先令，大約相當於聘一個僕人的費用。可是，除非房東能夠收到更多的租金，否則他們一般不會安裝昂貴的多爐爐灶（平均價格七鎊五先令，還要再加上安裝成本），所以多爐爐灶在倫敦比較窮困的地區相當罕見。[18]卡萊爾家在切爾西的宅邸中，多爐爐灶的運作並不算很順暢。一八五二年，湯瑪斯．卡萊爾同意付錢買一個新的，房東也承諾當卡萊爾家搬走的時候，會歸還這筆費用。[19]

火在曼寧家的地下室廚房壁爐中會整年點燃。除了了烤叉外，在明火上還有一個三角架，可以一次支撐一個以上的鍋子，但是食物吃起來也許都有煤煙味。到了倫敦骯髒又煙霧瀰漫的冬天，烹飪會把廚房弄得油膩又髒亂；在廚房裡或許到處都是凝結的水珠，地板也潮濕不堪。清洗廚房是件相當讓人不悅的工作。洗手台不是上釉的陶製品，也許只是一個粗糙的木製滴水板。不過，曼寧家的新房子有個食品室可以儲存食物，而像他們這樣生活在大城市裡的人，只要想要，就可以買下任何數量的所需食品。

家中的舒適用品

家具經銷商班布里吉（Bambridge）曾列出一份清單，詳細記錄了腓特烈．曼寧出售給他的所有家具。雖然清單未詳述每項家具的細節，但班布里吉指出，儘管腓特烈原本希望賣出十六鎊的價格，這些桌椅的實際二手價值僅為十三鎊十先令。這批家具過去的原價約為三十鎊，遠高於十九世紀末期裝備一戶家庭所需家具的價格。到了世紀末，由於大量生產的普及，一整套桌椅的價格已低於十二鎊十二先令，約略等同於一位每週收入二十五先令的工人十週的工資。[20]

供應倫敦加熱與烹飪的燃料，是用七百艘煤船從泰恩賽德載運而來。煤礦在碼頭上會被敲碎，然後由卸煤工人將之裝袋，帶到河畔的駁船上；接著它會以成噸的方式賣給商人，再用有力馱馬拉著的馬車，載運到各個家戶當中。在明瓦公寓中，儲存煤礦的櫥櫃是在後廚房附近。每當運煤工踏過戶外空間，腳步沉重地穿越廚房，將煤袋全部傾倒進煤礦儲存槽時，黝黑的煤灰就會充斥曼寧家，並讓掀起的黑雲籠罩在洗好的衣物、網眼簾以及擦洗成白色的門階上。

到了冬天，因為下降氣流把煤灰沿著煙囪吹下來，所以室內總是煙霧瀰漫。煙囪並不是太有效，總會把大量不完全燃燒的燃料以煤煙的形式帶到大氣中，結果是創造出一層煙霧形成的黑幕，讓外國訪客大為震驚。[21]有時候當風勢強勁之際，建商沒有好好修繕通風的煙囪管帽，還會在一陣陶片碎裂的爆炸中，整個崩塌下來。

至於照明，煤氣燈甚至連中產階級房舍都很罕見，直到一八五〇年代它被安裝在新國會大廈時，才讓許多懷疑它安全的人安下心來——雖然在維多利亞繼位的時候，街道上已經拉起了超過兩百英里的煤氣管線。這些管線大部分都是用來供給街道照明，以及最醒目的商店。煤氣並非十分純淨，既有臭氣又悶熱，還會在天花板上留下烏黑的印記。不只如此，直到白熾燈罩在一八八〇年代引進為止，煤氣燈的光線也很昏黃，價格還相當昂貴。卡萊爾家裡有接煤氣，但認為它太奢侈浪費了。

相較於公共建築，私人房舍裝置煤氣燈，會被認為是種暴發戶的炫耀；他們把自己的住所，打扮得像是光彩明亮的豪華酒吧一樣。它甚至讓空氣變得更熱、也讓原本已經滯悶的情況變得更加嚴重，而且不純的煤氣也創造出令人不悅的氣味。煤氣也會對女性的膚色造成很大傷害，讓瑕疵纖毫畢露。[22]雖然改革俱樂部的名廚索耶自一八四一年開始提供傳奇性的盛宴以來，就已經在使用煤氣，但大部分的廚師還是很抗拒用它。[23]

隨著煤氣的使用變得更為普及，它的價格也隨之下跌，但沒那麼富裕的人會使用鯨油或菜籽油（也就是由油菜籽榨出的油）來點燈；至於在臥房裡，則會使用氣味不好聞的獸脂，或是動物脂肪提煉而成的蠟燭。對真的貧困的人而言，照明則是非常昂貴，所以他們都使用燈心草浸泡在熱培根的脂肪中，稱為「法尋燈心草」。[24]（譯按：法尋是四分之一便士）蠟燭一磅要十便士，所以不太可能被使用。作為中產階級的卡萊爾家頗為奢侈地在十天內燒掉三磅蠟燭，但這是因為湯瑪斯喜歡熬夜閱讀的緣故。

至於洗衣服，瑪莉亞．曼寧也許會自己清洗、送出去洗，或是雇用一個星期來一次的洗衣婦。清洗瑪莉亞為數龐大的襯裙、腓特烈的內衣褲、襯衫與領帶，還有家中的睡衣、床單與枕頭套，需要把它們浸在一個桶子裡，用力搓揉，在銅鍋上煮沸，然後漂洗、染藍、再上漿。

一星期可以穩定收入三鎊，被認為是雇用一位包食宿且最少有些技能的傭人——也就是所謂的「一般家事女僕」（maid of all work）或「下等女傭」（skivvy）所需的最低收入；這種女傭大概一年的薪資是六鎊到十二鎊之間。曼寧家的收入故不起這樣的僕人，但當瑪莉亞需要的時候，可以請打掃女傭過來；當她和腓特烈焚燒了歐康納的屍體後，就請了一位二十四歲的女傭漢娜．菲爾曼過來清理。漢娜平常是以在街上拿著盤子，販賣火柴、靴帶與女性胸衣的蕾絲維生。她花了一整天時間，清理處理受害者屍體後一團混亂的石灰與泥土。瑪莉亞給了漢娜六便士。漢娜不情不願地在法庭上招供說，為了彌補曼寧夫妻的小氣，她偷走了靴子、一件襯裙和一個蛋，做為自己的獎賞。

階級

瑪莉亞．曼寧曾是一位貴族夫人的仕女，從來不曾弄髒自己的手。現在她被迫要採購、烹飪、洗衣，而且很少得到那位酗酒又不可靠的丈夫協助。在伯蒙德伴著鞣革廠的惡臭、以及倫敦普遍的髒汙過了幾個月，讓她變得相當絕望。雖然是個已婚婦人且不再是僕人，她還是感覺自己在社會階級上跌落雲端。但是，她算是什麼階級呢？

哦！讓我們熱愛自己的工作，
為地主老爺和他的親屬們祈福，
享受我們每天的配給糧食，
並總是理解我們的適當地位。

在狄更斯一八四四年的短篇小說《編鐘》中，這首作者諷刺地引用、但也許曾以認真嚴肅態度教給小孩子的韻詩，被保利夫人（國會議員喬瑟夫．保利爵士的妻子）以首調唱名法的「新體系」配上了音樂；她希望村莊裡的男人和小孩，每晚都能吟唱這首歌，但是被造反者芬恩禮貌地拒絕了。保利夫人於是抱怨說：「對於這個階級的人們，除了傲慢無禮與忘恩負義外，我們還能期望什麼呢？」她跟她的丈夫都認為，芬恩應該要被處流放之刑。

中產階級的人們

錢與錢的來源，無可抹滅地與階級有關。

腓特烈·曼寧出身自西英格蘭湯頓，一個從事貿易的體面家庭，瑪莉亞則曾是一位非常高階的仕女。他們屬於比較低的中產階級，這個階級中包括了小製造商、店主、熟練裁縫、旅館老闆以及旅行推銷員，現在還要加上日益成長的職員、學校教師大軍以及比較低階的專業人士，如鐵路職員與小公務員。這些人不是「做小生意」，就是提供受薪服務，而不是像所謂「上流人士」，靠著投資或收租過活。但這些人不靠出賣體力勞動過活，這讓他們穩定處於「中等」或「較低」的中產階級之林；相對於貴族的安逸，他們更偏好清教價值的「嚴謹」、認真工作與節制。

一八四九年七月，《笨拙》反映中產階級對倫敦高消費族群習癖的不滿，引用了一位虛構人物「布朗先生」的話；布朗先生尖銳地評論說，「三四千年來，每個人都像他一樣的生活」。這裡的「每個人」包括了狄更斯在一八六四到六五年間連載的《我們共通的朋友》筆下的角色漢米爾頓與安納塔西亞·范尼爾林。這兩個人生活在「全新的倫敦區域裡，一棟全新的房子」，靠著舉行或許成本高達五十鎊的晚餐派對來聯繫朋友。

年收八十到一百鎊的低等中產階級，也很害怕窮人、勞工階級、無神論者與聲名狼藉的不可知論者。帶著一點點教育與藝術敏感度，這個階級對自己的「體面」相當引以為傲。他們不喜歡勞工階級與上層階級的性放蕩。低等中產階級努力想讓自己成為無用窮人的模範；他們反覆鼓吹自我節制的教條，尤其是在生小孩方面。對此階級價值觀日益增加的接受度，讓他們產生了一種使命與認同感。負責任且技巧熟練的勞工階級，在他們眼裡是值得鼓勵的，所以狄更斯筆下的富商董貝先生就推薦托德先生的兒子羅伯——一位鐵路司爐，後來變成火車司機，在藍衣學校裡佔個位子（在《董貝父子》裡虛構為葛林德斯學校）。

雖然曼寧家的收入不足以撐起中產階級的生活方式，而且容許他們不把房子轉租出去，瑪莉亞確實還是有著中產階級的渴望。曼寧家會用中產階級的習慣邀請朋友來共進晚餐，儘管真正的目的是不懷好意。如果腓特烈能夠好好戒掉他的白蘭地、並保住他在哥佛公司——霍爾伯恩的文具店——的工作，領每週兩鎊的薪水與百分之五的佣金，他也許能以一個高階職員的身分，站穩低等中產階級的腳步。作為一名員工，他也許在地位上低於過去擔任酒館老闆的時候，不過可以不用常常處理醉漢。他的地位比狄更斯對維多利亞早期倫敦人的觀察《博茲札記》中，所說的那些「窮擺闊」（shabby-genteel）階級要高一點。作為一個領固定薪水的人，他的處境也比《大衛．科波菲爾》中的米考伯先生要好一點——米考伯只能領賣穀物的佣金。這是一個建築工在當季領週薪一鎊（已經比他在威爾特郡或多賽特郡當農場工人高很多了）、郵差領二十二先令、技術熟練的倫敦勞工也許領一鎊十先令，但得屈服於週期性失業的時代。曼寧在做鐵路警衛的時候，週薪只有十八先令。例外的是印刷工——熟練勞工階級中的貴族，有著高達每週四鎊四先令的優渥薪水，只比他們印刷的報紙記者少一鎊。

狄更斯靠著他優異的速記能力，被《晨報》聘用為國會記者，週薪五畿尼。隨著他跑新聞的功力日益深厚，他總是有機會可以可以升到報紙副編輯的位置，年薪超過五百鎊，如果升到編輯還可以領年薪一千鎊。當時年收五百鎊，可以讓一個人以每年四十五鎊的價格租下一間倫敦的郊區別墅，再給自己的孩子浴室，也許還可以請上兩到三個全職傭人。[25]

大部分低等與「中等」中產階級每年的收入是一百到兩百鎊間，不過職員和老師通常會更低一點。後來成功的小說家安東尼．特洛勒普（Anthony Trollope）一開始在英國郵政總區擔任職員，當時是一八三四年，年薪九十鎊，不過他後來一路升官，七年後已經變成一百四十鎊，這是一般認為可以進行中產階級婚姻的最低數目。威廉．古皮、一位律師事務所的職員，在《荒涼山莊》第九章中，向艾瑟．薩默森（譯按：《荒涼山莊》女主角）求婚；當他賺每週一鎊十五先令的時候，他認為自己很窮（雖然這在勞工來說，已經非常優渥了），但到後面我們可以看見，他的薪水已經上升到一週兩鎊，而且被承諾在一年內會再增加五先令，於是他花錢買了衣服，還戴上一個閃閃發亮的戒指。他住在伊斯林頓的潘頓公寓，一個非常健康的地域，比起骯髒、煙霧瀰漫的倫敦城，明顯要高上一截。

至於工時，好幾百名英格蘭銀行的職員——他們的雇用習慣提供了倫敦城公司一個樣板，工作時間從早上九點到下午三點半，或者是到五點，中間加上一個半小時的晚餐時間；不過工作必須要完成，而且每日的收支必須要在晚上下班前結清。大部分的辦公室都是在六點關閉。低於英格蘭銀行的，是在保險公司或是證券交易所工作的職員。他們每週工作六天，而且除了聖誕節之外沒有假日。事實上，十九世紀初的職員比他們在十八世紀的前輩工作更辛苦；當時還有很多約定成俗的宗教節日。

稅

一八四二年，皮爾爵士（Sir Robert Peel）恢復了拿破崙戰爭後一度廢除的所得稅，規定年收入超過一百五十鎊的人——比方說一名年收三百鎊的人，要為他多出來的一百五十鎊，繳納每鎊七便士、合計四鎊六先令七便士的稅。甚至是相當舒適的年收五百鎊者，在他要付稅的三百五十鎊中，只需要付十鎊四先令三便士，這個數字等於雇一名女傭，不包伙與衣服。雖然感覺起來，一八四〇年代的所得稅似乎只是今天的零頭，但它被評斷為一種重擔，而且看來確實是如此。

卡萊爾家的信件與日記，提供了關於他們家相當完整的收支與納稅記錄。一八四七年，湯瑪斯從地產與寫作中賺了八百鎊，但他的寫作收入不怎麼固定，一八五四年，他的私人收入與販賣論克倫威爾、法國大革命書籍的版稅，就只有三百鎊而已。一八五五年由克里米亞戰爭導致的通貨膨脹，無可避免地增長了各種有關房屋的規費（rate）與稅收（tax），但是最重的增加還是來自課稅本身。所得稅加倍，從七便士變成每鎊一又二分之一便士。負責管理卡萊爾家財政的妻子珍，就要求丈夫增加每季的零用錢——湯瑪斯在這點上讓步了。接著在一八五五年十一月，珍跑到所得稅委員會位在肯辛頓的辦公室，抗議他們對她丈夫的繳稅義務過度高估。珍用一段幽默的記述，描述了當時的景象；在文字中，她把資深委員描繪成拉達曼迪斯（嚴厲的冥府判官）；這位委員問大膽無畏的珍，「妳真的預期我會相信卡萊爾家一年只靠一百五十鎊維生，就像湯瑪斯宣稱他從寫作收入中獲得的那樣嗎？」珍反擊說：「不，當然不會。」接著她又冷冷地補上一句：「我丈夫沒有義務給委員會任何其他方面收入的帳目，這些收入來自土地，而且不在課稅範圍之內。」委員會主席最後裁定：「減掉一百鎊。」

珍在處理事情上，是個相當強悍的女性。一八五八年一名建商開出了五鎊七先令六便士的發票，作為在湯瑪斯書房安裝新壁爐的費用。珍拒絕付超過三鎊十先令，而她最後也安然過了關。[26]

濟貧院

只有極少數人享有具退休金的工作。在狄更斯的《遠大前程》中，書記威米克照料著他的爸爸，他都稱父親為「老邁的親人」；但是，如果一個人沒有小孩可看照扶持，或是沒能為自己的晚年存夠錢，濟貧院就是殘忍的解決之道。一八五〇年五月五日星期天，狄更斯拜訪了馬里波恩濟貧院，並將自己的拜訪過程刊在五月二十五日的《家喻戶曉》（*Household Words*）——他自己辦的兩便士週刊——頁面上。[27]這個機構有一七一五名收容者，還有三四五人在醫院裡，包括四十五名瘋子與那些被關在「疥瘡」病房裡的人。大部分年輕的收容者都是無父孤兒，他們也許是被殘酷且唯利是圖的人，如前些年被霍亂毀滅的圖廳貧民嬰兒農場經營者——巴托羅買．德洛特之流給寄養出去，其他的則是無依無靠的寡婦。狄更斯在他的文章中這樣寫道：

在那裡，有各式各樣上了年紀的人。說話含糊不清、眼睛模糊、癡傻、耳聾、跛腳；在太陽的微光中茫然眨眼，偶爾躡手躡腳從鋪地的庭院中，穿過敞開的一扇扇門……在那裡有怪誕的老婦人，身體骨瘦如柴，沒有任何斗篷與帽子遮掩，只是持續用骯髒如抹布般的手帕，不停擦拭眼睛。在那裡還有醜怪的老人，不管男人還是女人，臉上都帶著恐怖的滿足表情，讓人看了徹底不舒服……

僕人是特別的，假如他們活得夠久到了退休年齡，又遇到不把退休當成他們的義務、或是沒辦法讓他們安養晚年的雇主，就會前往濟貧院避難。疾病也會將人導向濟貧院。狄更斯就看到一個年輕女人，不只漂亮而且端莊有禮；她被送到那裡是因為患了癲癇症，而且沒有任何朋友可以照料她。我們很難知道上了年紀的中產階級如果沒辦法付租金會變成怎樣，但狄更斯強調這個有問題的女性「和那些她身邊的人毫無任何相同的本質、相同的教養、或是相同的經歷」，所以這間濟貧院似乎大部分侷限在貧民、孤兒、以及不幸的人、沒受教育的人與無知的人。

相較於狄更斯在《孤雛淚》中描寫、處在邦布爾夫妻嚴酷經營下的虛構濟貧院，他所拜訪的馬里波恩濟貧院運作得很好。貧民被仁慈對待，但沒有任何心靈上的刺激。

永久繚繞著煙霧的倫敦，再加上骯髒的街道、令人厭惡的排水設施、腐敗的泥巴與糞便，創造了難聞的臭氣，令醫生困擾不已。但是人們聞起來，也是這副德行。一八四七年的《浴室和洗衣房法案》讓身上充滿不曾洗掉的濃烈體味與酸臭汗水、陳舊的菸草與啤酒味，襯衫、褲子、夾克、襪子與內衣褲都不常更換，還充斥著工作味道——油漆、松節油、煤與膠水的體力勞動者，在身體氣味上能稍作改善。一八四九年十二月十一日，馬里波恩公共澡堂的開幕，給了關心社會的中產階級居民一個機會，來慶祝他們自己促進了一般民眾的清潔。他們舉行了記者筆下的一場「優雅午餐」，來展現這個機會。

勞工階級不只是聞起來氣味不同；在倫敦，他們也說著不同的語言。如果文字記錄可以被信任，梅休和倫敦一般民眾的一次接觸，或許是第一次揭露了考克尼同韻俚語的特質：

我覺得自己想交個朋友、來杯蘭姆酒、並且抽管菸草，再和某一些小傢伙在房間裡賭個牌；那我該說成「假如有任何傻子出現、身上充滿汙漬，你會笨手笨腳地拿起一張勝利的」，將它吹過充滿內臟、讓我掩鼻的屠宰場，然後和我一起碰女人、以及我鼓上的一堆煤炭？」

「傻子」（flats）指的是「條子」（flatfoots）或警察，是說話者想要探出的對象；「讓我掩鼻的屠宰場」（nosey-me-knacker）指的是菸草，發音是「terbacker」，至於「女人」（broads）則是指玩牌，念作「cords」。「鼓」指的是「貝斯」，在同韻俚語中念作「place」。[28]

第六章　學習、文學與禮拜儀式

廣泛散播的無知

維多利亞人對精密清晰統計數字的熱情，讓小說家兼新聞工作者狄更斯得以依據倫敦警察廳的數字歸納出，在一八四七年，有兩萬零五百名倫敦婦女犯罪，其中九千人完全不識字，一萬一千人只能片片段斷地讀寫；在這些婦女中，只有十四個人能夠流利地讀寫；她們或許是屬於中產階級，又或者曾經是高階的僕人。至於男人，在四萬一千名犯罪者中，只有一百五十人可以流利地書寫。[1]剩下的人可以閱讀的程度，用狄更斯引人感傷的話語來說，不會超過「白字連篇、像個幼兒一樣讀書」的程度。不管怎麼說，衡量識字率的標準非常低，也許只要能結結巴巴讀過一本小學讀本，就算是「識字」了。狄更斯將女性的文盲，和她們無能從事基本家務或簡單縫紉連結在一起，然後他又把這種貧乏，跟這些女性在生活中普遍的軟弱無用相連結。他抱持著一種觀點——且我們可或許可以假設，他代表了當時大部分的進步意見——，認為教育必須要兼具實用與道德目的，套句他的話來說，就是要能「立即應用在責任與生活事務上，直接有益於秩序、清潔、規矩與經濟」。《聖經》通常被用來當作基礎文本，但大家並沒有想要把它當成一本識字讀本（套句狄更斯的話來說，就是「一本書角翻爛的拼字書」），而是另外也有道德目的在。[2]

在《觀察者》雜誌的下一個議題中，狄更斯用他流暢且具說服力的筆鋒，對聖公會底下的「全國教育促進會」（National Society for the Eduction of the Poor）在英格蘭與威爾斯興辦的學校——簡稱「國民學校」（National School）——發動攻擊。一名倫敦女僕蘇珊·葛蘭特，最近被一個算命師騙走了積蓄；那個算命師宣稱，只要付錢，就能夠改變行星對蘇珊未來命運的影響。當這個算命師被法院起訴時，法官對蘇珊竟然如此輕易受騙感到相當驚訝。狄更斯用蘇珊的例子痛責國民學校的教育；蘇珊也許只是鸚鵡學舌地學習教義問答，卻對它到底意義為何完全沒有概念，但她所謂的教育並沒有教導她，對一個虔誠的人來說，行星是被神意所控制的，因此不會受到在某人掌心畫上交叉的銀線所影響。

另外也有非宗教的學校，是由「英國和外國學校協會」（British and Foreign School Society）所經營。可是，就狄更斯看來，它們的嚴酷功利主義會扼殺任何小孩沉思「一閃一閃亮晶晶、滿天都是小星星」的好奇心。狄更斯在一八五四年的小說《艱難時世》第三章中，重複了這個鏗鏘有力的主調；在這裡，他攻擊侷限在空洞無味事實上、嚴酷的功利主義教育。沒有一個葛萊恩家（小說中的主角家庭）的小孩「曾經對（星星）這個主題產生好奇，即使每一個葛萊恩家的小孩，都花了五年時間去剖析大熊星座」。

雖然蘇珊·葛蘭特已經輕易展現出她所受的教育有多匱乏，但事實是在一八三四年，十三萬對結婚的夫妻中，有三分之一的新郎和一半的新娘，甚至沒辦法在戶籍登記上簽下自己的名字。[3]之後在一八五一年的人口普查中，也呈現了相似的數字：百分之三十點七的新郎和百分之四十五點二的新娘，無法在婚姻登記簿上簽名。[4]這個數字暗示了甚至有更大比例的人口，在所有實用目的上都是目不識丁，即使他們可以勉強、潦草地寫下自己的名字。

一八四〇年，國庫對小學教育的補助只有五萬鎊。這個數字雖然後來有所增加，但在接下來十年間，補助仍然低於一個非常不適當的水準——二十萬鎊。數以萬計的倫敦孩童完全無法就學，或是只能短暫、不規律地上學。小學教育教導的只有宗教，再加上閱讀、寫作與算術（也就是所謂的3R）。它是根基於一種班長式的體系，也就是老師教導學生，學生再轉而教導大班（約有一百名小孩）的各個部分。

教育體系

士括爾斯：這就是我們的體系，你覺得如何，尼克貝？

尼古拉斯：不管從哪方面來說，它都非常有用。

（《尼古拉斯．尼克貝》，第八章）

中產階級的小孩會在私立學校受教育。在英格蘭與威爾斯有三萬所這類學校，共教育七十萬名子弟。這些學校的種類非常多元，有一些是所謂的「聖母學校」（dame school），每週的學費為四到六便士，這是個超過勞工階級與低等中產階級口袋所能負擔的數字，特別是有好幾個小孩必須受教育的時候更是如此。就算是專為迎合那些無法進入優等「公學」如伊頓、哈洛與拉格比的上層階級子弟，有著悠久人文傳統的文法學校，也會解釋他們的基礎規章說，「我們很難改變自己的慣例，因為我們打從好幾世紀前就已經建立了。」

可是，狄更斯特別抨擊的主要醜態是，為了不想支付太多金額，有些希望拋棄累贅小孩的監護人，會用一年二十幾尼（二十一鎊）的金額，以包食宿的方式，將他們永久塞到像是士括爾斯先生的「多特男童寄宿學校」——這是狄更斯根據真實案例描繪出來的學校——這類的機構中。士括爾斯的教育體系在理論上極度忠於功利主義，雖然在實務上未必那麼有用。在《尼古拉斯．尼克貝》第八章中，當學到「窗戶」是一個「實在名詞」後，一個男孩便被命令去清理他們正在談論中的窗框。不幸的是，這種教育的實證性遭到了損傷，因為士括爾斯先生認為「窗戶」應該要拼成「winder」，還跟他的班級保證說，「植物學」（botany）應該要寫成「bottiney」。

自助

即使在離開私立、英國或是國民學校後、或是完全沒上學的情況下，人並不能說是完全被捨棄、陷入殘酷的無知之中，但是必須付出巨大的努力，並有利地使用自己貧乏的閒暇時間。亨利．布魯厄姆——一位著名的博學家與政治家，在一八三〇年成為大法官，在一八二八年與幾位志同道合者一起建立了倫敦大學學院，也就是倫敦大學的前身。倫敦大學學院以「高爾街上的無神論機構」而著稱；之所以如此，是因為它不像牛津、劍橋，會硬把宗教放進入學測試當中。布魯厄姆也建立了「有用知識普及協會」（Society for the Duffusion of Useful Knowledge），在它底下又設立了技工學院。這些都是想要出人頭地、改善心靈或者專業技能的勞工，可以進去上並借書的地方。它們鼓勵過體面生活，把人們拉出杜松子酒宮與酒吧，同時給予他們平靜而非暴力的娛樂。到了一八五〇年，光是英格蘭就有六百一十所技工學院，收受十萬兩千名學生，其中包括了倫敦技工學院、也就是現在的伯貝克學院；作為倫敦大學的一部分，它直到現在仍然有開設夜間課程。這種機構提供了廣泛的課程，其中包括了文學、不列顛群島的地理學，以及歷史學等主題。

「自力更生」（Pulling oneself up by one's own bootstraps）是早期維多利亞人的信條，這些人會依據事物的有用性，來衡量每一件事。雖然功利主義者通常呈現出某種進步觀點，質疑其他有特權，看起來似乎不合理、沒有用的事物，不過他們也傾向於敵視愉悅、娛樂、藝術與美。平日的功利主義者通常是星期天的福音主義者，也就是抱持最「嚴謹」信念的基督徒，兩者都相信傳播永恆不變宗教與經濟真實的嚴肅文學有其價值。福音主義者與功利主義者一樣，都深深服膺自助的價值。對這兩者而言，閱讀是有目的，而且不是輕佻的娛樂。在大部分有限的課程中，主要包含了自助群體與技工學院的課程，也是由定義上的功利主義者所制定。如何閱讀與寫作商業文件、如何估算建商的數量，再加上某些有關地理與歷史的實務知識。

總是埋首於一本書中

一八四九年，政治難民兼《共產黨宣言》的作者馬克思來到倫敦，加入閒暇時間勤奮閱讀者的行列，並飽覽大英博物館數以十萬計的藏書。在帕尼齊了不起的圓形閱覽室建造起來之前，讀者必須坐在國王圖書館閱讀。因為害怕火災，裡面沒有任何燈光。倫敦起伏不定的秋天與冬天的煙霧，往往讓閱讀者早早打道回府。

大部分人只擁有很少的書——如果有的話；曼寧家在這方面，就是標準的範例，他們所擁有的少數書籍，都是瑪莉亞收藏的。[5]這些藏書中的大部分，也許是她從瑞士來到英格蘭時，一起帶過來的。她擁有一冊叫做《歷史的記憶》（*Souvenirs Historiques*）的法文書（也許是拿破崙的秘書——梅內瓦爾男爵最近出版、有關拿破崙與瑪莉．露易絲的書籍）、《詩篇》（也是法文）、一本英法辭典，以及一本有用的指南書，《庫克的信件寫作者》。

不過，大部分的文學作品——不管是以書籍、小冊子或是報紙形式，都會被從出版品養成習慣、日益成長的人們所閱讀；這些出版品一半是為了娛樂他們、一半則是為了他們在各方面的改善而寫。

報紙、雜誌與書籍的出版出現了明顯擴張，結果也導致了閱讀大眾的擴張。兩本受歡迎的週刊——《倫敦雜誌》與《家庭先驅》，在十九世紀中葉加起來享有超過七十五萬本的銷量。每一本週刊有十六頁，緊密地印著冒險故事、通俗小說、對讀者的答客問、嚴肅的隨筆與家事小祕方。[6]一八一八年的《印花法案》並不對出版連載刊物的紙課稅，所以狄更斯記得當他還是小孩子的時候，常常會去買一本一文錢的雜誌《恐怖記錄》。這本雜誌每一期都會有一張血流成河的插畫，還有至少一具屍體。[7]人們會閱讀在街上販賣、挑動人心的恐怖小說、敘事歌謠以及大張印刷紙。在倫敦，大部分這些刊物都是由七晷區貧民窟的出版商詹姆斯．卡納奇（James Catnach）所出版。一八四九年，卡納奇出版社賣了兩百五十萬張有關曼寧謀殺案的印刷紙。

另外則有少數人利用了有限但持續成長的良好文學可取得性。一八二七年以降，布魯厄姆的有用知識普及協會發行了一套叢書；這套書非常貼切地，就叫做《有用知識叢書》。這套小冊子以間隔兩週的形式發行，每本六便士，印刷的篇幅約為三十二頁左右。在《有用知識叢書》之後，又有比較不那麼嚴肅的《娛樂知識叢書》發行。「有用知識」在各種主題中，既會解釋微積分，也會介紹釀造啤酒的技術。「娛樂知識」則是討論各種題材，如最近落成於布魯姆斯伯里的大英博物館中展示的額爾金石雕。也有比較陰謀論的主題，例如對「中古祕密結社」的描寫。人們甚至也能獲得比較便宜的啟蒙性文學作品。有用知識普及協會也出版《一文錢雜誌》與《一文錢百科全書》，知名出版商卡塞爾的《受歡迎教育者》則在一八五二年問世；後者是以一種比較有吸引力的形式寫成，而且能吸引那些尚未接觸過在它之前各課程的讀者。到了維多利亞中期的一八六二年，建立於一八四八年的卡塞爾，每年已經可以賣出兩千五百到三千萬冊的一文錢刊物。

在維多利亞時代早期，書籍的價格因為便宜的再版，以及週刊、半月刊或月刊類出版品的擴張而下跌了不少。其他改變則是有利於報紙的出版與閱讀。一八三六年，報紙的印花稅減低到一便士；到了一八五三年，廣告稅被廢除，這讓報紙得以變得更低廉。

歷久不衰的《世界新聞報》在一八四三年開始出版它充滿挑逗的性與犯罪故事，配上一個標題寫著「非比尋常的毒品與暴力案件」。[8]當它在二〇一一年七月因為一場電話竊聽醜聞被迫關門之際，依舊相當昌盛。保羅·路透（Paul Julius Reuter）在一八五一年於倫敦設立了他的新聞社；之所以如此，也許是因為英國首都提供了最豐富的商業與財務訊息資源，而這是路透主要的興趣，又或許是因為豐富的倫敦新聞界，是他販賣資訊最好的客戶。一個獲致迅速且驚人成功的早期連載出版案例，是出現在一八三七年的狄更斯《匹克威克外傳》。一位早期的狄更斯傳記作家寫道，自己去拜訪一位鎖匠，結果發現「他正在朗讀《匹克威克》給二十位聽眾聽，其中毫不誇張地包括了男人、女人與小孩。他們組成結社，用兩便士從巡迴圖書館借來《匹克威克》，因為每期一先令的價格，實在是超出了他們所能負擔」。[9]

另一種值得注目的大眾文學類型則是所謂的「一文錢恐怖小說」，最具代表性的作品是喬治・雷諾茲在一八四七年出版的《倫敦之謎》，以及在一八四九年道一八五六年間，以一文錢連載方式出版的《倫敦法院之謎》。這些八頁的小冊子每週發行三到四萬冊，每冊密密麻麻地印了七千五百字，以雙欄形式的散文體寫成，再配上偶爾出現、讓作品活潑起來的木版畫。雷諾茲也編輯家庭雜誌，名叫《雷諾茲的羅曼史、文學、科學與藝術文集》，至於他自己則是位多產的小說家。一八四八年三月，懷抱進步觀念的雷諾茲，主持了憲章運動在特拉法加廣場與肯寧頓公園的革命性集會。他也編輯了一份名為《雷諾茲週刊》的報紙，這份報紙在形成激進思想上扮演了重要的角色，之後它歷經好幾次改名，一直存活到一九六七年一月。雷諾茲在《倫敦之謎》中那些聳人聽聞的章節，其實包含了民粹政治、積極的社會評論，以及關於各種墮落，充滿戲劇性、甚至是窺淫癖性質的插圖。它們當然不能說是一種「改善」。甚至直到今天，讀者還是能發現雷諾茲的文本充滿活力，就像以下的摘錄般，雷諾茲的語言或許是相當可預期與理解的，甚至是對那些必須大聲朗讀《倫敦法院之謎》的人也是如此：

妳太輕率了，我可愛的女孩！她的戀人這樣大喊著。「哦！妳怎有可能想得到，我會因為妳展現的善良美麗，而感到一種既苦澀又愉悅的心情！這無庸置疑地，讓妳挑動起我在這場約會中的無比欣喜！」[10]

通俗劇風格的連載作品如雷諾茲的《謎》系列在轟動社會上自有其對手，那就是三便士週報，如專門揭發上層階級腐敗不道德的《每週時報》；它們也鉅細靡遺地描寫犯罪與災難。

梅休深具影響力的文章，後來演變成著名的《倫敦勞工與倫敦貧民》，是在一八四九年十月十八日的《晨間紀事》（*Morning Post*）上發表的。在一則討論「小販文學」、也是梅休最受歡迎主題的文章中，他報導了雷諾茲的《謎》，是這些小販偏愛的閱讀材料。一個識字的小販會把它讀給團體裡無法自己閱讀的人們，而這種閱讀也會被質疑與意見所打斷。雷諾茲的《謎》與其他相似的作品也許會被教育比較好的人們冷嘲熱諷，其中某一些人必然是被這種辛辣的形式與偶爾出現的挑逗片段給激起了情緒。但是，這種受歡迎的出版品在沒有刻意實踐的情況下，在增加讀者間的字彙與表達能力方面，確實掌握了一種真正的專業機能。一位曼徹斯特書商阿貝爾·海伍德在一八五一年報告說，《倫敦法院之謎》甚至在鄉下地區，也能一週賣出一千五百本；他說，這種一文錢小說被「一群狂歡（原文如此）、會去造訪小酒館、嘴裡叼著雪茄炫耀，身邊還陪著許多女人的年輕人」所閱讀。[11]

是故，儘管是低度的讀寫能力，但許多要素尤其是在大城市如倫敦，在在刺激了閱讀的衝動，特別是印刷相關事物的價格降低，以及大眾類新聞報導的興起。就像許多事情一樣，維多利亞早期的人們生活在新時代的邊緣。紙、報紙與廣告稅的減低與撤廢，讓《每日電訊報》得以把它的價格從兩便士減低到一文錢。不只如此，這當中也蘊含著一種技術革命，尤其是在報紙生產方面。在一八四八年，最先進的機器在一小時之內可以印刷四千張兩面的紙張。到了一八五四年，《泰晤士報》的流通量已經達到了一天五萬五千份。

誕生自一八四〇年代的《倫敦新聞畫報》與幽默兼社會批評雜誌《笨拙》，呈現一種高品質、昂貴且具備令人驚訝現代性的新聞雜誌風格，但超出了一般人的口袋深度。狄更斯的《家喻戶曉》在一八五〇年三月開始出版，是《謎》系列的對手。這本雜誌既有能力又專業，不俯首屈從讀者，而且訂價也相當合宜；至於設計，則是走廣大讀者訴求取向，相當優秀。狄更斯也在《觀察者》雜誌寫稿，這本雜誌成立於一八〇八年，並自一八三〇年起，在當代公認最機智的作家——奧爾巴尼・豐布蘭克（Albany Fonblanque）領導下，轉型成一本嚴肅但容易閱讀的出版品，一篇現代批評稱它是「《新政治家》、《泰晤士報》與《世界新聞報》的混合體」。

再版的書籍現在可以用一到六先令價格買到。在維多利亞年代早期，出版商約翰・默里（John Murray）發行了他的《本國與殖民地叢書》，其中包括了喬治・博羅（George Borrow）的《西班牙聖經》，堪稱是曾經撰寫過的最好旅遊書之一。同時，菲尼莫爾・庫珀（Fenimore Cooper）與馬里亞特船長（Captain Marrayt），也開始在賓利出版社的《標準小說》叢書中撰寫小說。

穆迪的書箱來了嗎？

一八四九年春天與夏天，下議院委員會開會討論建立免費圖書館的問題。法國有稱為「cabinets de lecture」的閱覽室，一八四五年光是在巴黎就有一九八家，雖然每家要付出一個月的訂閱費，才能在裡面閱讀。[13]一項法案計畫要在地方規費的每一鎊金錢中，劃出半文錢在當地圖書館內。自然地，這遭到了反對，但法案還是在一八五〇年八月十四日立法通過；然而，只有少數倫敦叫屈接納了這項法案；富有的人一如往常，持續從私人流通圖書館如穆迪圖書館來借書。

查理・愛德華・穆迪（Charles Edward Mudie）是一位聖歌作家，也是位平信徒傳教士；一八四二年，他在中倫敦的南安普頓街設置了流通圖書館。十年後，他轉移陣地到新牛津街，正好在大英博物館的南邊。穆迪圖書館之後一直沒有結束，直到一九三七年倫敦著名的百貨公司——哈洛德百貨公司也想設置自己的流通圖書館，於是買下它的股份為止。

穆迪圖書館的生意做得很大；它從倫敦用鐵路發送書箱到全國各地，甚至遠赴國外。它每年會購入將近一百萬冊書籍，其採購力讓它得以用相當優惠的折扣買下書籍。因為擁有許多冊相同的熱門書籍，所以它可以滿足大量一年付不到一幾尼的會員被激起的需求，也因此比起競爭對手，更能大大削價。這家公司買了兩千四百冊麥考萊的《英國史》第三、第四冊，兩千冊喬治・艾略特的小說《佛羅斯河畔上的磨坊》。假定一本通常出成三冊的小說，價值一鎊十一先令六便士，這個金額甚至對一年收三到四百鎊的人來說，都是一筆不小的開銷；因此，穆迪圖書館只收一年一幾尼訂閱費，實在是很划算的事。

長途鐵道旅行也刺激了閱讀市場。旅人會在史密斯的書攤買一本書——這是家一八四八年開設於尤斯頓廣場車站的書店，好優遊自在地度過往蘇格蘭旅行的漫長時光。即使是軟調色情的東西，他們也完全不賣；史密斯出身嚴格的循道宗背景，因此有一個綽號叫「西北傳教士」[14]

在派丁頓車站有一間一千本藏書的出租圖書館，裡面主要是小說，旅客可以在等車的時候隨意翻閱；只要付一點錢，他們就可以借走書，並帶著它在旅途中閱讀。之後，它們會把書交給目的地的書攤。在特別為鐵路旅行發行的版本出版前，這種狀況持續了一段時間。喬治．羅德里奇（George Routledge）開始發行以「廉價小說」（yellowback）書系為主的《鐵路叢書》，約翰．默里也發行了《鐵路文學》。[15]嚴謹、特別是宗教性的文學作品，在鐵路車站也有很大的需求，因為很多人害怕一旦發生要命的鐵路車禍、去見上帝的時候，在大衣口袋或者女用手提袋裡，帶的是一本輕佻小說。

撇開一文錢恐怖小說與主要在河岸間北邊的霍洛威街販賣、地下流通的黃色作品不提，大眾文學通常都是很端莊的。然而，甚至是高度成功的《匹克威克外傳》，還是被《折衷評論》（*Eclectic Review*）評為「有點猥褻」；同時，安妮．勃朗特的《荒野莊園的房客》、姊姊夏綠蒂的《簡愛》、《雪莉》、《維萊特》，艾蜜莉的《咆哮山莊》，都被批評成「粗野、無教養」[16]。

一八四〇年代晚期是英國小說的幸福年代。在一八四六到四八年間，狄更斯分期出版了《董貝父子》；一八四九年五月到十一月，他發行了《大衛．科波菲爾》。同時，薩克萊推出了他的《潘丹尼斯》。可是，沒有一部作品能夠獲致和一八五二年出版的《湯姆叔叔的小屋》同等的勝利。這本由美國作家斯托夫人創作的反奴小說登陸英國後，在十月的短短兩個星期間就再版了至少十次。出版六個月後，這本書已經賣了十五萬本，而根據一項記錄，當它出版的一年間，在英國與其殖民地已經達到了一百五十萬本的總銷量。[17]其他維多利亞年代早期偉大的出版勝利，包括了麥考萊前兩冊的《從詹姆士二世加冕開始的英國史》。這套書賣得跟小說一樣好；自從它在一八四八年十一月出版以來，出店在六個月內賣光了整整五版。一年之內它賣掉了兩萬兩千本，而且價格高達一鎊十二先令。這套書的後兩冊讓作者在出版十一個月內，就賺進了兩萬鎊版稅；如果作者在面對美國盜版商時有獲得保護，那麥考萊的獲利還會更好。

然而，對大部分的閱讀大眾而言，小說不可能符合道德原則。許多人認為小說在功利主義的平常日是浪費時間，在福音主義的星期日則是罪惡，只有勸人向善的宗教文學，才被認為是合適的。

你相信……嗎？

在一八一六到一八一八與一年間，共有四萬五千兩百六十種書籍出版，其中小說、戲劇、詩與科學的書籍全部加起來，仍然遠遠不及宗教文學的數量——它以每年一千三百本新作品的比例在增加。工匠、店員和僕人既沒有時間、也沒有金錢每天閱讀報紙；於是，作為那些在週六發行、並在週日閒暇時間閱讀，動人心弦的連載小說或報紙虔信替代品的，就是聖教書會（Religious Tract Society，建立於一七九九年）在倫敦街頭散發給大眾的小冊子。人們會被英國與外國聖經公會（British and Foreign Bible Society）不請自來的代表，以及其他宗教文學的推銷員所叨擾；這些人會試著針對他們鎖定的大眾，放置印出來的書籍、小冊子與傳單。據報導，有一個不屈不撓的年輕人在一年之內敲了一萬八千七百二十七戶的門，賣掉了三千七百九十五冊虔信刊物。[18]

在許多家庭中，這些是必讀的讀物，甚至小孩也不例外。在狄更斯的《小杜麗》第三章中，亞瑟・克蘭姆在一個陰鬱的星期天晚上，坐在一間咖啡館裡聆聽教堂的鐘聲。它們提醒了他：

在他童年某個憂鬱的星期天裡，他獨自坐著把玩手邊的紙牌，忽然，一本可怕的小冊子驟然襲來，強烈衝擊了他的感官。那是一本專為貧苦兒童設計的宗教宣傳冊，書名直截了當地質問他：「為什麼你將來會下地獄？」……但更令他那稚嫩心靈著迷的，卻是每一行旁所附的插註——那些念起來彷彿要打嗝的神祕參考經文，例如《帖撒羅尼迦後書》第三章第六節與第七節。

宗教幾乎可說是一種令中產階級著迷的事物。可是，某些對宗教信仰的質疑，已經明顯出現在知識分子之間。查爾斯．萊爾爵士（Sir Charles Lyell）全三冊、出版於一八三〇年代的《地質學原理》，提供了和聖經記載不同、關於地球年代的觀點。羅伯特．錢伯斯（Robert Chambers）出版於一八四四年的《自然創造史的遺跡》將最近關於進化的思想加以通俗化，並捍衛「驅使自然產生改變的，並非某種外在力量」的理論。一八四六年，瑪莉．安妮．艾凡斯——之後以「喬治．艾略特」的筆名創作小說，從德語翻譯了大衛．施特勞斯針對耶穌生平的批判性著作《耶穌的生活》（*Das Leben Jesu*）。然而，直到達爾文在一八五九年出版《物種起源》、柯倫索主教於一八六二年開始發行《妥拉……批判性的驗證》為止，這些關於聖經敘述真實性的質疑作品，只有很少量被人閱讀。

在接近兩世紀後的今天，當冷漠日益蔓延，我們很難想像維多利亞時代人們被教條式的宗教信仰、以及它的公眾表現形式所激起的熱情。下議院不再爭論是否應該在聖公會的教堂裡點燃蠟燭，或是英格蘭教會的牧師是否應該穿法衣、聆聽告解。在二十一世紀，《泰晤士報》不會常常表示說要恢復聖公會教堂中的聖徒像。但是在維多利亞時代早期，當人們討論英國基督徒生活的進展時，他們已經充分意識到這些問題的重要性。

嘿，大家！瞧那教會！

大多數英國人都是屬於聖公會，其中有一些人是「高教會派」，這指的是他們傾向擁護天主教會中繁複的儀式；因此，他們的對手常恥笑他們是「敲鐘焚香的一群」。其他人則是支持「低教會派」，這些人傾向不信國教者或是異議派（Dissenting Churches）的質樸無華。當美國的一位論派牧師柯爾曼造訪倫敦時，注意到相較於他故鄉——麻州波士頓那些「樸實無華」的教會，英格蘭教會作為國教會整體的一部分，就像下議院一樣顯得非常正式。在新英格蘭，教會依循著一六二〇年朝聖前輩的足跡，不管在釋義還是歷史上，都和英格蘭教會背道而馳。在某些人心目中，「英國」這個字就等同於老、回到十七世紀，像是公理會教友、浸禮會教友與貴格派之類；然而，新的非國教徒——如十八世紀興起的循道宗，也正在成長中。比較小型的伯特利、錫安山或是以便以謝（Ebenezer）教堂，有時候只是鐵皮搭建、位在陰暗小巷中的屋子；許多在嚴酷工業都市以及倫敦的人們，都在這裡為自己的勞苦生活找到慰藉。

一位在世紀中造訪倫敦的西班牙劇作家維加（Ventura de la Vega），對西敏寺禮拜者的虔誠感到印象深刻。他注意到這些禮拜者不會沉溺於一種惡習，那就是不時抬起頭看看旁邊有誰、他們穿什麼衣服、又在做些什麼，而這是西班牙人上教堂時普遍會有的舉動——不管是社會、宗教乃至政治活動都是如此。

絕不在星期天做事

維加也對倫敦星期天關閉的商店與陰森的沉默感到震撼；星期天倫敦唯一的生氣，就只有教堂的鐘聲，這和西班牙活潑的星期天截然不同。[19]建立於一八三一年的主日紀念協會（Lord's Day Observance Society）讓星期天大部分的娛樂、購物與旅行活動都停頓下來。這個限制造成窮人極大的困擾，因為他們唯一可以從工作中解放、並獲得娛樂的日子就只有星期天。在安息日進行公共娛樂被許多人視為是邪惡的，唯一的例外或許只有人稱「瑞典夜鶯」的珍妮·林德有益身心的演出；她在一八四九年，於英國舉行了她的第三次凱旋巡演。儘管她的莊嚴清唱劇也許可以獲准在安息日演出，而且許多人為了讓歌劇登台仍然必須工作，但酒吧當然不可能為安息日信徒開放，因此當人們在家裡消磨無盡的星期日時光時，閱讀改善宗教文學就變得很興盛，畢竟沒有其他什麼事可做了。

未來的保守黨首相迪斯雷利雖然是出身猶太家系，不過很早就已經受洗；他在一八四九年的一個星期天，搭著火車從家鄉來到倫敦。因為接受了教區牧師要他做個好榜樣的忠告，迪斯雷利回答說，只是因為公眾的急事，才迫使他必須在安息日旅行。不論如何，他更針對性地反駁說，當他去參加宗教禮拜儀式時，是要表達對上帝的崇敬，而不是要其他人模仿他。[20]雖然倫敦主教無法阻止鐵路在週日運行，他還是成功禁止了博物館、畫廊與動物園開放，也讓軍樂隊在公園裡面禁聲。[21]一八五〇年五月三十日，一個有力的安息日遊說團敦促下議院禁止在星期天收信與寄信。作為安息日派著名的敵人，狄更斯在六月二十二日的《家喻戶曉》上刊了一篇頭版文章，痛斥這些安息日派；他在裡面引用了一句話，「是安息日為人而造，不是人為安息日而造」。狄更斯更針鋒相對地質問在國會提出「星期天應停止郵件服務」動議的提案人──阿什利勛爵，要他停止讓他的僕人在星期天工作。不只如此，警察要不要守安息日？市民是不是到了星期天，就得不到他們的保護，而罪犯會遵守安息日嗎？在狄更斯的小說《孤雛淚》中，欺凌小奧利佛、令人不悅的諾亞．克雷波爾，最後變成了一個大內密探（agent provocateur），勾引酒館老闆提供白蘭地給軟弱無力的人，然後再舉報他們在教會規定的時間內這樣做。安息日派成功迫使一八五一年的萬國博覽會在星期天關閉，因此阻撓了大量只有這天有空的人們前去參觀。一八五六年，安息日派的反對者再次挫敗了在星期天下午開放大英博物館與國家美術館的提議。

不過，安息日派並沒有事事順心如意。在一場一八五五年九月三十日星期天於倫敦海德公園舉行，反對限制首都星期天交易的提案──這個提案讓窮人超難忍受──的示威中，示威者紛紛對乘著閃亮馬車、在騎馬道上昂首闊步的貴族報以噓聲，大喊「去上教堂」！樂團演奏者後來也被同意在星期天的倫敦公園內，提供有秩序且開化的娛樂。郵局在星期天的工作，最後也被承諾會持續下去。

可是，倫敦的星期天依然很陰鬱，就像狄更斯在《小杜麗》第三章中所描述的：

那是一個倫敦的星期天夜晚，陰鬱、封閉而陳腐。令人抓狂的教堂鐘聲，發出程度各異的不諧和音；有的尖銳、有的平板，有的刺耳、有的清澈，有的快、有的慢，讓磚塊與灰泥都恐怖地跟著迴響。憂鬱的街道籠罩在一層煤煙織成的懺悔裝束中，深深浸透到那些該受譴責、用悲慘無力的眼神，隔著窗戶凝視街頭的人們靈魂裡。在每一條大道、上到每一條小巷、下到每一個轉角，某些憂鬱的鐘總會跳動、搖晃、緩慢反覆地敲擊，彷彿瘟疫在城市裡蔓延、靈車四處徘徊一般。每一樣有辦法提供過度勞苦人們寬慰的東西，都被徹底封印了起來。沒有畫、沒有陌生的動物、沒有罕見的植物或花朵、沒有古代世界自然或人造的奇景——在這種啟蒙式嚴厲下的所有禁忌，或許會讓大英博物館裡面的南海（這裡指印度洋）眾神，覺得自己好像回到了家。除了街道、街道與街道外，放眼望去再無任何事物。除了街道、街道與街道外，沒有任何東西在呼吸。沒有東西可以改變徘徊的心，或是讓它高昂起來。沒有東西提供給筋疲力竭的勞動者，只有和單調的平常六天比較起來，更感到自己的生活多麼疲倦，只能勉為其難地過下去……

薩拉提供了一個平衡的觀點；他指出像他自己這樣的人們，也許會主張「嚴謹」（這裡指的是虔敬）的世界，就是個「盲目、偽善與自私的混合體」；但是在此同時，他說也有數以百萬計持重可靠的市民，「真誠無欺地相信著許多我們認為無害的娛樂是有罪的。」

非我族類

維多利亞時期的倫敦，在教會活動的參與度上其實很低。[23]一八五一年三月三十日復活節，針對前往禮拜場合的會眾進行了一項普查，結果震驚了許多流於自滿的人。許多人完全不參加基督教禮拜；有四分之一的人只在復活節這天前往聖公會教堂禮拜。另外四分之一的人會去其他教派的教堂禮拜，但在倫敦兩百五十萬人中，有一半是完全不去禮拜的。[24]

我們可以簡單地看出，倫敦的普羅大眾已經背棄了他們大多數人名義上所屬的既有教會，儘管他們有很多人可能一度或是在小時候，都上過英格蘭教會舉辦的日校或是主日學校。看到這種對教會的明顯背棄，評論家主張：索取長凳費、普遍繁瑣的教會禮拜特質、再加上聖公會教士那種上層階級的言行舉止，都讓勞動人民感覺教堂不是為他們設的。一份一八四九年的研究寫道，「窮人是在被創造的情況下、感覺自己是個窮人；財富則會提醒他，自己是非常富足的。」[25]梅休在他對世紀中倫敦小販的記錄中，複述了一名曾經「略為聽聞過救世主事蹟」者的話語。梅休接著說，「他們似乎是說，這個人具有某種神性，但假如他說的是『某個小夥子寬恕了打他的樵夫』，那我會說他完全搞不清楚狀況。」一八四八年，小說家兼聖公會牧師查爾斯．金斯萊大膽地寫道：「這是我們的錯。我們使用聖經，就像它只是一本特別的警察手冊——或者一劑鴉片藥方，用來阻擋負擔沉重病人的獸性爆發，儘管他們已經過度沉重了。」[26]

然而，中產階級基督徒並不甘願讓這種狀況繼續下去。兩個主要的運動——牛津運動與福音主義運動，敲響了他們的戰鼓，並準備為將社會重新基督教化而奮戰。

在埃克塞特廳遇見主

福音主義被認為是在矯正有罪人們的生活，其目的是讓他們夠資格接受恩典，從而獲得永恆的拯救。聖公會中的福音主義派在連結上，更接近內省與關照良心的循道宗精神。福音主義有著廣泛的意義，在基督教輿論的光譜上，訴求的則是從低教會派到不信國教者這一群。它會和嚴厲的功利主義精神相結合，提供在後者的世俗態度中常會忽略的事物。福音主義和維多利亞的社會倫理「天助自助者」，以及個人的負責精神巧妙呼應。

福音主義在維多利亞與亞伯特的宮廷領軍下，傳播的非常廣泛；相較於女王的叔叔——生了一堆私生子的喬治四世與威廉四世兩位國王，女王夫妻堪稱是體面人的典範。從宮廷開始，「嚴謹」的觀念擴展到貴族宮廷，開始表現得跟新興中產階級的需求一樣合宜。

可敬的閣下，我們應當與時俱進。一個品德良好的中產階級，總會為法國女演員的恐怖而畏縮；而衛斯理派——對，就是衛斯理派，必然會被認定成這種類型。

年輕的迪斯雷利在一八四五年，用一種深具他個人風格的口吻，諷刺地這樣說道。[27]事態已經轉變了；墨爾本勛爵——維多利亞一八三七年即位時的首相，曾經這樣抱怨說：

當宗教被允許入侵私生活領域時，凡事就變得寸步難行。[28]

福音主義也很熱中於參與主流的公共活動；它在倫敦有一棟為此目的而蓋的會所，讓它得以達成這個目標。作為福音主義會議中心的埃克塞特廳，於一八三一年在河岸街開幕。它具有龐大的管風琴、一間有一千個座位的禮堂、另一間有四千個座位的大禮堂，以及足以容納五百名歌手的唱詩班空間。福音主義的眾多大會都在此地舉行，同時它也是好幾個宗教、傳教與慈善組織舉辦年會的場所。對福音主義者而言，主日紀念協會的五月大會，就跟同時期在河岸街四分之一英里外、特拉法加廣場國家美術館舉辦的皇家美展，對時尚階層的意義差不多。

埃克塞特廳的財政資源來自一群富有的福音派人士，其中包括克拉珀姆教派（Clapham Sect，又被稱為「克拉珀姆聖徒」）的傑出成員。這些人通常居住在首都郊區的半鄉村地帶，生活條理有序、機能完善。成員中有歷史學家麥考萊（Thomas Macaulay），也有主導大英帝國廢奴運動的人道主義者威伯福斯（William Wilberforce）。然而，在當時的小說作品中，埃克塞特廳卻被描繪成偽善與「道貌岸然」（virtue-signalling）的象徵。例如在威爾基．柯林斯於一八六八年出版的《月光石》中，角色戈弗雷．亞伯懷特便在埃克塞特廳發表演說，宣稱要捍衛道德、支持各種慈善事業，但最終被揭露為一名虛偽的騙徒。而在狄更斯一八七〇年未完成的小說《埃德溫．德魯德之謎》中，角色路克．霍尼桑德則主持了「中央與地方慈善領袖聯合會」的會議，這個組織成了小說家不滿情緒的出氣筒，被諷刺為空想社會改良者的怪誕化身。[29]

不過，許多人也認為，若英格蘭想避免步上法國的革命之路——無論是一七八九年至一七九二年的法國大革命，或是一八三〇年推翻復辟波旁王朝的七月革命——就必須透過慈善與社會關懷來穩固社會根基。畢竟，一八四八年席捲歐洲各國首都的革命浪潮，也讓倫敦顯現出明顯的焦慮與不安。

我可以用這本小冊子吸引你嗎？

一八五一年「宗教普查」中所顯現出、令人驚慌失措的宗教精神衰微（特別在倫敦貧窮地區更是如此），遇上了積極的抗衡。福音主義的目標是透過讓上層階級對自己的基督教良知更有責任感，來達成社會改善。相對於此，另一項運動——牛津運動，則是用一種更加虔敬的態度，來面對禮拜儀式、宗教禮儀、誠懇遵守基督教曆法中的各個聖日，以及教會的普遍角色。

就某種感覺來說，福音主義與牛津運動，都是始自抗議運動。牛津運動（Tractarianism/Oxford Movement），是針對教會對國家令人憂心的臣服發起反抗。當下議院等同於聖公會機構時，宗教和國家的密切連結自被視為合情合理，但現在改革後的議會裡，還包含了天主教徒與不信國教者。更糟糕的是，牛津運動者看到議會裡，還充斥著不少世俗主義者與功利主義自由派。這些人基本上都敵視英格蘭教會，以及它歷史悠久的特權。結果，牛津運動者質疑說，為什麼英格蘭教會應該是國家的一個部門？為什麼聖公會主教要由一個也許是不信者的首相來提名？不只如此，一八三六年的婚姻法案引進了世俗婚禮。到了一八三七年的法案中，不信國教者獲得許諾，可以有權舉行合法婚姻、並且用自己的信仰方式進行洗禮；在牛津運動者看來，這實在是令人憤慨的事。還不只這樣，牛津運動者認為，政府正在以不合理的干預，來改革聖公會的弊端——裙帶關係、兼職、缺席牧師與閒職，就像安東尼・特勒洛普在一八五五年的小說《慈善院長》中，牧師哈定先生所享受的那樣。牛津運動者宣稱，為了保持教會的獨立，它必須和國家斬斷關係。

牛津運動是一個統稱，因為它的宗旨表現在九十本的《時論冊集》（*Tracts for the Times*）當中。這套書的發行是起自一八三三年七月，當時牛津的詩歌教授約翰・基布爾（John Keble）——他和所有牛劍的教職員一樣，都是有照的英格蘭教會神職人員——以「國家的叛道」為主題，進行了一場講道。他力倡將宗教權威還給主教，並且透過減少新教傾向——也就是強調個人憑自己的認知去理解聖經，來強化宗教紀律。在此同時，若望・亨利・紐曼，牛津運動的領導人，也是著名聖歌《慈光歌》（*Lead, Kindly Light*）的作者（他的對頭諷刺地說，「且看這慈光要領他到哪去」，以此批判他的變節到天主教）以及牛津聖瑪麗教堂的牧師，則堅持聖公會雖不屬於羅馬，但仍是天主教教會。

可是，牛津運動對平民百姓的主要影響，是激起了英國傳統的反天主教情緒。維多利亞執政早期，倫敦的年長者們仍然在回顧一七八〇年的戈登暴動，年輕人則是從狄更斯的《巴納比・拉奇》中，讀到這些騷亂。牛津運動者被指控為「教皇黨」，並被冠上「儀式主義」的新罪名。儀式——蠟燭、豪華的法衣、焚香的濃郁香氣，也許是牛津運動最醒目的外在標記。一八五〇、五一年，在倫敦郊區的匹黎可，因為聖巴納巴斯教堂的開幕，以及它過度華麗的禮拜儀式、蠟燭以及煙霧繚繞的焚香而引發了騷亂。當一個看板人被雇來在教堂外面，背掛著反儀式主義口號的看板巡遊時，一個熱情的年輕助理牧師付錢給唱詩班少年，要他們拿臭蛋砸這個看板人。[30]

福音主義與牛津運動，只要不投靠羅馬或轉向天主教，就只是聖公會的一體兩面而已。循道宗與其他不信國教者也許會被看成是過度熱誠、不尊重英國社會的合理秩序、甚至是粗野，但天主教就完全是另一回事了。

第七章　局外人

「教皇和他的樞機主教們，完全沒有從逆境中學到任何教訓」

天主教徒常會被人冠上「外國的」汙名；這裡指的不是那些老派的前宗教改革家庭——他們當中有一些是貴族，而是窮困纏身的愛爾蘭人，以及某些立場特別明確的牛津運動者，這些人「投靠羅馬」，也就是轉向了天主教。

反天主教是英國傳統的一部分。佛克塞的《殉道者之書》，以及其中有關天主教女王「血腥瑪麗」在一五五〇年代折磨、燒死異端的恐怖細節，是許多家庭在星期日午後固定會閱讀的內容，而且最近才又發行了一個更優質的新版本。[1]對這些內容有興趣的人可以去埃克塞德廳，聽牧師就反天主教夸夸其談一個半小時。一名埃塞克斯的助理牧師在布教中甚至宣稱，「天主教會勢力的擴張」跟霍亂蔓延有所關連。[2]

除了外來特質之外，沒有任何跡象指出謀殺者瑪莉亞．曼寧是天主教徒；相對地，她父親曾經在新教的日內瓦擔任郵政局長，所以情況應該正好相反。然而，惠許關於瑪莉亞早年生涯長篇累牘且富想像力的記載宣稱說，瑪莉亞曾經在天主教女修道院受過教育，而且暗示說「這是她謀殺性格的起源」。腓特烈．曼寧曾告訴監獄牧師羅威先生說，他的妻子是個無神論者，雖然這和他想把謀殺的全部罪責，抛到妻子身上的企圖也有關係就是了。曼寧夫妻被處死後，《泰晤士報》刊登了一封署名「諾森伯蘭教區牧師」的投書，詢問羅威牧師是否有為瑪莉亞做聖事。這封信讓當時那個全基督教年代的《泰晤士報》讀者感到震驚，因為它評論說，一個天主教神父應該會對謀殺犯草草表現自己的懺悔之意，感到相當滿意。羅威先生回覆說，他有為瑪莉亞做聖事，但堅持自己已經「嚴正地告誡」這對夫妻，要以一種真正的懺悔精神去接受它。出於信譽，《泰晤士報》刊出了一篇天主教神父的反擊。神父堅稱說，他和他的同僚決不會在沒確認曼寧夫妻真正懺悔之前，就給他們做聖餐禮。

對天主教的敵意，可以解釋以下的舉動：一八四五年，超過一百萬人連署請願，反對皮爾爵士大量增加對梅努斯學院年度補助、訓練愛爾蘭神父的提案；不過這些抗議者其實滿短視的，因為在一七九五年建立的梅努斯，明顯就是要去除神學院學生到歐陸研讀的需求，從而在那裡被公認政治反動的歐陸天主教給洗腦。

不過在英國，風向也很明顯地在轉變，變得比較寬容與具政治智慧。古老的壓迫或「刑罰式」反天主教法律，在一八二九年被撤廢。天主教徒現在可以擔任中央或地方官職；不只如此，牛津運動也明顯鼓動了許多人，在社會和思想上走得更遠、更趨向天主教。[3]

認知到天主教的復興，一八五〇年九月十九日，教皇恢復了英格蘭的天主教階級制度，也就是正式指派主教，而非迄今為止只派管理人監督主教區的做法；西班牙出身的尼古拉斯．懷斯曼，被指派為倫敦樞機主教。大眾的敵意朝天主教徒蜂擁而至，《倫敦新聞畫報》評論說，「教皇和他的樞機主教們，完全沒有從逆境中學到任何教訓」。對外國人的素樸恐懼，和對耶穌會陰謀顛覆新教英格蘭的歷史性警惕相結合，驟然復甦起來。「天主教入侵」變成了一個流行語彙。當西班牙無敵艦隊與蓋．福克斯在最近的記憶中出現時，首相羅素勛爵用一種呼應較早年代情感的語調，寫信給聖公會達拉謨主教說：

沒有任何外國的君侯……可以恣意將他的手銬腳鐐，強加於一個如此悠久且高貴地捍衛意見自由權利……對盲信盲從可笑演出白眼相向的國家。[4]

一八五一年八月，幾乎是在一種恐慌的情緒下，國會通過了《教士頭銜法》，禁止天主教主教在頭銜上採用跟聖公會同位階人員相同的地區名稱，不過這項法案從未被執行，並在二十年後遭到撤廢。

狄更斯用他獨具特色、好鬥且色彩鮮明的文風，對「天主教入侵」做出回應。一八五〇年十一月二十三日，他對聖公會倫敦主教查理．詹姆斯．布倫菲爾德發動了一次攻擊，批判他在對下屬教士的講課中，偏袒牛津運動的立場。狄更斯的論述採用了故事形式，以代表英國人的布爾（Bull／牛）夫妻為主角。布爾夫妻責備院長布倫菲爾德主教，對那些引進「天主教」或「羅馬」內容牧師的寬容：

你曾經因為玩弄蠟燭與燭台而遭到警告嗎？你通常會被告知說……一旦他們碰觸到燭台，就會開始想接觸蠟燭；當他們開始接觸蠟燭，就會想要點燃蠟燭；然後，當他們開始把襯衫拋到外面，假扮起僧侶與托缽修士，就像是懷斯曼院長正在鼓勵的那樣，穿上一雙紅襪、戴上一頂紅帽，表態說「我不知道其他愚人會怎樣」，最後把自己變成一個完美的蓋・福克斯……正因為你是頭牛（布爾），當他們在你眼前揮舞鮮紅色布料的時候，你難道不會激動嗎？

最後一句話相當巧妙地，把「約翰牛」和極端天主教的西班牙鬥牛連結在一起，而西班牙是英國自伊莉莎白時代以來的傳統敵人，同時也把鬥牛士的深紅色披風，跟樞機主教法衣、帽子的深紅顏色連結在一起。

布爾夫妻是英國人，但狄更斯稱為「羅馬牛」的天主教會，則是「恆存的痛苦、壓迫、黑暗與無知」。狄更斯接著說，這點可以從「布爾太太的天主教姊妹，艾琳格柏夫人（這個語彙暗指『愛爾蘭依舊如此』）那種恐怖的狀態」看出；艾琳伯格展現出的，是一種「充滿疾病、骯髒、喧鬧、迷信與墮落的可悲景象」。

「慟哭」（倫敦新聞畫報，一八四九年八月四日）

倫敦地區為數最龐大且醒目的天主教族群，的確是極度貧窮的愛爾蘭移民；不過曼寧夫妻的受害者歐康納，則是相反地屬於愛爾蘭中產階級。傳聞說，歐康納之所以能在海關獲得那份輕鬆且收入優渥的工作，是因為某些有影響力的人士認為他可以讓信奉天主教的愛爾蘭碼頭工改宗，並把他們從羅馬那邊拉走。這個故事雖是來自惠許有關曼寧案極富想像力的記載，但惠許有對歐康納的幕後老闆指名道姓，其中包括了蘭達夫主教，所以這故事也許是真的。如果是真的，那或許能解釋歐康納為何能從他的老闆——著名的天主教案件辯護人、愛爾蘭律師羅伯特・謝爾那裡獨立出來，並獲得工作。

被逐出農田、以及一八四六到四七年馬鈴薯枯萎病導致的可怕大饑荒，讓許多人跨海離開了愛爾蘭。在稍早之前的一八四一年左右，倫敦已經有七萬四千名愛爾蘭出生的居民，但到了一八五一年，這個人口已經成長到一〇八五四八人。然而這個普查只記載了出生地，而且雖然有許多愛爾蘭出生的居民已經歸化新教、甚或是生在愛爾蘭的英國人，但誕生在英國的天主教愛爾蘭人還是與日俱增；故此，倫敦的天主教愛爾蘭人口也許遠大於普查顯示的結果。不只如此，考慮到許多愛爾蘭勞工只是短暫居住，以及生活的艱辛性質，特別是「步履艱辛」、四處找尋工作的「挖土工」，或許會被統計者給遺忘掉。

貧窮的愛爾蘭人生活在像是聖吉爾斯這樣的鴉巢，或者是倫敦東區的商業路附近。他們在建築工地工作，鋪設鐵軌，或是在碼頭擔任苦力。愛爾蘭碼頭工人，是倫敦最低薪的勞工族群。一般來說，他們每天靠著一盤馬鈴薯泥與鯡魚為生、和家人擠在一個房間裡，一小時的工資只有可憐到家的三便士或四便士，而且還不是用現金，是用只能在雇主所設「廠內商店」通行的票券來抵價。[6]最低品質的住居、以及相伴而來的高死亡率，助長了他們的浪費與酗酒。一位當時的日記作家查爾斯・格萊威（Chrales Greville）評論霍亂在愛爾蘭碼頭工人間蔓延時，這樣寫道：

> 最低賤、最悲慘的階級主要是愛爾蘭人，他們所呈現的人類悲慘景象，遠遠超過醫生所能

想像……這些都是昨天以前，我聞所未聞的事情。他們身陷最悽慘的貧狀態之中，甚至沒有床鋪可躺。男人靠打臨時工為生，雇用以小時來計，通常每週受雇的時程不會超過四到五小時。他們一家人在一個小房間裡擠成一團，而且不是固定租客，只是獲得一個暫時遮風擋雨的地方；簡單說，在這種最糟糕的狀況下，肉體的貧困與道德的墮落，都是可以想像的。[7]

「各個大城市裡最糟糕的區域，居住的都是愛爾蘭人」，寫下這句話的是恩格斯，資助馬克思的工廠主。[8]許多愛爾蘭女性完全沒有家務技能；她們既不會做針線活，也無法從事家務幫傭。擺攤販賣水果、或是扛著沉重的菜籃在街上遊走，是愛爾蘭女性的標準職業。她們在柯芬園或是阿爾德門附近的公爵市場買下橘子、檸檬、胡桃和栗子，或是根據季節購買時蔬，然後就像她們之中某個人對調查記者說的，「一籃三個蘋果半文錢」，挨家挨戶或在貧民市場中販賣。這樣賣水果的利潤非常微薄，一星期最多賺到五先令，剛好拿去抵房間的租金，可是就算是最鄙陋的房間，租金也不會少於兩先令。梅休曾跟一個女人對談；那個女人蒐集老舊胡桃，將它們曬乾，然後用來當作燃料。她和她的小孩連床罩都沒有，只有一張棉屑填充的床位在房間角落的地板上，再加上一件床單、毯子與被子，這樣絕對不足以應付冬天。這個房間既沒有椅子也沒有桌子，只有一張凳子、兩片充當桌子的板子，和一個狹小的茶罐，上面擺著一截蠟燭。可是，愛爾蘭女人是以貞潔著名的；未成年少女不會被同意前往便宜粗俗的劇院——所謂的「低級劇院」（Penny Gaff），小孩也會被教養成虔誠的性格。[9]

移民的抵達佔據了本土勞工階級稀少的房舍，而且用更低的薪資工作，往往成為導致社會緊張、甚至爆發暴力衝突的導火線。一八四六年的夏天的康登鎮暴動，就是一個例子。

那年的八月九日星期一下午，在沿鐵路距尤斯頓站一英里遠的地方（現在的查克農場路），爆發了一場大群愛爾蘭挖土工，與在圓屋劇場入口大門處——當時是火車調車場——施工的英國勞工之間的衝突。鐵鍬、鶴嘴鋤和碎磚塊，都被隨意拿來當作武器。一小時後，械鬥蔓延到整個康登鎮、鐵路公司擁有的廣大土地上；雖然地方警局調來了大量的警力，還是無法阻止衝突。最後是相當於我們現在的「快打部隊」（snatch squads）出手，才設法逮捕了二十名滋事分子，並把他們帶往鄰近的阿爾巴尼街警局。第二天，愛爾蘭挖土工的領袖們試著向地方法官解釋說他們是被挑動的，是英國勞工用下流字眼辱罵他們，而且拒絕讓他們進入建築工地施工。[10]

數量龐大的天主教愛爾蘭移民適時成為了天主教會的強大力量來源，但同時也為它創造了嚴重的問題，畢竟一八四〇年在整個倫敦，只有二十六座天主教教堂。梅休生動描寫了天主教神父走訪教區牧民居住的貧民窟時，發揮的強大影響力，以及甚至連喝醉酒打老婆的醉漢，都對他表達尊崇的情況。

自從一八五〇年被任命以來，懷斯曼樞機主教就拚命要滿足貧窮愛爾蘭移民到來者在宗教與物質上的需求。在即將到來的年代裡，更多教堂、修道院、付費與免費的學校以及孤兒院，將被建立起來。[11]

「英格蘭……唯一安全的避難所」（《倫敦新聞畫報》，一八四九年九月八日）

愛爾蘭當然不算外國，不過倫敦總是有一小撮外國人口。他們生活在蘇活區的萊斯特廣場附近；如果他們屬於窮人的話，也有可能生活在東區或聖吉爾斯的貧民窟。這當中有一八二〇和三〇年代，因為早先失敗的義大利統一運動而流亡的義大利人，其中包括了著名的馬志尼。他在一八三七年一月抵達倫敦，在一八四八年回到義大利，接著在羅馬共和國被推翻後，又一次回到倫敦尋求庇護。波蘭人在一八三一年獨立運動被俄羅斯鎮壓後，也流亡到倫敦。另一個小群體是所謂「自由西班牙人」（Liberal Spaniards），當威靈頓公爵在一八一三年的半島戰爭中擊敗法軍、擁戴反動的斐迪南七世復辟後，他們就逃出了自己的國家。史家湯瑪斯．卡萊爾在一八五一年，如此回憶這些人：

> 在那些年代，倫敦人口中一個明顯可見的部分……是來這裡尋求政治庇護的西班牙小群體……二十六年前當我第一次造訪倫敦時，我在所有新現象中，對那些西班牙人印象深刻。每天，在春天寒冷的空氣、以及跟西班牙極不相似的天空下，你可以看見五十到一百名莊重的人士，驕傲地披著破舊的披風漫步在……尤斯頓廣場，以及聖潘克拉斯新教堂的周邊。[12]

不過到了一八四〇年代晚期，大部分西班牙人都已返回祖國，少數例外者也已經定居下來，繁榮地開枝散葉，或者在倫敦新設的大學與國王學院裡，接獲了教西班牙文的學術職務。

一般人最可能在倫敦街頭看到的外國人，或許只有無處不在的義大利街頭藝人了。倫敦的義大利僑民生活在哈頓花園、皮革巷、番紅花丘，以及霍爾本往北的街道。這個以「小義大利」著稱的區域，是一片破破爛爛的出租住宅區。它之所以吸引義大利人，也許是因為它很接近克勒肯維爾；這是一個歷史悠久、從事鐘錶與儀器交易的地區，同時也與修復義大利人在街頭表演必需的手風琴（barrel-organ/hurdy-gurdy）彼此相關。一八六四年建立的聖彼得教堂是這個地區的核心；它是為了保護信天主教的義大利人不被福音派新教徒的傳教活動侵擾，而建立起來的。[13]

倫敦街頭可以看見的義大利人主要是手風琴演奏者，或是在街頭販賣石膏像、鏡子與畫框的小販。在這些為了路人給的幾文錢相互競爭的街頭藝人中，有一個義大利人，當他吹奏管樂、敲起鼓的時候，依附在他膝上的提線人偶就會跟著起舞。[14]其他義大利男人與小孩，則會用跳舞的狗與機械人偶來取悅路過的群眾。被當白老鼠展示的義大利男孩激起了同情心，特別是一八三一年，一個男孩被謀殺之後更是如此。[15]可是，因為手風琴演奏者太常被聆聽，所以要禁止他們、還是保護他們，就變成了一個明顯的政治差異所在。生活在大門深鎖、有長長花園的別墅中的上議院議員，因為可以逃脫倫敦街頭的噪音，所以對此傾向寬容，但是住在首都比較繁榮地帶聯排屋裡的上層中產階級，則對夏天街上無休無止的手風琴喧囂聲，感到惱怒不已。[16]

順道一提，義大利名字在某些領域，特別是女帽製造與女裝裁縫業相當有用。在《尼古拉斯・尼克貝》的第十章中，狄更斯筆下的角色蒙托（也許是「曼托」的北英格蘭發音）就把自己和老婆的姓改成「曼塔里尼」：

仕女們理所當然地認為，一個英國名號是對這行業的嚴重傷害。

倫敦庇護了政治難民，其中包括了歐陸抱持自由思想的律師與軍官、共和派，以及社會主義者。馬克思、法國社會主義者路易．白朗，俄國知識分子亞歷山大．赫爾岑、法國遜王路易腓力，以及路易拿破崙——他是拿破崙的姪子，後來成為法國總統與皇帝，都在這座英國首都尋求庇護。倫敦也有一群外國藝術家聚居。這個城市的財富可以支持起一群法國藝術家、髮型師、演員、歌手與主廚，義大利音樂家，還有德國保母。希臘商人定居在芬斯伯里，德國麵包師和瑞士錶匠則定居在克勒肯維爾。倫敦市中心的外國人區是一個島嶼，周邊環繞著蘇活廣場、萊斯特廣場與黃金廣場。它的街道相當陰鬱，充滿了多戶共住的房子。當對倫敦相當熟悉的狄更斯把拉爾夫．尼克貝的辦公室設在蘇活區的黃金廣場時，他這樣評論說：

> 這是一個外國人愛去的地方……在夏天晚上，窗戶會被猛然推開，然後路過的行人就可以看到一群黑黝黝、留大鬍子的人，懶洋洋地倚著窗扉，大口大口地吞雲吐霧。[17]

膚色黝黑、蓄鬍或是留大鬍子、抽菸，形成了英國人眼中的外國人特色。

雖然在官方上很寬容，但是英國人對外國人的態度，其實是惡名昭彰地不友善且帶優越感。兩個來自孟買的輪機人員諾瓦羅吉與梅旺吉，花了很長的時間在倫敦碼頭研習；他們勸告外國劇迷，最好避開劇場頂層樓座和正廳後座的喧鬧。他們的結論是：

> 大多數英國低等階級的人，對外國人都很粗魯……他們不喜歡看到外國人出現在他們的國

家。[18]

不過，政治難民不只受到寬容、還很受歡迎，也有時候甚至會被捧成明星，特別是如果他們反天主教的話，更是如此；比方說一八四八到四九年流產革命後來到英國的某些前義大利神職人員，就是最好的例子。[19]匈牙利反奧地利支配的革命鬥士科蘇特（Lajos Kossuth）在一八五一年抵達倫敦，並在倫敦市政廳舉行接見會、接受群眾的歡呼。相較之下，旅居特拉法加廣場莫雷酒店的奧地利將軍馮．海瑙（Haynau），則因為曾經下令鞭打女性革命分子，而在一八五〇年九月，被趕出班克賽德的巴克萊與柏金斯釀造廠；當時運貨車夫揮舞著他們的趕車馬鞭，並故意念錯海瑙的名字，大喊「土狼」（Hyena）海瑙在波羅高街被堵到，被迫躲進喬治旅館避難。最後，他被一群吵吵嚷嚷、要他退到泰晤士河另一邊的警察給救了出來。事後，車夫們在雪丘的法靈頓廳辦了一場慶祝會。[20]

自由之地

對移民進入英國的限制首先是在拿破崙戰爭期間的一七九三年開始施行，並一直延遲到一八二六年才結束。從這一年起到一九〇五年《外籍人士法》通過為止，沒有人會因政治立場被英國拒絕入境或是驅逐出境。一八五一年的普查揭露，在英格蘭與威爾斯只有五〇二八九名外國出生的人士，然而在倫敦的兩百三十六萬兩千人口中，就有二五五〇〇名。話雖如此，他們占的比例也只有百分之一點七九。實際的比例甚至還要更小，因為某些外國人——特別是水手，可能只在普查那天停留在倫敦而已。

巴麥尊勛爵——一八四六到五一年間的外相——主要的意圖，是要避開歐洲的重大戰事。一八四八年在巴黎、柏林、維也納、布達佩斯、布拉格、米蘭、拿波里與羅馬爆發的革命，創造了一種潛在的爆炸性情勢。不過，一八四八年取代了路易腓力國王的法國共和政府則向倫敦保證說，他們不會設想要對一八一五年的和平狀態進行任何改變。奧地利對皮德蒙革命的鎮壓恢復了現狀。當匈牙利貴族起而反抗奧地利支配時，巴麥尊勛爵默許俄羅斯武力干涉撲滅叛亂。只有當狀態回到過往時，巴麥尊才對俄羅斯和奧地利提出嚴重抗議。他批判歐陸獨裁者的暴虐，但深信應該維持國際權力平衡不受打擾。

一八四八年，奧地利首相梅特涅倉皇地從革命分子手中逃到了倫敦，法國國王路易腓力（化名為「史密斯先生」）也抵達了倫敦。對安全、自信的英國人而言，看這些激動的外國人到達，毋寧說是件頗為有趣的事。《笨拙》一如平常，抓住了這樣的心情。一八四八年三月二十五日，它刊出了一首由薩克萊所寫、有關逃亡法國國王的詩；據說這位國王抵達的時候，只帶了身上這套衣物：

一位剛下船的老紳士，戴著一頂破禮帽，穿著一件襤褸的短大衣……

詩人暗示說，這位流亡國王應該趕快去摩斯父子，買一套適合他的衣裝。

歐陸革命被看成是司空見慣的事情，以至於在一八四九年的《年鑑》中，《笨拙》這樣指出：

假如你敢對（過多休假導致的缺工）有所怨言，你會被那些宣稱你充斥歐陸革命思想的人處死。

一八四八年有大約七千名法國、奧地利、波蘭、匈牙利、義大利與德國難民進入英國，其中個人數量最多的是德國、波蘭、法國與匈牙利。[21]當時人們的迴響，可以在一八四九年七月十八日，一通多佛港當局對內政大臣的訴苦中得知：那時候有一船難民申請補助，而這已經導致了該鎮在比例上「嚴重的負擔」。[22]

大部分的逃亡者都處於財務困難的情況下，靠教授他們自己的語言、或是其他自己具備的技能（如音樂）為生。對這些人中的大部分而言，倫敦是個骯髒、寒冷又不友善的地方。他們常常得付過度高昂的房租，還會被不誠實的貨幣兌換商給欺騙。許多人沒有獲得雇用，而且難民雖然一般而言都很守法，但還是有少數人從事小規模的犯罪。重要的政治流亡者通常有足夠的錢與朋友，所以生活得還算舒適。一個害群之馬，如自稱「上校伯爵沙西爾．敦比斯基」的詐欺師[23]——他以政治難民身分要錢，然後在一八四九到五〇年的入監期間，過著富裕的生活——會導致人們認為所有的難民都是乞丐。外國逃亡者常常跟不道德、無神論以及付不起房租連結在一起；也許這是因為他們通常都留鬍子，又或者反過來，鬍子是因為外國人常常留，所以才被跟不當行為連結。

他們在倫敦「咖啡廳」（一個新名詞）的夜間聚會，在新聞工作者薩拉看來頗具異國風情：

充滿奇異時尚的語調、不可思議的姿態、有如巴比倫般紛紜的方言……那煙霧像是從一千個磚窯冒出來，鏗鏘聲像是從一千支湯匙發出來。[24]

在英國人眼中，難民的穿著充滿異國風情且別具一格；這些人會在政治俱樂部、煙霧瀰漫的蘇活區咖啡廳房間、或是在租來的教室裡聽課時碰頭，然後針對秩序、品格或金錢展開討論——通常是爭論。不管當局聽到他們講了什麼，都會強調說這些難民活動的派系分裂很明顯，所以無法證明會對女王陛下政府的穩定造成威脅。在一八五一年萬國博覽會舉行的時候，亞伯特親王寫信給普魯士國王說，政治難民都知道倫敦不是一個密謀的好地方，而且通常——

我們在這裡不用害怕暴動或暗殺。[25]

外國政府當然會抗議英國對革命分子的寬容，但英國人高傲的自負，讓公眾輿論對這些恐懼擺出一副優越的態度。如果其他政權統治合宜，那他們完全不用擔心嘛！當然，外國人在本國作客的時候也必須表現得宜，但是國家干預如此讓人厭惡，以至於對他們的監視，也被認為是無法接受的事。相較於歐陸，英國缺少中央集權、昂貴的國家警察機制，以及大批窺探百姓的密探，這是英國人最沾沾自喜的話題之一。特別是奧地利政府的密探，總是被懷疑在監視難民，以至於珍・卡萊爾在寫信給她的某位客戶時，抱怨某位特別愛包打聽、總是想偷聽她閱讀家信的女僕，像個「奧地利間諜」。[26]

憲章派

在英國，雖然政治難民會受人接納，但人們還是趨向於害怕法國大革命的理念。有些人甚至認為擁護民主與普選都是叛國，但也有許多人對革命理念抱持同情。狄更斯在一八四一年的小說《巴納比．拉奇》中，基於他的自由派情感、對群氓的恐懼與對煽動的輕蔑，以鄙夷的方式將倫敦在六十年前的一七八〇年爆發、至今仍是共同記憶的戈登暴動，描述成反天主教的狂暴與掠奪。就更近的情況來說，滑鐵盧戰役後的十五年，被視為是英國極端反動的年代，最好的例子就是一八一九年的「彼得盧屠殺」，軍隊衝進曼徹斯特的抗議群眾當中，不分青紅皂白地揮舞軍刀攻擊。

現在，反動的潮流退去，變成一種日益膨脹、對進步的渴求。國會已經在一八三二年的《改革法案》中，獲得了改革。一群威爾特郡的農夫非法立誓締約、實際上是要建立工會，以求提升薪資，結果被放逐到澳洲；這些稱為「托爾帕德爾烈士」的農夫後來得到無罪特赦，並在一八三七年回到英國。一八三三與一八四四年的《工廠法》，保障了與機械為伍的童工。《穀物法》的撤廢，降低了麵包的價格。毫不令人意外地，這些改革與一八三〇、四〇年代的運動，促成了對更大幅度改進的需求。社會主義、將選舉權擴展到大多數男人、更進一步的勞工保護，以及其他更多議題都四處流傳，特別在一八四〇年代、也就是所謂「飢渴的四〇年代」更是如此；之所以會這樣，是因為這十年間的大部分時光，英國都面臨經濟蕭條、失業與歉收。這十年的尾聲，是以一八四九年的倫敦霍亂作收。

所謂「憲章運動」因為擁護《人民憲章》而得名，是一場持續進步的社會運動。它要求所有（男）

人都有秘密投票的權利，議員應該要接受薪俸，以便於他們不必在代表選區之前，得先享有私人收入，選區大小相等，進行每年一度選舉；不過這些在一八三九、四二與四八年，都遭到了國會否決。

然而，憲章主義並沒有一個聚焦點。它是由各式各樣的激進團體所構成，展現出一種廣泛的不滿，包括因機器引進導致的失業與短工時，還有嚴酷的濟貧法。這些是勞工階級的抱怨，但要求撤廢國會議員的財產資格限制，則是來自中產階級中較無財產的成員。

一八四六、四七年的歉收，惡劣的冬天與接踵而來，因流感、支氣管炎、肺炎、麻疹與斑疹傷寒帶來的死亡，再加上法國君主制垮台、梅特涅躲在一個洗衣籃裡，狼狽逃出維也納，以及其他歐陸的叛亂，這些例子都鼓勵了憲章運動的支持者捲土重來。

一八四八年二月廣傳的謠言說，法國很快就會宣布施行共和；在蘇活區與萊斯特廣場周圍，舉行了很多慶祝活動。在倫敦的沙德勒之井劇院裡，後排與樓上的聽眾高唱《馬賽曲》；這時候它還是一首革命歌曲，而非國歌。一八四八年三月六日，一群衣冠楚楚的人們在特拉法加廣場集會，高呼抗議所得稅；主持集會的是雷諾茲，他從每週數千字《倫敦之謎》的寫作中，抽出寶貴的時間來主持這場集會。因為正值國會開會期間，所以警察告訴與會的一萬人說，他們是非法集會。聞風而來的群氓拒絕解散，他們拆下了尚未完成的納爾遜圓柱周邊的欄杆，高呼法語的「共和萬歲！」——這個口號不是來自法國人，就是從假裝自己很懂如何呼喊流行口號的英國人那裡傳來（也有可能是來自報章媒體錯誤的報導，廣傳流言說海峽對岸的革命分子要在倫敦滋事）。警察千辛萬苦地設法驅散了群眾，但這天稍晚一夥群氓打破燈火與窗戶，還開始洗劫商店，連女王和政府都遭到了驚嚇。

當局出於先入為主的恐懼，認為外國革命分子也許會和本土革命分子並肩作戰。雖然表面數目很少，但外國人的密集與高可視度，暗示他們其實人數眾多。《泰晤士報》在一八四八年四月四日隱諱地寫道，「我們只需要從聖殿關走到查令十字路（大約是沿中倫敦主幹道河岸街，走四分之三英里或一點五公里的程度），就可以看見在這些河岸邊存在一個有力的軍事共和國，並且滿足於我們倫敦，居然包含了如此非比尋常數量的公民。」這是暗指這幾千名法國人，會是入侵的先鋒嗎？對外國人與本土革命分子聯手的憂心，促成了一八四八年的《外籍人士法》，這項法案允許將人驅逐出境，但到最後並沒有發現任何驅逐人的必要。眾人也很憂慮外國人將在四月十日的憲章運動示威中扮演領頭羊的角色，但結果並沒有，以至於《泰晤士報》在四月十五日不由得額手稱慶。這或許是件幸運的事，因為警方已經下令要修理那些「留鬍子的暴徒」，特別是被假定為外國人的人。[27]

這場大規模的憲章運動示威位在泰晤士河南岸的肯寧頓，接著從這裡遊行到西敏，然後向國會遞交請願書。計畫是如果下議院拒絕請願，則聚會將選出國民議會，並敦促女王解散國會；國民議會會一直持續下去，直到政府同意接受憲章為止。警報傳遍了倫敦中產階級；英國首都會經歷一場歐陸式的革命嗎？

緊急方針迅速地被採行。滑鐵盧站被部隊隔離，維多利亞女王也前往英國南部海岸附近的懷特島；可是，大家仍然很掛心。萬一軍隊獲令開火射擊往國會前進的革命分子，那情勢會變成怎樣？他們會遵照命令，還是只會對空鳴槍？大家甚至擔心革命分子會登上樸茨茅斯海軍基地的戰艦，將它開往索倫特，並對女王避難的奧斯本莊園開火射擊。

滑鐵盧的勝利者威靈頓公爵奉命監督首都的防衛；他手上一共有七一二二名步兵與騎兵，另有八萬五千名特殊警力誓師，作為四千名警察的後盾。除此之外還有一二三一名切爾西衛士，這些人是退役被徵召起來，發揮他們身為老兵的訓練。政府辦公機構、郵政總局、大英博物館、白金漢宮、海關大樓、倫敦市政廳以及英格蘭銀行都設好了沙包掩體，還布置了射孔與臨時的加農砲，大學與國王學院的學生也都拿起棍棒、武裝起來。

憲章運動者一如計畫，在九點於倫敦城北邊的聖約翰街開始集結。遊行隊伍行經格雷旅館路，然後沿著霍爾伯恩走到法靈頓街，穿過黑衣修士橋，從那裡轉進肯寧頓公園，抵達時間是十一點半。其他團體則是從東倫敦的斯特普尼綠地出發，還有一隊是從羅素廣場啟程。[28]雖然人數眾多，但遠遠低於當局擔心、以及憲章運動者自己期待的五十萬人這個數字。當警察拒絕他們往北穿越西敏橋行進到國會時，領導人決定不做頑抗；憲章運動的請願書最後由一輛開過黑衣修士橋、再轉回西敏後街的馬車接下。他們號稱上面有五百萬人聯署，但事實上勉強算起來也不到兩百萬，而且其中很多都是假簽名或者亂寫，比方說「維多利亞女王」、「老起司」、「笨蛋」之類。[29]可想而知，這次請願又被拒絕了。

憲章運動並不暴力。進入警戒狀態的部隊並沒有被召回，警察也保持著警棍武裝的態勢。憲章運動的領導者奧布萊恩（Bronterre O'Brien）和奧康納（Feargus Edward O'Connor），都不想冒上導致暴力衝突的風險。在春雨中，奧康納和倫敦警察握了手；下午初始的時候，這偉大的一天終於畫上句點。

然而，革命運動仍保有生命力。一八四八年五月二十九日，八萬民眾靜默遊行穿越倫敦城。六月四日，內政部命令警察驅散憲章運動者在倫敦東區的集會。憲章運動者原本計畫要在六月十二日舉行抗議，但因為領導人被逮捕而遭到阻止。也有人計畫要在八月十五日發起暴動，但他們的領導人被密探滲透，並在鄰近乾草市場的奧倫治街橘子樹酒吧中，遭到武裝警察逮捕。這些「叛亂者」的「武裝」，是少量的長矛與劍。在準犯罪區域的七晷區，當某個男子被目睹撬開鋪路的鵝卵石時，大家都擔心是不是會蓋起歐陸式的街壘，但參與者被警察警告了。大約有一千名曾使用暴力的憲章運動者被逮捕，並被判處長期監禁。

一八四九年七月三日，首相羅素勛爵在國會宣稱，他不會接受憲章運動的要求，那會導致「和法國實施普選權後，同樣的狀態與結果」。很明顯地，憲章運動的目標無法由純粹的勞工階級運動來達成，可是中產階級的支持者寥寥無幾。一八四〇年代心態保守的公民，害怕一切有關歐陸革命的事物——掛在竿子上、飄揚在法官或工廠主窗子下的佛里幾亞帽，反教權主義，火炬集會的暴力修辭，遊行、橫幅與歌唱口號。總體來說，倫敦的人口實在太龐大，以至於無法有效組織。它的複雜社會結構與極富多樣性的職業，意味著沒有一種單獨的持續努力，能夠聚焦於特殊的目的上。倫敦的規模（是巴黎的兩倍大）、惰性與有效率的警察，都讓它和其他需要挑釁式使用軍隊的地方截然不同。倫敦，就是個革命果實無法成熟的地方。

然而，即使憲章運動瓦解，它仍在超過一百個勞工俱樂部中留下了餘燼。[30]或許更重要的是，一名激進派裁縫佛朗西斯．普雷斯（Francis Place）在一八四九年一月二十九日召開集會，建立了「國會與財政改革國民協會」；他的目標是想試著將激進與溫和派的憲章運動者整合起來。協會提出了一份「小憲章」，要求所有有房產的男性都能獲得投票權、秘密投票、每三年一次國會大選、以及更平等的席次分配。但在當時的時勢下，要結合勞工階級與中產階級運動實不可能，所以協會最後在一八五五年瓦解了。協會領袖、憲章運動者奧布萊恩，繼續組織了「國民改革聯盟」；它在倫敦蘇活區的丹麥街十八號集會，又維持了二十四年之久。一八五〇年三月十六日，一場大規模集會要求朝人道方向改革《濟貧法》；他們主張政府應該採購土地來安置失業者，並將國有化一掃而空。他們主張，土地不該為個人所擁有、應該要有一個國家信貸體系、商店應該要以成本價販賣基本物資——這些要求當然是不可能被認可的。

英國改革朝著工會、而非革命運動的方向演進。維多利亞早期的倫敦，已經出現走在尖端、具現代感，由熟練勞工組成的工會，以保障他們的勞動狀態、薪資和部分利益。工程師聯合協會在一八五一年成立；它的成員要付一星期一先令的高昂會費（也許只有規律雇用的熟練勞工才付得起），工會在倫敦的總部還有受薪職員。[31]

「收舊衣！」

愛爾蘭人是最大且最明顯可辨識的倫敦少數族群，其次也許就是歐陸歐洲人。第三則是猶太人，在三萬五千名作為整體生活在英國的猶太人中，有兩萬人左右住在倫敦。[32]猶太人既不像天主教徒那樣讓人恐懼，也不像外國人那樣被認為具革命性。

在倫敦的上流地段，留鬍子的猶太人在肩上扛著大袋子、頭上戴著好幾種帽子，呈現出鮮明的樣貌；他們會步履沉重地走過街道，嘴裡還不停大喊著「收舊衣！」（Ol'Clo!）他們會買下用過且不想要的衣服，將它們清洗、修改之後再次賣出；這種情況一直持續到服飾店如摩斯父子普及，讓一般人能夠買得起新衣，不再需要穿其他人用過的衣物為止。

大部分猶太人都生在英國，但還是被視為一種外國要素。說這是因為宗教信仰並不確實，因為除了那些好心但牢騷滿腹、被指派去轉化猶太人皈依基督教的團體以外，他們的宗教其實很難跟一般人扯上關係；真正要說的話，應該是他們被認為的排他性。結果，雖然大部分從事成衣生意的慣老闆（sweater）並非猶太人，但金斯萊的小冊子〈便宜衣服與下流人〉中所描寫、那種受到慣老闆剝削、領餓死人薪資的受害者，還是會引人進入一種反猶太的諷刺之中。在《孤雛淚》中，狄更斯描述了一個猶太人費金（Fagin），這人養了一群小孩擔任扒手，因為事實上像他這樣的人，就是靠販賣偷來的贓物為生；不過猶太人是不是真有開班授徒培養小小偷，則是相當令人存疑的事。然而，狄更斯從來沒有暗示說費金的犯行，是受到他的種族或宗教所左右。確實，費金對奧利佛還不錯，也不像賽克斯那樣是個謀殺惡棍；這是狄更斯在回應一位猶太讀者來信、針對費金提出抗議時所作的結論。為了保持平衡，他在《我們共通的朋友》中寫進了一個猶太團體，其中一位是彬彬有禮的萊亞先生，他對非猶太人的借款者相當棘手。大部分倫敦猶太人事實上很貧窮，某些人更是一貧如洗。一八四〇年代末，首都的兩萬猶太人中有三分之一，是從猶太人社群中較優渥的成員那裡領取濟貧補助。[33]

下到小巷中

雖然鐵路的到來，中止了猶太人跟盧德蓋特丘野美人旅館、或是雪丘薩拉森人頭旅館等地搭車離開的旅人兜售的市場，不過住在獵犬溝、米諾里斯、阿德爾門和紅磚巷附近，也就是倫敦城邊界外面一點地方的猶太人，還是在中倫敦到處漫遊，兜售手杖、珠寶、「趣味小物」如鉛筆、封蠟、摺疊小刀、鏡子與刮鬍刀。在阿德爾門附近的公爵廣場，他們從事柑橘、檸檬與堅果的販賣，直到愛爾蘭人來跟他們削價競爭為止。在柯芬園、齊普賽街與西區，有比較「高級」的猶太水果商。梅休描述猶太炸魚小販，說他們的產品比較昂貴，但也比較味美，原因是猶太人使用沙拉油而非豬油，而且在魚上有裹蛋液。維多利亞時期英國著名的法國籍主廚索耶，在他於一八四五年出版的食譜《給民眾的一先令烹調》第一版中，就收錄了「猶太時尚炸魚」這道食譜。索耶的食譜證實了調查記者梅休的觀察，也就是猶太人很會用油來作炸物料理。[34]

位在密德塞斯街的「小巷」，又稱「襯裙巷」，以及從這條巷弄發出去的幾條街道，是猶太人的居住區。梅休如此描述這個地方：

五顏六色、型式各異的長袍四處懸掛，但是或許看不到任何一件亮麗或白色的款式；這是一片骯髒昏暗的遠景，但因為女性衣裳的緣故，所以是片色彩繚亂的髒亂與昏暗。女用大衣、男用大衣、（軍用）厚大衣、男僕與獵場看守人的大衣、寬鬆外套、束腰外衣、褲子、及膝短褲、背心、斗篷、駕駛員大衣、工作夾克、（蘇格蘭）彩格布、帽子、女用長袍、襯衫、（水手用的）毛衣……呈現出一副在這座世界最大城市的其他角落，都難以目睹的景象。[35]

到了冬天，在閃耀的煤氣燈下，重重疊疊的光影會灑落到小巷中，讓這些隨風飄揚的衣服看起來像極了幽靈；「如果風強一點，將它們來來回回吹動的話，看上去就更顯得詭譎」。[36]梅休認為襯裙巷的猶太人很懂得物盡其用，因為他們會去非猶太人的上層階級後門收購舊衣；他也說猶太男人普遍都是好丈夫、好父親，女孩也很貞潔。[37]

雖然不信國教者和天主教徒都有公民權，但大部分反對給予猶太人同等權利的人，抱持著這樣一種觀點：如果有個猶太人被選進國會，那勢必要豁免他在宣誓時，不必念出「在對基督的真實信仰之下」這種誓詞，而這等同於移除英國生活中的基督教基礎。不過在英國倒是沒有聽到像歐陸那樣的恐懼；那邊的人認為猶太人有股神秘的力量，既是極端富裕，同時也（相當矛盾地）計畫要推翻布爾喬亞的資本主義社會。英國人提及猶太人時，通常都是把他們當笑話、有時候甚至是輕蔑，但很少帶著惡意，乃至於極端不理智。比方說，在杰羅德的《考德爾夫人的私房教訓》中，考德爾先生就反對讓拉撒路．高德曼擔任他們家最近新添成員的教父，原因是高德曼是個「高利貸兼守財奴」；他有點意氣用事地主張，「高德曼前輩子一定是猶太人，既然如此，這個事情哪裡能算數呢？」對於這點，考德爾太太是這樣回答的：「確實，我很確定這世上一定有某些人善於儲蓄金錢——就像某些蠢人善於浪擲它一樣。」當她這樣說的時候，我們可以想像如果這對夫妻不是處在黑暗的床上，那考德爾太太一定是意在言外地，瞥了她那位浪費成性的丈夫一眼。至於新生嬰兒的教名，因為按照習俗明顯要跟著教親的名字走，所以她則是讓了步，認為拉撒路不是一個「登大雅之堂」的名字；但她說，「畢竟，這個孩子以後還是可以稱自己『羅倫斯』啦！」38

直到一八三二年，猶太人都不被允許在倫敦城內從事零售業。直到一八三五年，如果他們試著在地方選舉中投票，也許都會面臨到宣誓「在基督的真實信仰下」這一難關。在此同時，萊昂內爾·羅斯柴爾德屢次被選為倫敦城的國會議員，但都被拒絕入席，原因是他不願在這種既定誓詞下宣誓。格林威治選出、後來成為第一位猶太裔倫敦城市長的大衛·沙洛蒙斯，也被趕出他的席位，原因同樣是他不願意按照要求的誓詞宣誓。雖然眾議院年復一年決議要改變誓詞，但上議院就是不同意。最後在一八五九年，達成了一個妥協，那就是「兩院可以各自決定自己的宣誓形式」。猶太成員最終可以在下議院獲得自己的席次，但在上議院則一直要等到一八八五年，羅斯柴爾德獲賜貴族爵位為止。

第八章　交流

出租馬車！

你完全無法設想，當它沒被指明時，在倫敦要怎麼快速旅行……
所以我會用所有難以置信、或許會讓人譏笑的敘述來告訴你，
我們在一個早上瀏覽過的各式各樣景象。

這是一位年輕女士在一八四二年寫信給她住在鄉間朋友的內容。[1]

真正最快速環繞倫敦的方式——倫敦地鐵，也是世界上第一條地鐵，還要二十二年才會開始載著大量乘客，在煙霧迷漫的隧道與車站間奔馳。故此，這位年輕女士唯一可以如此快速遊遍倫敦的方式，就只有靠出租馬車。有錢人可以買或雇用有蓋馬車、四輪大馬車和輕型馬車，這些都可以提供不同程度的舒適與時髦；但是當其他人需要緊急運輸的時候，他們會找輛有蓋的漢森式出租馬車（hansom）來幫忙。這種出租馬車是以約瑟夫．漢森（Joseph Aloysious Hansom）命名，他在一八三四年為自己的車子申請了專利。漢森式馬車可以阻擋惡劣天氣，也可以讓乘客透過設在屋頂的U型管跟司機說話。輕便快速的漢森式馬車非常成功，它在倫敦一直被使用到一九〇〇年代初期，汽車運

輸到來為止。漢森式馬車只需要一匹馬牽引，而且能在倫敦惡名昭彰的交通堵塞中駕馭自如；比起老式的出租馬車，它的機動性要來得更高。老式出租馬車通常是某個貴族家庭售出、破破爛爛的四輪馬車，不只需要用四匹馬來牽引，也需要非常專心致志的車夫來駕馭。狄更斯的《遠大前程》雖是一八六一年出版，不過故事背景是設定在一八二〇年代；在第二十章中，年輕的皮普從鄉下抵達了位在齊普賽街的十字鑰驛車旅館，並搭了一輛老式出租馬車，到賈各先生位在史密斯菲爾德附近的辦公室：

一位馬車伕，穿著似乎跟他年紀一樣大的油膩大衣，外頭罩著好幾層的斗篷。他將我塞進他的馬車……接著他登上自己的座位。我還記得那個車廂，有著因日曬雨淋而變色的豆綠色（布製）陳設，被蟲蛀得破破爛爛的碎布，看起來已經用上了很長一段時間。這是一輛奇妙的車子，在外面有著六個大型冠冕，至於後面的破爛設備，我不知究竟有多少個男僕曾經操持過它；在它們後面還有一個耙子，應該是用來阻止受不了誘惑的資淺男僕的。我幾乎沒什麼時間享受這輛馬車，也沒有時間去思考它到底有多像是鋪上稻草的農場，甚至是多像間破破爛爛的商店……當我觀察到車伕開始走下車時……

皮普搭車的車資是一先令。儘管這輛馬車可以載四個人，這還是一筆可觀的費用。在皮普的事例中，車伕沒有大膽地索要更多；他坦承說，自己不想惹上任何跟律師賈各先生有關的麻煩，賈各先生清清楚楚知道正確的費用就是開頭一英里一先令，之後每半英里六便士以下。這輛老馬車也可以用鐘點出租，這可以讓它在沿著較不繁忙的路段長途行駛時，變得比較便宜。一先令可以買三十分鐘，這意思就是在倫敦完整行駛一英里，得花上半個小時。老式馬車必須要具備河岸街索美塞特府監理處發行的牌照，好讓惱怒的客人可以知道要向何處宣洩他們的不滿。

如果有人想要旅行到更遠的鄉下，在不打破倫敦出租馬車的壟斷狀況下，也可以在市中心的街道上，雇到定期往返的短程旅行馬車。這些短程旅行馬車可以帶著富裕的倫敦城紳士到半鄉村的郊區如派丁頓、克萊姆、克拉普頓、漢默史密斯，甚至可以遠到泰晤士河上游的里奇蒙，那裡距離查令十字路將近十英里遠。至於真正的有錢人，也就是那些年收超過一千五百鎊、想要舒適氣派漫遊倫敦的人，則通常會自備馬車；但他們為了節省馬伕與馬匹的開支，會選擇用每天一鎊的價格，雇用一套完整的配備和成員，有時甚至會以一年三百鎊的代價進行長期雇用。對那些喜歡在週末離開城市出遊的人來說，還有一種比較便利的安排，那就是以一年六十鎊的價格雇用一輛馬車與車伕，在週末任憑他們使喚。

請快點！

但是自一八二九年七月四日以來，漫遊倫敦的方式產生了革命性的轉變，原因是公車（omnibus）——很快的以「巴士」（buss）之名廣為人知——登場了。一位馬車製造商喬治・舒伊比爾（George Schillibeer）使用法語和拉丁語中，描述已經在巴黎街頭運行的類似車輛的字彙「voiture omnibus」（為所有人服務的馬車），來為這種車子命名。它的先頭路線始於約克夏斯汀高酒吧——同名的站牌直到今天，仍然存在於地鐵貝克盧線埃奇韋爾路站的旁邊，沿新路開過馬里波恩與尤斯頓路，然後經彭頓維爾和市區路，抵達英格蘭銀行。所有乘客坐在車內，有一位車掌負責收費；在廣告中，車掌的樣子被描述成穿著跟海軍軍校生相似的制服、「看起來相當體面的人」。[3]公車從派丁頓綠地出發的時間是早上九點、中午十二點、下午三點、六點與晚上八點，從銀行回來的時間則是早上十點、下午一點、四點，晚上七點與九點。全程的費用是一先令，但如果你只想坐到伊斯林頓，那就只要六便士。哈里．克利夫頓在一八六三年寫了一首名曲〈帕丁頓綠地的美麗少女波莉．珀金斯〉，公車路線的起點正是波莉居住的地方。「像皇后一樣驕傲」的波莉，拒絕了一個平凡牛奶商的追求；她抱著不切實際的期望，希望嫁給有錢人甚至是貴族，但到最後她勉強接受了一位「兩便士巴士上的○型腿車掌」。在波莉登場的時候，車資已經因為削價競爭降低到一段路剩二便士，但直到二○○五年底，倫敦的巴士仍然會僱用車掌收費、發車票，並在巴士停下、啟動，沿著倫敦凹凸不平的街道顛簸、猛烈搖晃的時候，擺出一副○型腿的站姿。

一開始，舒伊比爾的公車是行駛在出租馬車壟斷的區域之外，所以他被允許在路線上的任何地方，讓乘客上下車。沒有任何固定的站牌，也沒有規定阻止車伕看到路對面有人招手的時候，迴轉馬頭過去回應。

當一八三二年公車獲准在中倫敦行駛、且原本和出租馬車一樣重的稅得到減低之際，出租馬車的車伕被迫面對競爭。舒伊比爾現在可以讓他的公車穿越有利可圖的牛津街。車資減低了一半；現在花費六便士就可以「坐全程」，三便士就可以坐半段。

公車直到早上九點才開班，所以它對必須早上六點到場搶工作的勞工而言並沒有什麼作用，而且也太昂貴。公車主要是搭載女士到商店，從派丁頓到英格蘭銀行的第一趟旅程，則是載了富裕的資深官員、生意人、主任級人員，以及其他不需要在早上九點準時進辦公室的人。

「Omnibus」這個響亮的詞語，喚起了學生們對於那些駕駛它的紳士深刻的記憶，也引發了一股引用拉丁語「omnibus」（意指「給所有人」）的模仿風潮，雖略顯笨拙。最著名的兩個例子莫過於：「Impendet omnibus periculum」（危險降臨於眾）與「Mors omnibus est communis」（死亡人人難免）；這類語言遊戲的幽默，一直流傳到二十世紀。當公共汽車（motor bus）首次引入牛津時，該校知名的拉丁語演說家與詩人戈德利（A.D. Godley）特地寫下了一首詩，首句是：「那咆哮聲是什麼？那是公共汽車嗎？」他用詼諧方式將「motor bus」當作兩個拉丁字處理，並以各種拉丁文變格方式大作文章。詩的結尾，是一段誠摯的祈禱，用拉丁語的直接受格複數形對上帝呼求，懇求祂保佑我們免於「這些公共汽車」的侵擾：

Domine, defende nos（主啊，請保護我們）
Contra hos motores bos（免受這些公車之害）[4]

Omnibus也許意味著「為所有人」，但公車既不便宜又很慢。所以，雖然瑪莉亞・曼寧在和她丈夫一同謀殺歐康納後，需要急忙趕到歐康納在麥爾安德的住所拿走他的錢，她或許還是會從伯蒙德走兩英里，而不是搭乘必須越過倫敦橋堵塞交通的公車，然後還必須等另一班穿過阿德爾門、白教堂，開往麥爾安德的車回東區。在柯林斯的《白衣女郎》第一章中，主角哈特賴特也習慣從河岸街的克萊門特旅館走三英里的上坡路，去探望他住在漢普斯特德的母親與姊妹。然而，到了十九世紀中葉，已經有三千輛每輛可搭載二十二人的公車，在狹窄且擁擠的首都街道上穿梭。當時公車路線還沒有編號，所以巴士都是依據營運公司的不同，以其外裝的亮麗顏色來做區別；這些營運公司包括了帕拉岡、亞特拉斯、滑鐵盧、坎伯威爾與其他許多家公司。

公車基本上是長方形車廂，在兩側有窗戶，後方則有一扇附窗戶的門。它會用漂亮的天鵝絨或是綠色的絨布坐墊來裝潢，但是為了吸收乘客隨身帶進來的泥濘，乘員必須在地上鋪一層很快就會變骯髒的稻草。公車特別是在冬天，總是悶熱且骯髒。

在公車上工作是份苦差事；車伕必須暴露在各種天候下，車掌則必須自始至終站著。老闆對這些乘員也很嚴苛；他們沒有任何休假日，只有每兩個星期天可以休兩小時。他們大約在早上八點半，就要早早把車廂和馬匹帶到發車站，然後直到晚上十一點，都沒辦法回家。這種漫長的工作日最終遭到一系列對服務業的干預所打破，但仍然沒有足夠的時間能讓他們回家吃一頓好的。和其他勞工一樣，他們很容易在沒有事先通知或是補償的情況下遭到解雇。車伕不像車掌那樣容易被取代，但如果他們不夠準點，還是會被罰款。儘管如此，就像許多他們一世紀以後的同輩那樣，車掌總是精神抖擻，高喊「請快點！」同時碰碰地敲著公車的天花板，告訴車伕該動身了。

響鈴之後才被引進，但是當乘客想要下車的時候，可以依據要下車的方向，拉拉頭上的一條皮製吊帶；這條吊帶固定在車伕的手臂上，一端在左、一端在右。雖然沒有固定的公車站，但車伕都知道在某一些地點可以載到客人，所以在那裡就會按慣例停留比較長的時間，以便於把巴士裝滿，結果往往讓等待巴士出發的乘客大感惱火。

公車一開始的財務安排，是要求車掌繳納一定數量的車資給老闆，然後車掌自己持有的部分，再分給車伕。之後，車掌得上繳自己的進款並領取薪資，同時可以另外獲得佣金。因為當時還沒有車票，所以老闆沒辦法檢查車掌的誠實性；但後者仍然必須非常小心，因為老闆會雇用稱為「監視者」（watcher）或「淑女」（ladylike）的女性，來估算公車究竟搭載了多少客人。然而一如所知，她是可以賄賂的；更有甚者，如果車掌認出她的身分，也會放手讓巴士開進一灘泥濘、或是一堆馬糞當中。相對地，老闆也會只因懷疑車伕中飽私囊，就將他們加以開除。儘管如此，在公車上工作還是一份好工作。跑黃金路線的車掌一週可以賺到二十四先令，這可不是其他地方隨便找就有的薪水；至於車伕，則可以賺到三十四先令。

某些車伕的形象遠近馳名；他們會戴著一頂炫目的白色高禮帽，在胸前的鈕扣孔插上一朵玫瑰，嘴裡還叼著他們喜歡的客人提供的雪茄；當這些客人坐著車，從（比方說）高門驅車到倫敦城時，會希望坐在車伕保留給他們、位在駕駛座旁邊的特別座。他們會幻想自己是往昔攝政時代的公子哥，正在搭車往布萊頓旅行，同時也會炫耀似地給車伕慷慨打賞。

某些公車路線是從短程旅行馬車那裡接管過來的；珍・卡萊爾就喜歡坐在公車上層，從她住的切爾西長途驅車到伊斯林頓、漢普斯特德與里奇蒙。[5] 梅爾維爾也曾坐長途公車到漢普頓宮，回程再坐比較快的火車。[6]

當公車開始引進車頂座位的時候，女士們通常會在「車內」旅行；她們不喜歡坐在「車外」，因為這意味著當她們攀上車子後方的鐵梯時，要把自己的腳踝秀給街上的閒雜人等看。之後，較容易攀登、直抵公車上層座位（knifeboard）的階梯被設置起來；在那裡，人們可以倚著靠背板而坐、向外眺望，並將自己的腳靠著車身上的路程指示牌歇息。這也可以妥當保護那些偶爾會出現、比較偏好「車外」的新鮮空氣，而非通風不良、充滿骯髒稻草以及人擠人「車內」的女士們，維持其端莊形象。儘管如此，寬鬆的裙子、尤其是一八五〇年代的硬布裙，仍然讓攀登階梯，乃至於擠進擁擠的巴士本身，變得十分困難。

很快地，關於巴士車掌粗魯無禮的抱怨開始湧進當局耳裡。因為車資是乘客下車才付，所以有些乘客就會試著不付錢離開，而其他乘客則是因為要從口袋或錢包裡掏硬幣出來，動作緩慢到令人惱火不已。車掌（特別是假使他們要抽佣的話）當然會希望乘客愈多愈好，但有時就是會少了零錢、或是付錢不乾不脆。狄更斯的《博茲札記》中，有頁描繪了一位車掌；那位車掌站在公車後門的踏板上，推著一群老紳士進車廂——儘管那些紳士根本還沒確定自己要不要去旅行。一八四九年六月三十日，倫敦城市長官邸法院的職員報告說，去年一年總共針對巴士車掌發出了超過四千張傳票，內容全是粗魯甚至粗暴對待乘客。[7]因為這些被稱為「惡棍」（cads）的車掌實在太常被罰款了，所以他們也團結起來，募集了一筆基金來幫助個別的車掌。事情變得愈來愈嚴峻，甚至有位火大的法官把一名巴士車掌送去吃了兩個月牢飯，原因是這個車掌為了招攬更多乘客，故意拖延巴士，而且還拒絕找零。一八四九年對倫敦巴士的駕馭者而言，似乎是個特別糟糕的一年。《笨拙》發起了一場對抗車掌行為的宣傳戰。在一個案例中，巴士上會掛著一塊告示牌，告知六便士是「搭全程」的車資，但「到查令十字路」只要三便士；爭議之處就在於，車掌是不是在站的時候，有刻意擋住人們看到「到查令十字路」的字樣，好吸引誤以為有減價服務的乘客上車。在另一個案例中，則是因為「到哪個點才算確切到了查令十字路」，而引發了爭端。儘管如此，作為車掌的答辯，《笨拙》

刊登了一篇車掌來函（也許是諷刺文）；在信中，這位車掌抱怨老太太們總得花上很長一段時間，從錢包裡掏出一點點硬幣。

抱怨歸抱怨，公車還是最方便的；就像薩克萊小說《潘丹尼斯》中，當「一輛倫敦城公車將他（主角潘丹尼斯）送到門口」時，發現這有多麼便利一樣。[8]但有時候公車也很危險，尤其是在它們搶著要在競爭對手之前載到客人的時候更是如此。《笨拙》在一八四九年的年鑑中，就勸告那些發現自己必須站到路上吸引車伕注意力、並且登上巴士的讀者們說：

> 假如兩輛公車在競速，千萬不要招呼第一輛——除非你有被第二輛輾過去的特別喜好。

「嘿！齁！一陣風兒一陣雨！」

與其吧嗒作響地穿過泥濘與糞便的倫敦街頭，或是硬擠進人滿為患、行進緩慢，而且乘客有時候脾氣很壞、車廂又潮濕的公車，人們可以搭乘六十九艘蒸汽船之一來旅行；這些船隻的明輪，不停攪拌著惡臭的泰晤士河水。

蒸汽船的船費從一文錢到四便士，採累積計費；它從倫敦橋向西行駛，經過南華克、西敏與沃克斯豪爾，可以遠達切爾西，往東則可以抵達格林威治與格雷夫森。競爭導致削價刀刀見骨；毫不令人意外地，一八四七年可以搭載一百五十名乘客的「克里克特號」，才剛從亨格福德碼頭滿載啟航，船上的鍋爐就爆炸了，造成五個人死亡、另外五十個人受重傷。儘管如此，兩年後，美國小說家梅爾維爾只付了半文錢就搭上一艘蒸汽船，從位在他河岸街住處南邊的阿德爾菲碼頭出發，一路直抵倫敦橋。[9]

特別是在好天氣的時候，河上的蒸氣渡輪不失為一種雖然緩慢、但令人心曠神怡的火車替代選擇。我們可以花費八到九先令、搭六小時的船抵達馬蓋特，也可以搭乘「鑽石航線」的船隻沿河而下，以一又二分之一便士的主客艙費或是二先令的女士沙龍費，直抵格林威治。通常在冬天每半小時有一艘船，夏天則是每十五分鐘一艘，從河北岸靠近倫敦橋的碼頭出發。

可是，用蒸汽船旅行並不總是那麼舒適。有時候蒸汽船會被默許危險超重；在冬天，旅客常會一直往下擠，好找尋遮風避雨的場所。就算你抵達了目的地，你仍然要走路或是再搭出租馬車，才能到你想去的地方。或許這就是為什麼泰晤士河雖然通常被宣稱為「穿越倫敦的天然通道」，但除非一個人生活和工作都在沿岸地帶，否則其實並不那麼方便。確實，在一八五二年當卡萊爾要去蘇格蘭時，他搭了一輛蒸汽船從他住的切爾西河畔出發，一路抵達倫敦碼頭，然後再搭沿海岸線而上的船隻，繼續往蘇格蘭旅行。他的妻子珍則是在醫師的指示下，以火車代步。但是，當珍從懷特島的賴德休假回來時，她還是在沃克斯豪爾下火車，然後登上一輛蒸汽船回到位在切爾西的家。[10]

「遠離尖叫、咆哮與吵鬧聲」（狄更斯《董貝父子》，第二十章）

在鐵路時代早期的一八四四年，畫家透納（John Turner）在皇家藝術學院，展示了他的鐵路畫《雨、蒸氣與速度》。速度是人們公認鐵路最主要的特色；狄更斯就像平常一樣，用一種簡單扼要的方式來表現它：

哇喔！垃圾堆、蔬菜農園與垃圾場！聽這乒乓作響的聲音，這是新十字車站！多麼讓人驚訝啊，我們已經身在克羅伊登！[11]

到了一八四五年，已經有數以百計的鐵路路線被規畫出來，大量的投機公司也如雨後春筍般紛紛設立。這些投機客往往是租間辦公室、掛個高貴響亮的名字、有時候連執照都沒有，只憑一張天花亂墜的說明書，就對大眾發行股票。在一八四五年的單單一個星期內，八十九個新計畫就從投資人那裡募到了八千四百萬鎊。不只是律師、國會議員與銀行家，就連對金融比較不敏感的店員、零售商、女房東、寡婦、甚至是僕人與小酒館的侍從，都在實際拿到報酬之前，就開始拋售股票。在薩克萊的《二爺通信》（*Yellowplush Correspondence*）裡面，金斯・德・拉・普魯切——真實身分是個穿著黃絲絨衣物的男僕詹姆士，就從負債二十鎊起家，靠股票交易賺到了三萬鎊。那些申請配股，然後在實際拿到報酬之前立刻脫手套利的人，被稱為「短線客」（stags）。因此，狄更斯在《董貝父子》裡選擇了「史塔格花園」這個名字，來為因尤斯頓車站開路而遭拆遷的貧民窟命名。一八四六年是鐵路泡沫的最高峰，國會授權的鐵路募資高達六千萬鎊；但是到一八四八年，只有一一八二英里的新鐵軌真正被鋪設下去。一八四七年，當投資人被要求為他們的股票付錢時，這個泡沫瞬間爆破，許多股票現在變得一文不值。一八四七年四月，英格蘭銀行把貼現率從五提升到五點五；許多公司、特別是專門設置來處理股票的公司，瞬間轟然倒塌，數以千計的人也因為這股鐵路瘋而遭到毀滅。一八四七年七月二十八日，《笨拙》出於對那些半生積蓄全都在鐵路股票中付諸東流、焦慮不已的神職人員與半薪公務員的憐憫，刊登了一首仿古柏（Cowper）《皇家喬治號的沉沒》的詩作：

為了一個惡棍，
一個好日子終結的惡棍犧牲！
一切都沉沒了——和那些拿出錢的人們一起，
而他們卻無能為力。

這個案例裡的「惡棍」是喬治．哈德森，他在全國五千英里的鐵道中，控制了頗具規模的比例。哈德森是東郡鐵路、密德蘭鐵路、約克與北密德蘭，以及約克、新堡與柏威克鐵路的主席。當鐵路股價在一八四八年因歐陸革命暴跌的時候，哈德森用了一些操作手段來保持自己股票的價格，包括從本金發放股息在內；當時的公司法還不是很完善，所以沒辦法判定這種行為非法。雖然新堡與柏威克鐵路的股東曾經控告哈德森挪用公司資金一八二〇四鎊來做為己用，但他從未被起訴過。

哈德森是約克一個半文盲布商的兒子。當他的股票水漲船高之際，上流社會諂媚他，邀請他參加宴會——儘管那些紳士淑女總會躲在羔皮手套和香水扇子後面，嘲笑他的粗魯不文、以及約克郡鄉音。哈德森太太在薩克萊的《潘丹尼斯》中，被諷刺描繪成「霍奇－波德森太太」，她在背後也是被人譏嘲不已。據說，她曾經問一尊摔壞的奧理略像是不是「最後的馬基斯」，也就是宴會主人西敏侯爵父親的雕像；又據說，她曾經退回一對由著名設計師魏德（萊斯特廣場大地球儀的展出者）

設計的豪華地球儀，因為它們跟室內裝潢「不搭」。哈德森夫妻在阿爾伯特門擁有一座大宅邸，現在是法國大使館；他們是從邱比特建設公司（譯按：白金漢宮的設計者）那裡花一萬五千鎊買下這座宅邸，然後在上面又多花了一萬四千鎊。[12]

到了十九世紀中葉，倫敦透過鐵路，與全國大部分地區都有了很好的聯繫。我們可以從新設立的滑鐵盧車站搭火車到南安普敦，也可以從倫敦搭火車旅行到布里斯托、伯明罕、曼徹斯特、萊斯特、雪菲爾德、諾威治、赫爾、新堡以及愛丁堡——雖然不見得有辦法直達。從曼寧夫妻居住的伯蒙德，也許可以聽見、甚至看見巨大的五呎六吋方向盤、閃亮的銅管，以及漆著紅綠色彩的火車頭；從一八三七年十二月起，它們便以十五分鐘的間距，牽引著火車穿過倫敦、德普特福德與格林威治鐵路的高架橋。為了這條路線的首次運行，鐵路公司還請了一個樂隊在倫敦橋車站演奏，並讓公司的經理在台下排排坐聆聽。當火車冒著蒸汽進站時，砲聲轟鳴、教堂的鐘聲響起，大感刺激的倫敦群眾也報以如雷的掌聲。當它抵達中間停靠的溫泉路站時，「敏捷得就像脫韁火箭一樣」。集結在溫泉路站與德普特福德站的群眾，為數也相當龐大[13]。一八三九年克羅伊登鐵路、一八四一年布萊頓線與一八四九年的格雷夫森線，也分別帶著它們的火車駛近倫敦橋站。從倫敦橋到格林威治的車資在一八四四年砍到四便士，結果是旅行的人數上升到兩百萬。[14]

自一八四四年以來，我們已經可以搭乘早上八點半從倫敦橋發車的火車，前往布萊頓享受短程的一日遊。第一輛火車在這年的聖靈降臨節發車，使用四個機車頭，牽引四十五節車廂。到新十字車站，還有六節以上的車廂和另一個機車頭，被掛上這條長蛇陣般的火車隊列。它帶著兩千名乘客來到海邊，其中有很多人或許一輩子從沒看過海，並且在一天之內返回倫敦。在同一天中，鐵路載運了三萬五千人往返格林威治，而且車資只要單一價。車資整體來說一直在下降；一八五〇年，一日往返布萊頓的車資是三先令六便士，而且只要一先令，就能購買前往漢普頓宮的一日旅遊票。[15]不過十年多一點，旅行已經產生了巨大的轉變。不只是鐵路的票價變便宜，就連速度與舒適度也都迅速在蛻變中。不過有一些還算年輕的人這樣回憶：

已經遠去的生活……只有活在溫柔的記憶中。一小時八英里，走二十或二十五小時……緊湊的郵件馬車、硬邦邦的座位……在快活的舊時代，沒有人要承擔這些壞事。[16]

鐵路是現代化的，而它的興建速度也非常驚人。一八三〇年在全英國，鋪設的軌道不超過一百英里，但到了一八五二年，已經有六千英里在運行。可是，這樣的增加是非常最近的事。一八四五年，英國只鋪設了二二〇〇英里的軌道；正是在一八四五到四八年間，我們可以看到維多利亞早期最具野心的軌道鋪設計畫。

旅人在長途旅行中，不必再忍受骯髒又老舊、還充斥著馬糞、蒼蠅與不乾淨車伕的驛車旅館。倫敦那些住宿設施落伍的驛車旅館，如皮卡地里的白馬地窖、雪丘的薩拉森人頭旅館等，都讓位給鐵路「終點站」與合適的旅館了。[17]

鐵路甚至也改變了時間觀念。列車長的手錶取代了太陽。一八四五年大西部鐵道將它的時鐘與倫敦的「鐵道時刻」加以同步。「格林威治時間」在一八五〇年代變成了英國的標準；當二十五國同意接受格林威治為本初子午線時，英國的「鐵道時刻」遂變成了一種對抗其他時間衡量方式的標準。

喧囂……與人民

雖然旅客被分成三個等級，而且因為缺少走道，所以旅客必須留在自己的車廂中，但旅行的廉價化還是導致了某種恐懼，那就是狄斯雷利小說《西比爾》中，德．莫布雷勳爵所言，「一種朝向平等的最危險趨勢」。[18]這其實有點誇大了，畢竟雖然現在有更多人會去旅行，但整列火車還是偏重一等，而且三等車廂極度不舒服；當梅爾維爾在一八四五年從坎特伯里搭三等車廂旅行到倫敦時，他就發現自己「暴露在空氣中——這根本就是一趟身處寒風、極度寒冷的旅行」。[19]「國會標準」的列車，會應要求在車廂頂端加蓋、且一天至少跑一趟全程，費用為一英里一便士，每小時最低時速十二英里；如果公司可以應付得來的話，即使在最不便的時刻，也會按表操課。

為了避免和不屬於自己社會階級的人接觸，在很長一段時間中，有錢人搭火車旅行的方式，是把自己的蘭道馬車和大型四輪馬車放在平板貨車上拖運。當出身阿根廷的西班牙劇本家維加在一八五三年六月二十一日受某位西班牙大使館人員邀請，去切特西看一場皇家軍隊閱兵時，就發現了這個現象。[20]

也許迪斯雷利筆下德．莫布雷勛爵憂心的，是這樣的一種調性：「相互坦白、彼此寒暄——英國人的特質正在刷新」。這是一位作家在《季刊評論》上注意到，存在於鐵路乘客間的情況。最極端的意見是來自拉格比公學校長湯瑪斯．阿諾德，當提到倫敦往伯明罕鐵路的時候，他這樣說：

> 我很高興看到它，並且認為封建制已經永遠離我們而去了。

在這個案例中，阿諾德似乎已經成了時代的先知。話雖如此，鐵路也讓中上階級更常旅行。一八四九年，鐵路乘客較一八四二年整整成長了三倍。其中一名乘客是謀殺犯瑪莉亞．曼寧，雖然在她前往蘇格蘭的旅程中，沒有人報告說曾經跟她講過話。

由警察帶回

在和丈夫謀殺了歐康納五天後，瑪莉亞坐著一輛短程的出租馬車，從她居住的伯蒙德前往倫敦橋車站。她在放行李處寄放了一個裝滿衣服的大行李箱，然後又繼續搭同一輛馬車前往尤斯頓廣場站，那裡有倫敦往伯明罕的鐵路。她在一間毗鄰的旅館住了一晚後，在一八四九年八月十四日星期二早上六點十五分，踏上往愛丁堡的長途旅程。

甚至是像瑪莉亞這樣凡事無動於衷的人，在看到尤斯頓站壯麗的入口時，也很難不倒抽一口氣。尤斯頓站位在尚未完全發展起來的新路北端，據《一便士雜誌》描述，當穿過入口處的時候——

> 我們立刻感覺到運輸模式的不同，它就是這樣的一個地方。我們不是處在旅館的狹窄院落裡，跟腳伕與馬伕磨磨蹭蹭，也不會被行李所阻撓；每件事物的規模都如此龐大……「一等」和「二等」乘客有不同的出入口，也有不同的訂票櫃檯。當旅客通過這座大廳時，必須拿出車票當作通行證，好進入火車停駐、有頂蓋的院落。[23]

旅客所體驗到的這種變革，毋寧說就像下個世紀，當他們首次享受到航空旅行時的感受——一種純然的「現代性」。當某人搭著出租馬車——一種只能讓有限客人上下車的交通工具——抵達尤斯頓站時，一名腳伕會來幫忙開門、拿行李，並邀請旅客舒舒服服地走進車站；當旅客抵達月台時，會發現腳伕與行李已經在月台上好好等著了。

在尤斯頓站的外面，我們的目光首先會被七塊石板所吸引（其中兩塊至今猶存）；這些石板上面刻著鐵路會迅速帶你前往的地名，用鐵欄杆彼此相連。在中間聳立著巨大的尤斯頓拱門，更恰當的說法是神殿入口。在柱廊的後面是車站院落；當瑪莉亞走到它的末端時，會進入剛完工、鋪有馬賽克瓷磚的外門廊，然後穿越五個出入口之一抵達車站大廳；據一八四九年九月十五日的《倫敦新聞畫報》所述，這是一棟「不論在形式或規模上，都十分氣派莊嚴的建築」。它的長度為一二五英尺（三十八公尺），挑高六十二英尺（十九公尺），由高處的窗戶進行採光。一道宏偉的分岔階梯連結到中段的踏台，再連往一道更長的長廊，在其尾端是股東的特別室。在樓梯的腳下，聳立著一尊鐵路先驅者史蒂芬生的雕像。八座淺浮雕，雕刻著火車可以抵達的城鎮。瑪莉亞穿過玻璃門後，會抵達訂票處；花錢從不手軟的她，在那裡買了一張三鎊十七先令六便士，往愛丁堡的頭等車票——我們很難想像她會搭三等車旅行，讓自己坐在硬座位上任憑風吹雨淋，還要籠罩在火車頭的黑煙中。

在看到她的行李被妥善地放進行李車廂，並為它的過大尺寸付了額外費用後，瑪莉亞便在頭等包廂一側安置的三張舒適無皮套椅子中，安安穩穩地坐下來歇息。因為這裡沒有走道也沒有盥洗設施，所以我們可以假定她應該做了某些預先安排。不過，第一個停靠站——赫特福德郡的特林並不太遠，火車抵達大概只要一個小時。

倫敦和伯明罕鐵路，現在是倫敦與西北鐵路長達一千英里軌道的一部分；再加上大交會、曼徹斯特與伯明罕、以及利物浦與曼徹斯特鐵路，或許是人類史上除了萬里長城之外，曾經進行過的最大公共工程。它在空前的五年內完工，動用了兩萬名挖土工人，成本超過六百萬鎊。調查、工程，特別是管理的新技術，都是必要的。

在剛開始的幾年間，車廂必須要用鋼纜往尤斯頓站外的上坡拖一英里，直到康登、地面變成水平為止；在那裡有一個貨物站與規模龐大的貨棧，裡面裝配的蒸氣起重機與絞盤，每天可以處理數千噸的貨物。緊接著，旅客會感到一陣衝擊；從圓屋轉車盤喀擦喀擦開出來的火車頭，在這裡連上了火車——圓屋直到現在，仍然聳立在櫻草花山丘鐵軌的東邊。火車點燃蒸氣，走下櫻草花山丘隧道，開始加速，將在三英里哨站附近、圍繞最近開放的基爾伯恩通勤站興建的零零星星房舍拋在後面。少數火車會在這裡每天停靠，但鐵路並不常被通勤者使用；舉例來說，一八四九年在滑鐵盧只發行了一千五百張季票。[24]

理查德．道爾作畫、珀西瓦爾．雷伊撰文，兩人合作完成了一本《英國人的習慣與風俗：派普斯先生的日記》；這是十七世紀山繆．皮普斯日記的幽默版。當派普斯先生和他的妻子旅行到巴斯的時候，他們必須用手肘才能推開斯文頓車站的門閂。派普斯太太讓熱湯濺到自己的洋裝上，至於她那位拿著吃一半的火腿與小羊肉派的先生，則必須在兩人一起跑上火車之前，先設法解決自己手上還剩半杯的烈性黑啤酒才行。[25]

瑪莉亞必須在距離倫敦一一二英里遠的伯明罕轉車，然後再在新堡轉其他鐵路公司所屬的車，因此不到第二天，是無法抵達愛丁堡的。儘管如此，二十四小時和搭馬車所花費的時間比起來，不過是零頭罷了。

被逮捕的瑪莉亞在八月二十二日凌晨四點四十五分，在愛丁堡的莫西警長陪同下返抵倫敦。時值夏日破曉時分，經過整晚的旅行後，旅客們紛紛打著呵欠、伸著懶腰，準備離開火車。現在，火車滑下斜坡抵達尤斯頓廣場站的最後幾百碼路，跟一八三〇年代晚期相比已經今非昔比。狄更斯在《董貝父子》第六章中，有描繪這個區域在建設通往倫敦門戶時的景象：

> 房子被敲掉，街道被破壞與堵塞，地上挖出一道道深坑與溝渠，巨大的泥土與黏土堆拔地而起……這裡是貨車形成的混沌，打翻與混亂四處並陳……每個地方都有毫無去處的橋梁，從它們自己的地盤廣泛交錯，上下顛倒、飛天遁地……幹線道路完全不能通行。

但是等到鐵路建好之後，在第十五章中：

再也找不到像史塔格花園這樣的地方了，它已經從地面上完全被抹去。在老舊腐爛的夏季別墅曾經佇立的地方，宏偉的建築現在高聳過頭，周長巨大的花崗石圓柱，開啟了通往更遠處的鐵路世界遠景。過去傾倒廢棄物、景象一片淒涼的垃圾場，已經被掩沒且消逝無蹤；接替那骯髒景象的是一排排貨棧，裡面塞滿了好貨和昂貴的商品。老舊的小巷現在擠滿了各式各樣的旅客與車輛，新的街道則是令人沮喪地堵塞在泥濘與馬車車轍當中；在它們之中，又形成了城鎮……曾經毫無去處的橋梁，現在通向別墅、花園與教堂。

在尤斯頓終點站，當火車經電報獲得允許，可以從康登下坡的四分鐘後，一名警衛聽到它的接近，開始揮舞旗幟。腳伕趕緊各就各位，幾秒鐘後，火車便「像一條鑽出洞的蛇般」出現在隧道口。[26]慢慢地，噴著煙的火車頭逐漸減速，停下車，噴出大量蒸氣，而腳伕們也急忙打開車門，幫助乘客提行李。

電火花

當尤斯頓廣場鐵路終點站在一八三七年和一點二五英里外的康登連上電報後，旗語與其半軍事化的哨站，很快就變得落伍。一開始，電報是用來作為一種警告火車接近的設施，但這種新且即刻的溝通模式，很快派上了別的用場。

一八四五年一月，約翰．塔威爾在倫敦西方二十二英里遠、斯勞的白金漢郡犯下謀殺案，而且被看到登上了一輛火車；斯勞的站長立刻撥電報給倫敦，當塔威爾的火車抵達時，警方已經等在那裡。

一八四九年，電報在逮捕瑪莉亞．曼寧的過程中也軋了一角。瑪莉亞一被察覺搭火車前往蘇格蘭，蘇格蘭場督察海恩斯立刻「（用電報）拍出」她的樣貌給愛丁堡警察。一八四九年八月二十一日星期二，莫西警長回報給倫敦說，他已經逮捕了瑪莉亞，時間就在接獲海恩斯訊息的一小時後。這是個令人震驚的結果，雖然《笨拙》對這則新聞的反應似乎有點過於激動：

> 這是不可阻擋的閃電……電流的脈動——電線中產生的顫動——，以及白癡凶手在正義面前結結巴巴、臉色蒼白的時刻。

在短短三年內，有一千八百英里的軌道連上了電線桿，走去火車站「發個電報」，已經變成一種口頭禪。不過直到一八五〇年代，電信公司才開始雇用女性、在倫敦的幾個區域設立辦公室，街道也開始被電纜與後來的電話線點綴起來；這些東西變成了倫敦深具特色的街景，就像今天的手機基地台與電視碟型天線一樣。

發一份電報的價格相當昂貴，從發出去的訊息量來看也是如此：從倫敦到曼徹斯特送二十個字要八到九先令，到格拉斯哥要十四先令。[28]電報主要是被應用在鐵路運行上，以及被生意人所使用。它對股票經紀人和賭馬業者也很有用，這些人極需股價與賭馬賠率的即時變化資訊。

郵差的敲門聲

郵差是多麼奇妙的人啊，
當他們一家一家地催促著；
他的手中蘊含了多少混合的訊息啊，
從貴賤到貧富；
在無數時刻，他總是追尋欣喜的面容，
同樣在無數時刻，他也會看顧著悲傷；
當大門隨著他的咚咚敲擊聲打開，
當他快速遞出郵件；
每個早上就像時鐘一樣準時，
總會有某個人聽到郵差的敲門聲。

雖然這首歌被倫敦街頭的頑童詠唱、也被每一把手風琴所演奏，但它的作曲者索爾頓將版權賣給音樂出版商時只收到一幾尼，而且最後窮途潦倒，死在濟貧院裡。[29]

在一場針對新體系的激烈爭辯之後，一九三九年三月，隨著四萬冊擁戴議案的小冊子被縫進狄更斯的《尼古拉斯．尼克貝》第十二期，新的一便士郵政終於獲得國會批准。

鐵路再次發揮作用，促進了大量增加的信件、包裹與書籍流通。自一八四〇年一月十日起的幾年內，信件與包裹完全改由鐵路運送，這樣的速度比起古老的郵政馬車要快上兩倍。這造成了維多利亞早期識字的數百萬人，在生活上的最巨大轉變；它讓他們在遠離家鄉、或是和業務員、供應商與客戶做生意時，仍能與家人相互交流。

一八四〇一月十日，當從倫敦到愛丁堡送一封信——這裡的「信」，指的是一張紙對折後、用蠟「封緘」並在外面寫上地址的事物——的成本，從一先令一便士下降到只要一文錢，也就是先前費用的十三分之一（不過要由送件人負擔）時，巨大的改變應運而生。它就像二十世紀末引進電子郵件一樣，是一場革命。先前每張信紙被密封的時候，外面的信封都要另外索價，因此許多婦女因為付不起信封錢，只能在不知自己丈夫孩子音訊的情況下自行其是；但現在信封費被免除，不論裡面裝了什麼東西，只要重量不超過半盎司，寄到英國任何角落，都只要一文錢。六十萬枚著名的「黑便士」郵票幾乎是瞬間賣光，郵件的數量也在一年內加倍，達到一億六千九百萬封信件。郵差一天會到每個人的家門口送信六次，後來更增加到十二次；所以，在狄更斯的《大衛．科波菲爾》第四十四章中，當大衛遇到朋友特拉德時，可以寫一封備忘信告訴他的妻子朵拉說，他今晚會帶特拉德回家共進晚餐，並希望自己的訊息能夠及時抵達。

就像今天的電子郵件與手機一樣，早期維多利亞年代的人們，目睹了先前從不曾如此明顯、對於交流的需求。倫敦郵政的規模如此龐大，以至於首都必須分成十二個區，來協助分類整理。一九一四到一八年的戰爭期間，區被更加細分化，即使是指定寄到倫敦某些使用老門牌街道的信件，仍然可以透過新加上去、用金屬圓盤刻上數字的銘牌，來準確地進行參照；之所以如此，是因為臨時雇來的男女郵差，對於街道的熟悉度並不如過去的分類者，而且從軍中寄回的信件大量增加之故。

郵差在維多利亞時代早期，仍然被看成一種「送信人」；他們會穿著天鵝絨的制服，有著藍色翻領與袖口，還有藍色的背心。通常郵差敲門會敲兩次。現在因為郵資已經由送件者支付，郵差不需要另外收錢，所以人們也被鼓勵在前門上裝置一個敞開的投入口，以便郵差能直接把信件塞進來，而毋須敲門和等待。構造精巧的投入口，會在上面設置一個有鉸鏈的蓋子，以便於當信件投遞進來的時候，聲音能夠傳到室內。但是在一棟大房子中，你也許還是無法聽到你的信件被投進投入口、掉在地上的聲音，因此有一個積極進取的生意人發明了一種解決之道，來告訴居民他們有信件，這就是所謂的「迪恩信件鈴與信箱」；它不只會告訴你信件抵達，還會靈巧地用一個金屬籃捕捉住它，將它跟其他穿過門而來的事物放在一起。它的廣告詞警告說：「沒有它，極度重要的溝通往往得擱上幾個小時無人聞問。」[30]這可說是個賣產品來解決並不存在問題的好例子吧？

一八四三年，亨利·柯爾（Henry Cole），一位在郵政服務發展上扮演重要角色、對一八五一年萬國博覽會成功也頗有貢獻的公務員，引進了聖誕卡。第一張聖誕卡描繪了一個三代同堂的理想家庭（確實就是柯爾家自己的寫照），正在享用他們的聖誕大餐。很快地，每年都有數以萬計的聖誕卡被寄出。

不只如此，來自國外的信件也令人驚訝地快速。一八五三年六月十六日，造訪倫敦的西班牙訪客維加，接獲了一封來自馬德里、一星期前寄出的信；他還批評說，「通常只要五天就可以到了」。[31]

郵差會帶信上門，但如果你要寄信的話，得到郵局才行。在古早的年代裡，「傳達員」（bellman）會走在倫敦熱鬧的地區搖鈴，並且提著一個上面有縫隙的袋子，人們可以直接把信投進去。信箱出現在一八五二年，第一個信箱被設置在澤西，由小說家兼郵局員工安東尼・特洛普所引進；這是他看到法國的郵箱之後，見賢思齊的結果。在倫敦，第一個信箱或郵筒是於一八五五年，被設置在艦隊街與法靈頓街路口。[32]

倫敦的公車、遍布全國的鐵路、廣及大英帝國各角落的一便士信件，以及電報，都是早期維多利亞時代行將結束時，無所不在的事物；隨後到來的是地下鐵、有軌電車與電話。

第九章　「歡聲如雷，響徹全場」：倫敦的娛樂

外出走走

在一八四九年八月九日那個炎熱的星期四下午，當歐康納走過倫敦橋，踏上赴伯蒙德曼寧家晚餐——以及被謀殺——的路時，他的目光也許會掃過腳下的棧橋，然後想著自己星期天或許可以搭個早上八點出發、前往馬蓋特的蒸汽船，甚或在格雷夫森消磨一整個週末。這個對不想離開生意太遠的人來說算很近的地方，是受歡迎的休閒勝地，在那裡可以跳舞、放煙火、兜風、快艇俱樂部，還有羅許維爾花園，以及風車山丘陵別墅。不過，馬蓋特和更遠的拉姆斯蓋特，也是合適的度假地點；在杰羅德於一八四五年首刊於《笨拙》、不斷再版的大暢銷作品《考德爾夫人的私房教訓》中，考德爾夫人就老是跟丈夫糾纏不休，說要去這些地方渡假，以至於考德爾先生只能每晚在床上忍耐妻子的說教，然後想辦法讓自己入睡。

最後考德爾先生終於讓步，和妻子一起前往肯特郡北海岸的赫恩貝。一天，他們大膽跨越海峽，來到法國的布洛涅。雖然這是考德爾太太堅持要去的，但她並不喜歡法國；當他們回英國的時候，遭到一名法國海關的女性關員盤查，儘管並沒有攜帶過量的走私蕾絲、天鵝絨與絲襪，考德爾太太還是跟對方大吵了起來。她也對布洛涅海女裸露的大腿深感震驚，而且比較偏好她口中「真正

高雅」、位在布里克斯頓、巴勒姆、克萊姆、合恩賽與馬斯韋爾山等地的休閒別墅——這些地方在今天都是倫敦的郊區，但在維多利亞早期是半鄉村地帶。

來杯啤酒

考德爾太太總是不停斥罵丈夫造訪小酒館、跟「酒友」廝混的行為，當她經過喧鬧的酒吧，也會輕蔑地別過臉去。正如一位救世軍幹部說：「飲酒會引發包括痛苦、羞恥、麻木與良心等各種感覺，而酒精的刺激，會導致數以百計的人無法過著該有的正常生活。」對她而言，這些都是妓女才會碰觸的下流調調。[1]在一八四一年，一名每週賺十五先令到一鎊的勞工，大概一天只會喝一品脫啤酒，但就算是這樣，也得花上每週一先令又兩便士；某些家庭將他們收入的百分之二十以上，都花在飲酒當中。[2]

這是在家裡的情況，但相較於昏暗、老婆在燭光下疲憊不堪地洗滌、還有一群碎嘴吵鬧小孩圍繞的家裡，酒吧顯然就溫暖且令人愉悅得多。相較於兩千三百萬居民，倫敦共有七千家酒類零售商，也就是平均每三三三人就有一家，而幾乎每一百碼，就可以找到一家賣酒的商店。[3]一八四九年，英格蘭與威爾斯每人每年的啤酒消費量是十九點四加侖，也就是每人（包括男人、女人與小孩）每週三品脫；可是，如果考慮到循道宗與福音主義運動等禁酒主義者的實際人數，這個平均數字顯然有欺詐之嫌。許多人喝酒的量遠高於平均；他們不只在傳統的酒吧，也在新式的杜松子酒宮中，伴隨著明亮的煤氣燈與倒映的大量鏡子一起暢飲。狄更斯曾經寫過一篇文章，討論他口中的一家

「杜松子酒店」；在他看來，這家位在托特納姆宮路南端的酒店，是倫敦「下流與悲慘景象的一部分」。杜松子酒店極度的「光鮮亮麗」，有著「法式優美的桃花心木吧檯」；它的沙龍「既高級又寬敞」，負責上酒的則是兩名「穿著炫目服裝的少女」。在吧檯附近，可以看到兩名洗衣婦正暢飲著薄荷與杜松子酒。[4]

不過，姑且不論暢飲杜松子酒與烈酒，倫敦這個無與倫比的巨大都市，提供了範圍廣泛的大眾娛樂，而這些主要是仰賴消費者的口袋深度、愛好傾向，以及願意持續捧場的劇團。

許多娛樂仍保持著一如過往的傳統。舞台演出提供了廣泛的綜藝，但還有其他新穎的娛樂：逍遙音樂會、音樂表演，以及馬戲類的壯觀表演，比方說在阿斯特利露天劇場的馬術演出。某些東西確實新穎，但也在不停產生變化。

全景畫、透視畫與畫作展示

科學技術與其在機械設備上的應用，也溢入了娛樂世界當中。全景畫在維多利亞時代早期特別風靡一時；當約翰與羅伯特·博福德在萊斯特廣東邊展示他們的作品時，人們看到阿爾卑斯與喜馬拉雅山、拿坡里的月光、東方神秘的開羅、北極圈與約翰富蘭克林爵士的探索（他在一八四五年遠征天寒地凍的北方，結果失敗）化為環形畫片時，莫不嘖嘖稱奇。但是博福德的全景畫不像另一場或許是倫敦最轟動的展示那樣，並不會動。

這場轟動的展示，是紐約人約翰·班瓦德（John Banvard）的移動全景畫。這些緊緊抓住觀眾心靈的畫共有三十六幀，描繪著令人興奮、長達三千哩的密西西比河之旅，從北方的明尼蘇達源頭一直到紐奧良。班瓦德邀請了狄更斯，進行一場私人觀影秀；狄更斯剛剛在現實生活中完成了這段旅程的一部分，從而保證了班瓦德提供給觀眾壯麗景觀的真實性：

這是對這個奇妙地區，無可爭議的真實與值得信賴的展現——樹木與水、河川與大草原、偏僻的小木屋與叢林中拔地而起、人群聚集的城市——從頭到尾全都充滿了趣味。[5]

班瓦德的全景畫可以在埃及廳看到，這是一個落成於一八一一到一二年間，位於現在皮卡地里一七〇到一七三號，門前擺放著人面獅身像的展示空間。它的正對面就是時尚的伯靈頓拱廊街，直到今天它仍被稱為「埃及公寓」，以紀念它的原本名字。

班瓦德的全景畫立刻引發了轟動。畫布每兩小時在那些瞠目結舌注視著懸崖峭壁、孤立的小木屋、大草原上成群的野牛、印地安紅人的棚屋、踏上遲來的西部之路，由歐洲新移民組成的篷車隊、沼澤與短吻鱷、南方的江輪與碼頭，還有採集棉花、採伐甘蔗的奴隸。班瓦德將他的秀和風趣機智的記事相結合，某些人會從中發現北佬粗鄙的極致，但也有些人感到充滿趣味。他的全景畫獲致很大的成功，甚至獲得被邀請到白金漢宮的榮譽。

就像是半世紀後的默片電影般，它也有音樂作為伴奏。班瓦德自己會彈奏鋼琴、還有一種稱為「瑟拉芬」的小風琴。展覽的周邊產品也獲利非常好；班瓦德有出售活頁樂譜，其中也許包括了佛斯特最膾炙人口的那首〈噢，蘇珊娜！〉。

如果觀眾想看倫敦最壯麗的演出，可以搭一班沿著新路或是往攝政街、波特蘭坊上行的短程公車，再走幾分鐘抵達倫敦皇家競技場（Royal Colosseum）。這座競技場興建於一八二五年，坐落在現今攝政公園旁邊的皇家內科醫師學會位置上。這座競技場採多邊形結構，前面有一座古典式的柱廊。一進到裡面，人們會穿過一個垂掛絲綢的圓形大廳，以及排列成行的古典雕像；在競技場後面還有一個花園，裡面有遺跡如提圖斯凱旋門、灶神廟和萬神殿的複製品。在其中心聳立著藝術沙龍，裡面展示繪畫、雕塑與著名創作的鑄型。主要的娛樂是由會動的全景畫，又稱為透視畫（diorama）與圓形畫景（cyclorama）所構成，其中包括了「巴黎之夜」，這是由一個在巴黎上空盤旋漂浮的熱氣球所見的景象。在競技場的一側有個提供觀眾消遣的奢華小廳堂，觀眾可以獲得泰加斯河中載浮載沉、里斯本一七七五年大地震、還有驚人的閃電效果體驗。音效由稱為「Great Apollonicon」的巨大管風琴提供，它會演奏出莫札特歌劇《唐璜》中墜落地獄、轟然作響的音樂。競技場中主要的展示是一塊面積四萬六千平方英尺的全景畫畫布，描繪著倫敦周遭二十英里的景象；它的視角是從聖保羅大教堂的圓頂俯瞰，但沒有通常鋪天蓋地的烏雲與煙霧。當要觀看它的時候，乘客會被倫敦第一台液壓旅客升降機——稱為「上升的房間」（ascending room）——抬高到競技場的圓頂處。

稍微往競技場南邊走一點，在公園東路九號和十號、一棟由奈許設計、新穎時髦的聯排屋中，有一間稱為「達蓋爾透視畫館」的建築。維多利亞時代早期在煤氣燈、鏡子與音效上的創新，足以創造出一種幻象，來滿足從沒有看過任何會動畫面、覺得眼前照片既新穎又陌生的大量群眾。它採用了一種巧妙的燈光系統，可以立刻將柔和的風景轉換成波濤洶湧的大海，或是讓人產生一種深入到平面畫布中的幻覺。圓形的瀏覽區可以容納兩百名觀眾，他們首先會穿過一條昏暗的走廊，在一位接待員（一種在許多年後被電影院複製的經驗）帶領下摸索著前進。觀眾席會以七十三度的圓弧移動，但是觀眾接收到的印象是畫面自己在移動。經由一套複雜精細的燈光和稜鏡、百葉窗和滑輪組構成的系統，畫面以各種不同的方式相互融化，觀者則會看到一種接近電影的效果。

透視畫在產生出光與陰翳、陽光與陰影上非常有效。至於其他景象方面，這裡有一段它所提供、關於埃特納火山爆發的震撼描述：

首先我們看見晚上的月光，然後是太陽、接著是深夜。閃耀的光線從山上湧出；烏雲覆蓋了山頂，燃燒的熔岩改變了顏色，流動的液體火焰直奔而下。6

全景畫和透視畫提供了當後來照片比較好複製並打動人心時，報紙、雜誌與最終的電影所能創造的事物，也就是事實的保真度。我們可以看見自己在報紙上讀到的事物。就像後來的新聞影片一樣，全景畫是「和新聞同步的事物」；當下議院於一八三四年十月十六日遭祝融不過一星期後，一幅關於下議院毀滅的全景畫就展示出來了。

這些展示反映、並在某種程度上滿足了英國人對外國事物的好奇心。它們對威廉·弗里斯在十九世紀中葉著名的畫作如《火車站》、《賽馬日》、《拉姆斯門沙灘》等，也起了很大的推波助瀾效果。當特拉法加廣場的國家美術館在一八三八年開放給公眾後，接觸畫作成為可能；到了一八四〇年代，儘管《笨拙》不停抱怨美術館的差勁採光，前往展示室的訪客還是增加了兩倍。某個星期天，美國小說家梅爾維爾在艦隊街搭上一班全程公車穿越南倫敦遠到德威村；在那裡，他讚賞了英國最古老、有目的興建的公共美術館中的藝術收藏。[7]

從未有如此美好之事物

對機械與科學的好奇心，可以在攝政街精華地段的皇家理工學院獲得滿足：

> 我們列了一長串打算訪問皇家理工學院的清單，因為我們找遍全倫敦——甚至是全英國——，從未見過如此美好之事物。[8]

兩名在倫敦居留兩年半、修習船舶工程的印度學生如此寫道。理工學院於一九三八年，建立於新落成的攝政街，並在一八四一年接受亞伯特親王資助，冠上「皇家」之名，今天則是西敏大學的主要建築物。它確實是個極度與眾不同的參訪景點，因為它宣揚著科學與技術。它給予發明自由的空間，也為外行人提供一套課程與實際論證。只要一先令，我們就可以在一天中走訪皇家理工學院幾小時，並一直待到傍晚。當訪客瀏覽理工學院的三十個房間、特別是大廳的時候，會有樂團進行演奏；大廳有一百英尺長，裡面有一條迷你運河，點綴著船閘與造船廠的模型，還有印刷機等高度精密與專業的機器。在這些當中最吸引人的是一個三噸重的潛水鐘，乘客坐到裡面之後會下潛，還有一位潛水夫在水槽底部徘徊，蒐集周圍觀眾丟來的錢幣。沿著大廳的長廊，有各式各樣發明的模型陳列，這些都讓那兩個孟買的學生神魂顛倒。專家會教導煤氣、食品造假、電學和化學，也會實地使用顯微鏡，特別是接露倫敦市民日常引用的泰晤士河水中，豐富的動物生態。在大廳屋頂上有一間世界最早的照相館，地下則可以發現一間阿拉丁的寶庫；狄更斯在自己的雜誌《家喻戶曉》上寫道，這裡有著「變化無窮的精巧模型」。[9]

一八四七年，約翰．佩珀（John Pepper）被指派為皇家理工學院的化學講師；一八五二年，他成為學院的榮董與化學教授。佩珀設置了製圖、法語、德語、數學、化學與物理的正規課程，他還運用自己的專業技能，用鏡子產生出著名的「佩珀幻象」。這項技巧第一次被展示是在一八六二年聖誕夜於皇家理工學院，作為狄更斯《幽靈交易》的演出之用；據說在展示的頭十五個月，就有二十五萬人前來觀看，其中也包括了女王的長男、後來的愛德華七世。

另外也有一個近似於理工學院，但或許沒有那麼嚴肅的地方，叫做「國立實用科學藝廊」；它位在阿德雷德長廊中，坐落在河岸街出入口、洛泰爾拱廊的北端。阿德雷德長廊是一個狹長、有兩層樓的空間，一樓有一座裝有六千加侖水的迷你運河，上面有許多模型蒸汽船在航行。新的照相方式——銀版照相法，從一八三九年起在那裡展示；它會從屋頂進行取景，而且是自力發展出來的事物。氧化亞氮（笑氣）的麻醉性能之後才被實用化，但當時已經在那裡實地驗證，只是滿足好奇心的成分大於其他。最令人震驚的展示是蒸汽驅動的機關槍，它在一場極度喧鬧的驗證中對準一塊鐵板，在一分鐘內發射了一千發子彈。但是比起皇家理工學院，阿德雷德長廊已經每況愈下；到了一八四六年，科學展示已經消逝無蹤，阿德雷德也很快變成了一座舞廳。[10]

某些機械娛樂可以被買下、並在家自娛。在這當中，查爾斯．惠斯登爵士在一八三八年發明的立體鏡，可以讓左眼和右眼的視覺融合在一起，從而產生出三度空間的效果；由數學家霍納在一八三四年發明的西洋鏡（zoetrope），是一個鼓和狹長縫隙的連結，當鼓以一定速度旋轉的時候，它會讓貼在鼓裡面、和縫隙相對的連續影像，看起來像是在移動一樣。

「愚昧的未開化者」

一八四八年五月起，報紙開始刊載一艘有著亮麗油彩的三桅中國戎克船「耆英號」的文章與照片；這艘船以柚木造成，停在東印度碼頭鄰近布萊克威爾棧橋，蒸汽江輪繫泊的位置。這艘戎克船從中國繞好望角航行而來，中途拜訪過紐約，是首度在西方亮相。它的船員是中英混合，人們可以登船，並受到一流的中國官話接待，維多利亞女王和皇室家庭也曾經造訪它。

更方便體會這種風情的地方是在海德公園轉角附近的一座中國涼亭，堪稱是集中國風格之大成。在很多年間，它一直都是著名的地標；它有兩層樓閣，綠色屋頂由朱漆的圓柱支撐著。最後它被遷移到哈克尼的維多利亞公園，在那裡又聳立了超過一世紀。

撇開中國不提，倫敦人其實對異國風情非常感興趣。從一八一〇年起，擁有豐滿臀部的「黑色維納斯」——一位科伊科伊族的女性，非洲名字為薩拉．巴特曼，從南非被人帶過來——，便在公眾面前進行展示。有人以反奴法令為由告上法院，要阻止她的曝光，不過沒有成功。薩拉之後在二十多歲的時候，於巴黎的展覽中不幸過世。

一位遍覽北美原住民、並留下許多畫作的美國人喬治．卡特林，在倫敦的埃及廳展出了一群北美印第安人，為時五年。他們表演戰舞、狩獵水牛、慶祝和平的尖呼，還會實地演出箭術與球賽的技藝。維多利亞女王也邀請他們到溫莎堡，進行一場御前演出。

這些異國風情與「野蠻」的展覽，一方面激起了觀眾的好奇心，另一方面也鼓動了他們在種族和文化上的優越感。雖然卡特林的「紅蕃」仍然被形塑成所謂「高貴的野蠻人」，也就是沒有被歐洲文明開化的邪惡特質所汙染，但到了一八〇年代，種族理論家已經開始散播「其他民族較為低劣」的刻板印象。一八四七年，南非的布希曼人在一齣非洲背景的舞台劇中登場，《泰晤士報》將他們視為「愚昧的未開化者」，只比猴子稍微好一點。可是這種對陌生民族展現的興趣，很快轉變成一種熱切且感性、充滿同情的氛圍，這點反映在斯陀夫人描述美國奴隸的小說《湯姆叔叔的小屋》的大成功上。

倫敦最大的展示場地之一、一八一二年開始營業的埃及廳，是迎合拿破崙遠征埃及激起的熱潮而設立。除了設置班瓦德的動態全景畫外，埃及廳也包含了人面獅身像的模型、雕刻有象形文字的石頭，以及來自其他眾多異國外地的無數珍奇古玩。長頸鹿、犀牛與大象的模型和非洲印度的植物與珍品擺放在一起，拉普蘭人、埃及木乃伊與貝都因人戴面紗的模型各據頭角。埃及廳也出租場地，給那些想秀出自己「稀奇古怪」展示品——比方說多肢症兒童、暹羅雙胞胎（連體嬰）、沒有四肢的女子、或是六歲的鋼琴家、印地安少女歌舞團、以及號稱「現代參孫、神力一拳碎大石」，能夠用牙齒舉起五百磅的壯漢等——的人一個空間。由於具現代感的專業博物館這時還沒登場，所以埃及廳在一八四〇年代，曾經幾度展示過透視能力者、緬甸的皇家馬車、還有塞恩斯伯里（John Sainsbury）大量有關拿破崙的遺物收藏。著名的「拇指將軍湯姆」——一位侏儒，在一八四四到四六年間，和林林總總的各式矮人、巨人，以及照例必有的長鬍子女人一起，被傳奇的美國策展者巴納姆（P.T.Barnum）展示出來，湯姆最重要的事務就是站在椅子上，進行模仿拿破崙的演出。這個劇場被引進埃及聽，還被邀請到溫莎城堡進行演出，據說維多利亞女王看了龍心大悅。[11]

「稀奇古怪」是為了錢被拿出來秀的事物；政治正確頂多做到讓人們恥於帶著娛樂眼光，去看伯利恆醫院（一個極度無秩序，甚至成為英文字「精神病院」（bedlam）語源的地方）精神病患的程度，但其他稀奇古怪的人又該怎麼活下去呢？如果巴納姆或其他人對這些人的福利有負起責任並善待他們，那要說策展者剝削這些人，恐怕會被認為是荒謬吧！

恐怖屋

倫敦人也會付一先令的入場費，來拜訪杜莎夫人位在貝克街上的蠟像展示館。館中包括了一間著名的「恐怖屋」，這間屋子要額外收六便士費用，它的一大賣點是觀眾可以跟伯克與海爾作伴，這兩名凶手將謀殺的屍體供做解剖手術之用。一八四九年，杜莎夫人在屋內又展示了一座詹姆斯．羅許的新蠟像；這名諾福克的農夫射殺了地主、地主的兒子，還殺傷了受害者的妻子與女僕。這起多人槍擊案因為它的非理性與殘暴，讓渴求感官刺激的大眾深感戰慄與魅力。在審判中，羅許為自己辯護，並試著證明自己跟女主人艾蜜莉．斯坦福在一起，而非在謀殺現場，但最後還是屈服於嚴格的訊問之下。雖然這場殺戮是因為平凡無奇的抵押、貸款與租約所引爆，記者還是暗示羅許是受到革命煽動者鼓動，而這更增添了公眾的焦慮與興趣。

瑪莉亞與腓特烈・曼寧也曾好好讓自己享受一天，去恐怖屋看了羅許的蠟像。腓特烈問向他們分租房子的醫學生馬賽，他認為凶手死後會不會上天堂，同時也問了毒藥的效果；這些都成了曼寧謀殺案審判中有趣的證據。相當戲劇性且諷刺的是，就在不久後，腓特烈與瑪莉亞自己也成了杜莎夫人的展示內容。

就跟拿破崙的馬車一樣，維多利亞女王在一八三七年的加冕典禮，成了蠟像館的永久展示內容；那輛馬車是在滑鐵盧戰役中被擄獲並獻給攝政王，攝政王後來將它送給了埃及廳，而杜莎夫人又從埃及廳那裡買下了它。杜莎夫人總是在更新她的模型以及戲劇場面；在照片出現之前，她給予人們最確切且最栩栩如生、有關當時政治家如皮爾、羅素、巴麥尊等人的複製品（也許比照片更好，因為她的模型是彩色的），也提供舞台明星威廉・麥克雷迪（William Macready）、歌手珍妮・林德等人的蠟像。

杜莎夫人使用亮麗的煤氣燈、鏡子、沙發甚至是交響樂團，提供非常高品質的產品。不過，某些她展示的拿破崙個人遺物會用內部機械來加以驅動；在這方面，她很熱中於當時倫敦展示者試圖拿來吸引首都日益成長、熱愛奇觀奇事群眾的精巧手段。舉個例子來說，在河岸街一家所謂的「解剖學蠟像館」中，人們可以看到一具女性遺體被解剖；根據描述這場秀的傳單所言，那具遺體是米羅維納斯的。當然，這場奇景秀不敢指出自己的主要目的是要挑逗關於性的好奇心，而是堅稱它的目的是要展示「上帝造物的秩序與美」。他們另外也會安排私下展示，給那些主張「宣傳不實」的端莊淑女。[12]

「不，他們不會動」

倫敦的紳士們可以欣賞到一種有點暗示性的演出。基於「法國來的東西總是比較大膽性感」這一原則，瓦頓夫人與凱勒「教授」（這個頭銜通常是偽稱，而不是真的與大學有所關連）將某種靜態的肢體語言（poses plastique），放進所謂的活畫面（tableaux viviants）之中；這種活畫面通常是採自歷史、聖經與神話，而且會有裸露部分。就像一個世紀後在風車劇院的演出般，所有參與畫面的演出者都不能動。在一八四〇年代，裸露部分會用粉紅的「肉色」緊身衣來假裝。新聞工作者薩拉在倫敦庸俗娛樂世界的中心——萊斯特廣場的薩維爾廳，觀看了一場這樣的表演；當時，飾演伊甸園中亞當的男演員突然因為逃兵的緣故被逮捕，然後只在肉色緊身衣上套了一件大衣，就直接被帶走了。[13]

亮片與鋸屑

西敏橋路的阿斯特利露天劇場，是倫敦最大的恆常性表演秀之一。狄更斯在他的小說《老古玩店》中，掌握了造訪阿斯特利的氛圍：

阿斯特利是一個看起來多麼了不起的地方啊，不管油漆、鍍金還是鏡子都是如此！朦朧的馬匹味道，暗示了即將到來的神奇，布幕容納了那些光彩奪目的神祕；馬戲表演場上清晰的白色鋸屑，陸續進場各就各位的團隊；小提琴手一邊演奏樂器，一邊漫不經心地偶爾抬頭望向場上一眼。當小鈴鐺響起，音樂真真切切展開時，掀起的是多麼大的狂熱與刺激啊！

參與演出的有小丑、雜耍演員和魔術師，但真正壯觀的還是馬術表演。馬匹被訓練成會裝死、從舞台的活板門躍出，再往下跑回門內，還會坐下來吃東西。著名的表演騎手安德魯．杜克羅（Andrew Ducrow），通常扮演著馬背上的英雄。他的偉大劇碼是「馬澤帕的騎馬」（譯按：馬澤帕是彼得大帝時期烏克蘭的獨立運動領導人，據說他曾經被裸體綁在馬上放逐。），在演出中，他會被仰臥著綁在馬上；至於最受歡迎的劇碼，則是「滑鐵盧之戰」。杜克羅其他戲劇性的作品，還有「火燒莫斯科」、「耶路撒冷的十字軍」、「征服墨西哥」等。一八四九年夏天，他發表了新作「新大馬術軍事奇景」，副標題為「木爾坦與古吉拉特」或「征服錫克人」，這項演出讓觀眾也能感同身受地分享最近英國軍隊獲得的勝利。就算描述不像全景畫或透視畫那麼確實，阿斯特利劇場中吹響的軍號與大砲的火焰也可以補足它，特別是給孩子們一種震撼的享受感。

「日益惡名昭彰的巢穴」

夏天，沃克斯豪爾與克雷莫恩花園是人們常去的地方。沃克斯豪爾位在今日亞伯特堤岸的後方，它的樹叢、林蔭散步道、雕塑與五彩繽紛的燈籠，夏夜晚上的煙火，小瀑布與升空的熱氣球，都廣泛被維多利亞時期的小說所提及。當薩克萊的《浮華世界》在一八四七年以月刊連載方式首次問世的時候，老讀者們看到書中主角群的描寫，莫不被勾起濃濃的鄉愁，從而沉浸在三十多年前，在那裡消磨一晚的記憶當中。那邊的茶點攤會賣切片的火腿，這種火腿的薄度曾是市井之間最古老的笑話之一。一八三〇年代，狄更斯喚起了沃克斯豪爾的夜之魔力：

宮殿、沙龍、西洋鏡與噴泉，在我們的眼前閃耀奪目；美麗的女歌手與儀態優雅的紳士，深深擄獲我們的心；將近十萬盞附加的燈火，讓我們為之炫目；一兩碗黃湯下肚，讓我們的腦子變得昏昏沉沉——對這一切，我們都感到很開心。[14]

沃克斯豪爾有一間劇院，人們可以在裡面聆聽著名女低音維斯德麗夫人的演唱——這位女士因為在演出某些角色時穿著女用燈籠褲，而被人批評可恥，也可以聆聽著名男高音布拉漢（John Braham）演唱「櫻桃成熟時」。在那裡還有晚餐俱樂部、冰窖，另外還有一棟名字跟「Heptaplasiesoptron」一樣拗口的醒目建築物。這棟建築物展現了當代對光影幻象的熱情，它由旋轉的玻璃板構成，會反映出柱子、棕櫚樹、大蛇的模型與噴泉。在夏季中旬，沃克斯豪爾會舉行「滑鐵盧祭」，在祭典中會用公爵冠冕與桂冠烘托出「威靈頓」字樣，交響樂團會演奏軍隊進行曲，還會放二十一響禮砲；最後還會有另外的烘托，公爵的頭像會被戰利品眾星拱月地環繞在其中。[15]

然而，沃克斯豪爾花園很快開始被視為有點不堪。在緊接《浮華世界》後的小說《潘丹尼斯》中，薩克萊提供了沃克斯豪爾更加嚴酷的現實畫面：

這座讓人愉悅的花園變得多麼昏暗骯髒，看上去又是多麼破爛啊！[16]

女人也許會被勾引，在草叢裡也可見到「做那種事」的人。沃克斯豪爾花園被迫將自己的入場票價砍半；雖然它有著艷俗的吸引力，但確實墮落成一個低端場所。它已經變成一塊吸引浮浪顧客、還有年輕男人把妹的大磁石；他們要把的對象是那種熱愛一邊旋轉一邊尖叫，跳著聲名狼藉的新舞蹈波爾卡舞的女性——跳這個舞的時候，男人會不知羞恥地在眾目睽睽之下摟起女舞伴的腰。沃克斯豪爾很快被描述成「倫敦低端生活日益惡名昭彰的巢穴」。[17]有關客人粗野吵鬧、前往當地高昂的出租馬車費與過橋費的抱怨翻倍成長，更別提該園販賣的飲食品質是有名粗劣了。沃克斯豪爾花園最後在一八五九年關閉，這個名字如今只能在強納森與提爾斯街處追憶，那裡還寫著在它寧靜安好的十八世紀歲月裡，負責管理這座園子的經理人名字。

沃克斯豪爾的對手是克雷莫恩花園，它位在泰晤士河北邊、巴特錫橋的西方，開幕於一八四〇年代。數以百計的人們在夏天搭著江輪來到那裡，付一先令的費用入場。克雷莫恩以擁有一座劇院、一座保齡球沙龍與一支交響樂團自豪；在園內有木製的散步道，令人心曠神怡的蔭涼處，還有一座跳舞的平台，以及無所不在的東方涼亭、殿堂和瑞士農莊。克雷莫恩也會在湖邊舉辦自己獨特的秀——水上競技錦標賽。劇作家維加是罕見造訪倫敦的西班牙訪客，他在一八五三年的一個傍晚，描述了克雷莫恩的景象。他注意到湖邊有假山環繞，還有港灣與船隻。忽然間交響樂團停止演奏，船隻從假山間冒出來，開始發射火箭與鳴槍；最後這些船隻在多彩多姿、圖樣繽紛的火焰中爆炸了。[18]

當夏季夜幕低垂之際，你可以在長長的宴會廳中買一份半克朗的晚餐，然後一邊讚嘆煙火秀與薩基夫人在六十英尺高空走繩索的特技表演，一邊享用它。[19]在白天，那裡會有查爾斯．格林——海報宣傳上寫著「飛行者」——的熱氣球升空秀，色彩繽紛的熱氣球飛翔在首都上空，有時甚至會有特技演員抓住懸掛在吊籃下的高空鞦韆，表演高速旋轉或擺盪。在花園裡還可以看到焦耳（Herr von Joel，腹語術表演家）唱著約德爾調（譯按：一種瑞士民歌，最有名的就是真善美裡面的人偶劇歌唱），四處漫遊。

克雷莫恩花園也會雇用阿斯特利露天劇場、以及近衛騎兵團的人員舉行馬術秀。它也會舉行演奏會與芭蕾，從節目的名稱《為愛瘋狂》（*L'amour et la Folie*），可以知道它是帶點情色（risque）的內容。克雷莫恩雖有點俗豔，但它並沒有一蹶不振，直到維多利亞世紀非常晚期，客人的行為開始引起鄰近居民抱怨為止。一八七七年在遭到拒絕換照的情況下，克雷莫恩花園關閉了；現在花園的原址，聳立著茲路發電廠。

在街上

馬拉的公車很慢，出租馬車很昂貴，交通又極端堵塞，所以大部分人仍然採用步行的方式穿越倫敦，來展開他們的旅程。當人們走在路上時，可以看到的事物堪稱五花八門。雖然在街上踢足球、打拳、鬥雞是被國會立法禁止的，但街頭表演仍然隨處可見。有些人會展示自己的動物園，在裡面貓、老鼠和鳥溫順地住在同一個籠子裡，這種秀被稱為「快樂家庭」；他們希望透過這種展示，能夠從觀眾那裡贏得幾便士餬口。一八四九年在首都，大概有五個類似性質的不同街頭秀在演出，其中最大規模的有五三四隻鳥與動物同居一籠，其展示的場所是位在滑鐵盧橋的南端。

在街上有雜耍演員、變戲法的人、可以瞬間演奏好幾種樂器的音樂家、木偶秀、大力士、魔術師與吞火人，還有叫賣通俗詩句的小販，這些詩句通常都有關時事，比方說在一八四九年秋天和夏天，當瑪莉亞・曼寧等著被審判的時候，就有大量關於她的詩被拿出來在街頭販賣。

市集中的諸多趣味

格林威治市集是倫敦附近最著名的大眾娛樂場所，人們可以在那裡好好玩上一場。那裡有穿著綴有亮片短洋裝的跳舞女郎、有小丑、可以一直跳舞到晚上，其中包括了光標題就很吸引人的「法式下巴與肩膀舞」；那邊還有賣食物與便宜玩具的攤位、有進行奇特展演的「街頭秀」（raree shows），震耳欲聾的錫製小號、以及理查森秀（Richardson's Show）——這是為沒有耐心的觀眾準備的秀，在三十分鐘之內將悲劇、啞劇與幽默歌曲全都合而為一。如果你喜歡這類型的事物，那一定能玩得相當開心。德國小說家兼詩人馮塔內指出，格林威治是很喧鬧的地方，女孩子總是到處亂跑，還喀擦喀擦地製造噪音。[20]到最後，格林威治因為便宜利口酒與酒鬼的惡臭，還有威脅、詛咒與暴力的倫敦式粗話而墮落了。

對十九世紀的中產階級而言，格林威治是僕人去的地方。狄更斯描述大衛・科波菲爾如何弄到必須要解雇一個女僕，原因是她戴著科波菲爾太太的帽子跑去了格林威治。從中倫敦出發，漢普斯特德荒野也有一座市集，而且比較近。馬克思在一八五〇年代生活在蘇活區的狄恩街二十八號，他在夏季星期天時會帶著他的家人去那裡，在當地一家著名的酒吧、靠近圓池（Round Pond）的「傑克史特勞城堡」買些薑汁啤酒與起司。

「噢，我來自阿拉巴馬，在我的膝上放著一把五弦琴」

另一項非常受歡迎的娛樂以今天這個年代來看，似乎相當遙遠且不怎麼討人喜歡；但是「黑白綜藝秀」（Black and White Minstrels）一直好好地存活到電視時代。這種秀第一次出現在倫敦，是丹．埃米特率領的維吉尼亞綜藝團，一八四三年時，他們在河岸街的阿德爾菲劇院為爆滿的聽眾表演。接著有衣索匹亞小夜曲歌手在一八四六年登台，表演他們的歌曲、舞蹈、笑話，以及「五弦琴與彭斯先生」中的角色。[21] 街上的街頭藝人會模仿他們把臉畫黑，唱起「老庫恩先生」與「水牛城姑娘」，當然也幾乎不會遺忘那首著名的「喔，蘇珊娜！」

「哈雷路亞」

並非所有倫敦娛樂都是壯麗或粗野的。一股對樂譜演唱的狂熱在一八四〇年代席捲了全國；這股熱潮的開端是約瑟夫．邁因澤（Joseph Mainzer），他在一八四一年從德國渡海而來，並想出了一個聽起來很像是屬於二十世紀中葉、而非維多利亞早期的口號：「為百萬人而唱」。大眾演唱的最大場地之一是河岸街的埃克塞特廳，那裡也被使用來舉行政治與宗教會議，以及禁酒、反奴運動的集會場。埃克塞特廳的遺址，現在是河岸街宮殿飯店。

大眾演唱的意圖，是要下層階級放棄飲酒，並鼓勵他們愛國、勤勉。就像勞工可以在技工學院（Mechanics' Institutes）補足某些孩提時期無法享受的教育般，歌唱運動也和當代「改良勤工階級」的刺激攜手合作。可是，要把那些習慣喝杜松子酒和琴酒的酒鬼吸引去參加大眾演唱，其可能性似乎不比叫他們去埃克塞特廳聽復興運動傳教者講道，或是在一八四八年聖誕夜坐在三千名聽眾當中，聆聽韓德爾的《彌賽亞》，又或者再早一年的孟德爾頌《以利亞》——神聖和聲協會（Sacred Harmonic Society）曾經在維多利亞女王夫婦御前，用合唱隊與五百人交響樂團演出它——來得更高。一八四〇年代可以看見一股宗教清唱劇（oratorio）的熱潮，韓德爾和孟德爾頌是最受歡迎的作曲家。薩拉寫道，清唱劇被尊為「心態嚴謹中產階級的歌劇」。[22]

大型交響樂團舉辦的演奏，在世紀中也很受歡迎。留著大鬍子、身穿白背心的路易－安托萬・朱里安（Louis-Antoine Jullien），是倫敦音樂場景中最響亮的名字之一；他在可以容納一萬兩千名觀眾的薩里花園，指揮著有三到四百名演奏者的交響樂團。這些演奏會通常是在夏季傍晚舉行，並在夜幕低垂時結束，最後會以施放煙火作結；然而，就算是最壯麗的煙火秀，也比不上朱利安的四百人交響樂團、三個軍樂隊、三個合唱隊，以及在二十把小號領軍下、吹奏隊列長達三碼的「羅馬進軍」。[23]到了冬天，朱利安會把他的演奏場子設在德魯里巷劇院；在那裡，群眾會站著聽音樂，如果有空間的話，則會走到正廳後座，因此被稱為是一種「散步式」的演奏會。梅爾維爾似乎很少在傍晚逗留，但他在一九四九年十一月六日，付了一先令去聽一場這種所謂的「逍遙音樂會」

（prom）。

「經營管理保留了正確的部分……」

熟門熟路的觀眾，會到位在帕摩爾與乾草市場轉角處、女王陛下劇院的義大利歌劇廳捧場。一八四七年五月四日，「瑞典夜鶯」珍妮．林德舉行了她的英國首演，演出梅耶貝爾的《Robert Le Diable》，受到滿堂喝采。林德的私生活清白無暇、聲音無與倫比，長長的人龍爭相付高價來索取她的票。林德可以大量吸金，但那兩位寫下自己旅居倫敦記錄的孟買帕西人——諾蘭吉與梅萬吉，認為英國人給芭蕾舞星塔里奧尼夫人（Madame Taglioni）一晚一百五十畿尼，實在是很荒謬，畢竟「她就只是在那裡跳來跳去而已」。[24]

柯芬園劇院在一八四七年重新設計成皇家歌劇院，開幕劇是羅西尼的《賽密拉米德》。不過它的名聲有一點差，因為那邊的酒吧常常會有妓女徘徊。德魯里巷的皇家劇院也是聲名狼藉，因為妓女常在它的大沙龍招搖過市，直到演員麥克瑞迪在一八四一年成為經理，並制止她們的行徑為止。柯芬園與德魯里巷都是非常大型的場地，缺少在小廳中的那種親密感。攤販會在德魯里巷演出的時候進行叫賣，這也導致它本身很沒秩序。當地的正廳後座很熱鬧，因為有沒劃位的硬式長椅可坐。婦女四處漫步，拿著大籃子販賣蘋果、橘子、堅果與薑汁啤酒，就像是兩世紀多以前，奈爾．圭恩（Nell Gwyn，譯按：舞台劇演員，英王查理二世的情婦）在查理二世時演出的情況一樣。

可是，在劇院中的行為，正隨著觀眾一起改變。在某方面，眾人的行為仍然頗為放縱；觀眾對於對演員咆哮、發洩憤怒的行為還是很寬容。當狄更斯在一八四一年拜訪薩德勒之井劇院時，他就發現觀眾「很兇惡」、動不動就詛咒人、辱罵人、爭吵不休。不過，之後這家劇院被置於手腕非常強硬的薩繆爾・菲爾普斯（Samuel Phelps）之下，他竭力讓觀眾坐下並聆聽莎劇，就像他們在教堂聽訓一樣。沙德勒之井在一八四〇年代後半是莎劇演出的頂峰、名聲響亮，光是《哈姆雷特》一劇，其反覆演出的程度就跟其他大部分表演不相上下。知名演員麥克瑞迪，在一八四九年於此擔綱演出《李爾王》。對此印象深刻的狄更斯在十月二十七日的《觀察者》上寫道：「（觀眾）紛紛站起來向麥克瑞迪致意，爆發的如雷掌聲震動了整棟劇院。」[25]

直到一八四三年，柯芬園和德魯里巷都享有戲劇演出的壟斷性地位。其他劇院被允許提供「戲劇性質的音樂演出」，它們表演的是輕歌劇與喜歌劇（burletta）——通常是有韻文的音樂演出；慢慢地，演說部分變得愈來愈長，音樂部分變得愈來愈短，不過在這些地方提供的，是某些不會被認為侵犯到兩大劇院壟斷權的音樂。一八四三年國會結束這種壟斷後，在倫敦有二十家以上的劇院，都開始進行不加音樂的演出。

劇院管理以一流的新劇院來做出回應，同時也約束它們的聽眾要更克制自己的情緒。維多利亞時代的丈夫會帶著妻子去看杰羅德的《黑眼蘇珊》這是一部受歡迎的情節劇，內容是關於一名水手為了保衛妻子的貞節而毆打官員，遭到判處死刑，結果在最後一刻獲得免死的故事。它是在派丁頓教堂街的馬里波恩劇院演出，當時它已是一間管理良好的劇院。狄更斯在一八四九年五月十二日的《觀察家》上寫道：「觀眾隨著心情起伏，或哭或笑。」接著他又說：「指出這間劇院的甜點跟它的管理一樣值得推薦，是個令人愉悅的義務。」[26]

「放開我，先生！」

德魯里巷、柯芬園與西區劇院都很昂貴，但另外有大量的場所提供六便士以下的戲劇演出。一八五〇年，狄更斯拜訪了泰晤士河南端蘭貝斯的皇家維多利亞劇院，這家劇院之後被暱稱為「老維克」。他在那裡觀賞了一齣稱為《梅．莫寧或一七一五年之謎與謀殺！》的情境劇；「梅．莫寧」是這位主角的名字。在這齣戲劇中，女主角令人心醉神迷，男性角色則是高貴與卑鄙惡棍皆有。正廳後座的票價是六便士，頂層樓座則是三便士。當時整個廳都坐滿了。雖然根據狄更斯的報告，某些觀眾看起來一點都不整潔，但這位小說家也有觀察到某一些心情愉悅的勞工們，帶著妻子前來。他們也會帶自己的小孩同行，還會帶一些冷掉的炸魚，與石頭瓶裝的酒品，因此很難期待這些觀眾會有什麼莊重的表現。人們在這種傍晚的娛樂裡，吹口哨、發出噓聲，還自顧自地大吼大叫。他們不會容忍拖延，並且會盡自己的本分，大聲指揮布景人員。[27]

在比較低一點的層級上，狄更斯也會去拜訪霍克斯頓的大不列顛沙龍（Britannia Saloon），之所以稱為「沙龍」，是因為通往這間劇院的唯一一條路，必須穿過酒店本身的沙龍吧檯。這裡可以讓闔家欣賞情境劇，享受一個晚上。狄更斯注意到一般人都坐在後座，演出則是受到他們所引領。他們不會像在大部分戲院中那樣，在樓上大聲咆哮，每個人都很彬彬有禮，雖然圍繞著密集的人群，一直有火腿三明治與其他食品的叫賣聲，而且觀眾的味道也不是太好聞。[28]

美國作家梅爾維爾，則是在河岸街的皇家蘭賽姆劇院（Royal Lyceum Theatre）看了維斯德麗夫人與她丈夫查理．馬修斯的登台演出。他花了一先令坐在樓上位置，明顯驚訝地注意到那邊的人們行為相當端正，雖然有個人拿著酒壺與杯子四處走動，逢人就說「黑啤酒，紳士們，黑啤酒！」（黑啤酒是種受歡迎的啤酒，後來被稱為「stout」）。接下來，他又去了牛津街的公主劇院，同樣花一先令坐在樓上。

「低級劇院」

那些甚至付不起三便士這種小錢、但又想要來點娛樂的人，可以到所謂的「低級劇院」（Penny Gaff），這些劇院正如其名，是花一文錢來看人胡鬧。它是由一個房間、有時是空閒店鋪所構成，在那裡每晚都會演出下流的歌曲與啞劇。低級劇院很投青少年群眾的緣，這些青少年寧可群聚在街頭，也不願回到那一到兩房的骯髒房間，聽父母爭吵不休，以及小孩的哭鬧不停。光是在南倫敦的新卡特區，就有三間低級劇院，它們的表演從晚上六點一直到十一點。詹姆斯．格蘭特（James Grant）在一八三八年出版了他的《倫敦速寫》；據他計算，每晚有兩萬四千人光顧低級劇院。[29]就像早期的電影院，低級劇院被批評為助長了青少年犯罪。有著光禿禿的磚牆和木製的桁，接近觀眾、用燭光照明的舞台，繪製粗糙的背景，以及難有登大雅之堂的橋段、也很難要老闆付出微薄薪資的演員，低級劇院都上演些像是《紅鼻子野獸與山上的暴君》、《史溫尼．陶德與戴蒙．巴柏》、《瑪莉亞．馬騰與紅色穀倉》之類的情境劇；不過，他們也會登台演出刪節版的莎劇《哈姆雷特》。每一場演出僅僅半小時，接下來是單調的歌曲。《奧賽羅》與《馬克白》也是受歡迎的劇碼，或許是因為這些劇血肉橫飛的緣故吧！低級劇院像是早期音樂廳（Music Halls）的前身，演員和觀眾會用俏皮話、下流的辱罵彼此「交流」，偶爾還會共享水瓶——或是互砸。

「各位先生女士，這可是超、超、超大的花費……」

當時序邁向維多利亞早期告終之際，第一座音樂廳在永遠的大眾娛樂中心——南倫敦開幕了。第一座音樂廳叫做薩里、後來改稱溫徹斯特，位在南華克橋路上。一八四八年，坎特伯里音樂廳在西敏橋路一四三號開幕。它有著非常奢華的裝潢，還有司儀負責報「節目」；所有人都號稱是用「超、超、超大的花費」雇來的從業人員。坎特伯里的蘇格蘭「高地淑女」，以及它的黃段子，還有體型豐滿的女歌手，都預示著一個新時代的到來。坎特伯里的經理——充滿進取心的查爾斯・莫頓，引進了「週六音樂夜」。娛樂是免費的，但是客人得花費超多錢在食物與飲料上，所以莫頓很快把音樂廳擴充到可以容納一千五百名觀眾，現在客人得付六便士來坐在桌邊，或是付九便士坐樓上。之後雇用萊布恩（Geoffrey Leybourne），讓他演唱經典民謠《我的名字是香檳查理》的，也是莫頓。

「你該死的雙眼」

疲於哭泣小孩與碎嘴抱怨老婆的丈夫，也許會自行出外，奢侈地花個兩先令在柯芬園附近著名的賽德爾地窖（Cyder Cellars），享用一頓晚餐秀。它是有歌曲和晚餐的空間之一——另外一間是煤礦洞（Coal-Hole），以及稍微高檔一點的艾凡思餐廳——，從晚上十點開放到午夜兩點，入場者僅限男士。荷包蛋和烤馬鈴薯，是最受歡迎的餐點。觀眾享用食物、抽菸，也歡唱。佩西瓦爾．雷伊筆下的皮普斯先生——他的漫畫期刊由《笨拙》出版，就在一八四九年三月十日造訪了賽德爾地窖。他消費了腰子和黑啤酒，接著又點了白蘭地和雪茄。他聽了羅斯（G.W.Ross）的表演，內容是有關煙囪清掃工山姆．霍爾的恐怖傳說。羅斯將臉用煤灰弄黑、戴著一頂鬆垮垮的帽子，抽著一根陶製的短煙管；他從椅子上俯身向前，就像是從載他去刑場的死囚的死囚押送車裡探出身子一樣，詛咒著觀眾說：

我將會在地獄看見你們所有人，
希望你保持好你的捲髮，
還有你該死的雙眼。

在煤礦洞，德國劇作家馮塔內看了一齣有關法庭的滑稽劇，叫做《法官與陪審團》。他用清晰的洞察力，寫下這樣一段話[31]：

整體的表現非常有趣。它所展現的重要事實是，英國可以寬容對它的最高當局與最古老機構，做出這樣的嘲諷。

改善人心

擁有向上提升抱負的倫敦人，會把重點放在改善人心上，而改善的手段是利用維多利亞早期的行政政策；這些政策意圖使公共場館如聖保羅大教堂、西敏寺與大英博物館，更加親近平民百姓。據《笨拙》與報刊所言，這陣子群眾在公共事務方面的行為有明顯改善。福音主義或是「嚴肅的」技工在下午出門時，都會避免格林威治市集那種低俗的娛樂，而是偏好欣賞大英博物館的玻璃展示櫃——它在一八四七年開放了好幾個新的藝廊。結果下一年的訪客總計來到八九七九八五人；相較之下，二十年前拜訪展覽的人不過是八一二二八人。[32]

在哈克尼，東區林立房舍的都市之肺——維多利亞公園正式開放，同時攝政公園的動物園也自一八二八年起開園。公園經理大衛密切爾，將每個星期一的入園費減少到六便士；透過獲得大量新而恐怖的鄙陋觀眾，他增加了動物園的流行程度。格雷托瑞斯牧師在他一八五五年七月二十三日的日記中說，他去了動物園，看見新抵達的河馬與新的鸚鵡展示館。同年的一月二日，他到肯辛頓花園的圓池稍稍閒逛一下。甚至是美國的保齡球，也會在河岸街的場所待價而沽。

新聞工作者如梅休、狄更斯和薩拉，揭露出各類倫敦人有大量機會娛樂自己，而娛樂的層次也漸漸在改善。儘管如此，它在對社會不同階級的訴求上，還是有著尖銳的區別。娛樂在接觸成本上有著極大的差異，也吸引著非常不同的階級百姓。低級劇院只要花費一文錢，但是拜訪皇家理工學院的全景畫就得花上一先令，也就是前者的十二倍，而西區劇院要花的錢就更是多到不行。

不過，大眾文學和戲劇都集中在犯罪，特別是謀殺上。這些案件魅惑了維多利亞時期的大眾，而在維多利亞年代的第一個時期，倫敦最惡名昭彰的案例，就是曼寧夫妻謀殺歐康納的案子。

第十章　犯罪、警察、偵探與曼寧謀殺案

龐大且規模與日俱增城區的警力不足，再加上大量移民移入倫敦、合宜住宅的短缺，以及極端的貧窮，都導致了首都犯罪領域的成長。

夜盜與入侵住宅的情況頗為普遍，鬥毆與街頭暴力打劫也頻繁發生，但大部分的犯罪都是由小偷小竊所構成。扒竊手錶與錢包是常有的事，假裝顧客偷竊也一樣，而且常常會利用女性的寬鬆衣物作為掩護。甚至小孩也會成為小偷的獵物，這些小偷被稱為「兒童剝皮者」（child skinner）。在狄更斯《董貝父子》的第六章中，「好人布朗太太」就洗劫了年輕的佛蘿倫斯．董貝。她說，「董貝小姐，我想要那件漂亮的連衣裙、那頂小帽子、還有一兩件襯裙，跟所有其他妳能給我的東西。來吧，把它們全脫下來吧！」在此同時，倫敦的犯罪有很大比例，其實是由孩童所犯下的。在孤兒、被遺棄與遭忽略的情況下，某些孩童變成了熟練的扒手，就像狄更斯筆下的「小扒手道奇」。

中產階級認為武裝自己是明智之舉。當卡萊爾家在一八五二年被闖空門之際，警察告訴卡萊爾太太說，他們無法逮捕小偷，因為小偷一拿到贓物，就會立刻變賣。在那之後，只要卡萊爾離開家裡，珍在睡覺的時候，就一定會隨身帶著兩把上膛的手槍。[1]

當皮爾在一八二二年就任內政大臣時，謀殺、其他犯罪與經常可見的暴力行為，已經到了極端危險的地步，因此內政部決定建立一支警察力量。雖然當局遭到了廣泛的反對——主要是那些堅信

「自由做人們喜歡的事，是他們與生俱來權利」的人們，以及仿歐陸創立一支警察力量，將會不可避免地導致隨意逮捕，還有演說自由與陪審團審判的終結。那些對新機構抱持敵意的人，毫不諱言地表示對既有腐敗且無效率的教區看守人體系，以及所謂「鮑街警探」（Bow Streer Runners）——這是一間類似偵探事務所的機構，會代表法官追緝犯人，但也會為私人服務——感到滿意。鮑街警探常被指控怠忽對公眾的義務，並與犯罪世界有所牽扯。[2]

相對於此，皮爾的觀點則是：一支平民的警察力量雖然有紀律和制服配備，但可以消除召喚武裝軍隊來恢復和平的需要，同時在逮捕罪犯方面，也會比現行的體系來得更有效率。儘管有反對意見，但建立倫敦警察廳的法案，仍然在一八二九年六月十九日獲得通過。[3]通常被認知為「新警察」的警察廳（Met），如眾人所知，是由兩位「總監」（commissioner）——退役上校查爾斯・羅雲（Charles Rowan）與律師理查德・梅恩（Richard Mayne）——在指揮其運行。重點在警察是非武裝的，而其目標則是遏止犯罪、保障人身與財產安全，以及街頭寧靜；他們確實不是準軍隊的組織，也沒有穿任何類似軍隊的制服，而是穿著深藍色的民用大衣、燕尾服與一頂黑色禮帽；帽子不只是用來強化保護效果，據傳說也是為了當警察需要翻牆查閱事物時，可以提供一個有用的依據。[4]警察的言行舉止要禮貌、非軍事、平靜且果斷，並透過這種態度來吸引旁觀者的支持——如果有需要的話。

皮爾建立平民警察的願景成功了。當德國作家馮塔內在一八四八年造訪倫敦時，他和世界各地的警力比較，指出英國警察「沒有像憲兵那樣不寬容的辱罵……也不會故意把四英寸的劍弄得噹啷作響。」可以推斷，他想到的是法國和德國的警察。[5]一位在一八五三年造訪英國首都的西班牙訪客，也驚訝於倫敦街頭的缺少士兵。他發現相對於馬德里，警察都是非武裝的，也沒有拿出官架子，要求訪客向當局登記或是亮出護照，這讓他大感衝擊，官方也不會要求你該做什麼事。在他的認知中，這是一種自由的底線，那就是罪犯不會簡單被查出，但是（也許是有點天真的認知）倫敦會有比較少的罪人，而且他們都會很快落網。[6]

警察廳的最早五個部門，在一八二九年九月二十九日星期二晚上六點開始運作。因為創立者（Robert Peel）的緣故，他們也被暱稱為「bobbies」或「peelers」。另一個比較中性且使用到今天的字眼是「coppers」，這可能是因為他們會「逮住」（cop/catch）罪犯之故。至於那些不喜歡警察的人，則因為制服的緣故，稱呼他們為「青蠅」（bluebottle）。在倫敦的地下黑話中，保留了「警察」（police）這個字，並將它發音成「ecilop」或「slop」；當教育界的先鋒昆汀．霍格（Quintin Hogg）在很多年後回顧時，這個字在一八六〇年代仍然隨處可聞。他曾經試著徵募兩個掃街的青少年，要教導他們閱讀，結果他們看到警察過來，就大喊著「kool ecilop」，然後跑掉了。[7]

警察廳獨立於地方的教區委員會之外。它是唯一可以涵蓋倫敦的組織，直屬於內政部的權力之下；它的管轄範圍原本是查令十字路周圍七英里的土地，到了一八三七年延伸為十五英里。或許當下抱怨的性質，恰恰反映了警察有多被看重。與其說抱怨警察是暴虐政府底下的權力武裝，此時的抱怨則是警察沒有適當做好防治犯罪的工作。一八四九年一月二十七日，《笨拙》抱怨當人們需要的時候，從來沒有看見警察，因為他們都在管區房子的門口跟女僕求愛。一位匿名者打趣說，他們應該在欄杆上放一個箭頭，指著說「警察B96在此」。《倫敦新聞畫報》在一八四九年八月四日表示，「讓這件罪行更顯狂妄的是，犯人居然對著管區的警察局丟石頭。」在南倫敦發生一系列犯罪後，同年十月二十八日的《泰晤士報》問說，「蘭貝斯的警察都去哪了？」

倫敦警察必須按等級晉升。一位警察（constable）服勤的薪水只有一畿尼（一鎊一先令），每週要服勤六天、每天十二小時。如果他工作夠認真，或許可以升為警官（sergeant），多領到幾先令，但甚至是督察（inspector）的薪水也只有每年一百鎊，比起非常低階的中產階級生活方式，並沒有高出多少。儘管如此，它還是一份固定的薪水，而且警察到了適當的時候，還可以領到一份退休金。可是，他們得冒著受傷甚至死亡的風險，出沒在倫敦最狂野的地區。警察受過嚴格訓練，穿著不舒適的制服，身處在首都每一件暴力犯罪、或是惡棍如狄更斯筆下賽克斯之流的風險當中——賽克斯不惜殺人，只要這能幫他避開在達特穆爾採石場的長期苦役，或是流放到澳洲。

偵探

維持公共秩序是一回事，偵查和逮捕罪犯又是一回事。在警察成立的早年，偵查工作是由便衣警察來執行。一八四二年丹尼爾·古德在普特尼謀殺了他的妻子，這裡距離中倫敦只有六英里多。直到落網為止，他逃亡了好幾個星期，而且總是能搶先警察一步，這讓報章媒體不由得對警察尖刻批評。結果，一個由兩位督察與兩位警官組成的偵查部門，在首都被設立起來。它的辦公室位在蘇格蘭場，後來升級為警察廳舉世聞名的犯罪偵查部，又稱C.I.D。錢伯斯的《期刊》就指出：

> 一群聰明人最近選擇成立一個稱為「偵查警察」的組織……偵查警察不只一次，將自己打扮成平凡人的衣著。[8]

追求功效的氛圍和對偵查部門的讚美，在曼寧謀殺案中充分被創造出來；這件案子在一八四九年夏末和秋天佔據了所有公眾的注意，幾乎到了排除其他一切事物的地步。

「伯蒙德的恐怖凶殺案！」

從圖里街右轉，沿泰晤士河南岸走，就可以抵達伯蒙德，一個標準的倫敦內城地區。曾經，這裡有小孩在街頭嬉戲，人們在攤位前排列成行，車輪在鵝卵石路面上發出嘎嘎的響聲，還有運煤工的叫喊聲、牛奶商和街道上的叫賣小販。到了晚上，特別是在冬天，街道會籠罩在一片微暗昏黃的燈光之中。但是當杜松子酒宮和小酒館開門，痛飲過後的酒客離去、互相大聲道別，然後各自回到寒冷黑暗的家中之際，就會透出喧囂的騷亂與光線。

接近兩世紀後，這裡的街道寂靜得可怕。街上沒有攤販，也沒有人大聲推銷他的商品。小孩到別的地方去玩了；老舊的酒吧被昂貴的餐廳所取代，在裡面吃午餐的人穿著時髦的衣飾，講著手機，把昂貴的車停在過去的陰溝中；在維多利亞時代早期，這裡曾是邋遢的男人與疲憊的女人販賣便宜商品的地方。這個地方已經被公關顧問、律師與有錢人佔領，老居民則是被趕到公營住宅中。人們都去有段距離的購物中心購物；小商店不復存在，地方市場的別緻商品既不合他們的品味，也不合他們的錢包。

接下來，讓我們看看在一九三九到四五年的戰爭轟炸前，伯蒙德皮革交易的中心是什麼樣子。一八四九年，在接近蓋伊街轉角處，聳立著一排新建的兩層樓建築，這批聯排屋稱為「明瓦公寓」。

在維多利亞早期，人們通常都是租房而居；結婚兩年的瑪莉亞與腓特烈．曼寧，付了一年的租金租下明瓦公寓三號，腓特烈年約三十，瑪莉亞則是二十八歲。在他們的審判中並沒有指出租金多少，但以那種類型的房子來推估，大概是每年二十二鎊，再加上額外付款如濟貧稅（poor rate）與教會費（church rate），而這些錢總合起來，是他們負擔不起的。先前做生意失敗（很大原因是因為他熱愛杯中物）的腓特烈，在霍爾伯恩一家文具公司找到了一份當推銷員的工作，這份工作每週的薪水有兩鎊，再加上百分之五的佣金。他們需要找一個轉租人，所以他們邀請歐康納，一個年約五十、身材高大的愛爾蘭人，來占有這座公寓的一部分。歐康納在瑪莉亞婚前就是她的情夫，而且被懷疑在婚後仍跟她保持關係；他原本同意了，但後來又食言，所以曼寧夫妻只好轉邀在附近蓋伊醫院就讀的一名醫學生馬賽過來落腳。

曼寧夫妻小有資產，但他們的收入還是搆不上中產階級的生活水準。相反地，歐康納是一名薪水豐厚的海關官員，也是一名擁有鐵路股票的放貸人。瑪莉亞忍受著歐康納不跟她結婚的怨恨，而且懷疑他另外還跟其他女人也有關係。

曼寧夫妻密謀要殺害這名愛爾蘭人，並洗劫他的現金與股票。一八四九年七月二十五日，腓特烈買了一把鐵撬；第二天，這對夫妻訂了一蒲式耳的生石灰。二十八日，他們吩咐轉租人離開，說他們打算要離開倫敦一段時間。八月九日星期四早上，瑪莉亞買了一把鍬。

接著，曼寧夫妻邀請歐康納在當天傍晚五點半共進晚餐。稍早一點，兩個熟人看到歐康納穿越倫敦橋，走向明瓦公寓三號。在那之後，就只有凶手看見他還活著的樣子。

歐康納抵達的那個下午，依然非常炎熱。瑪莉亞暗示說，他也許可以在地下室的廚房裡沖個冷水澡。她領著他到一個洞邊，曼寧夫妻在那裡已經把石板掀起，挖好洞穴準備容納他的屍體；他們告訴歐康納說，它被某種工程鑿破了，需要安裝新的排水設備。當歐康納俯身到水槽中，冷卻一下腦袋和頸子時，曼寧夫妻中的一位——非常可能是瑪莉亞，從後面用一把手槍開槍射擊他的腦袋；這把手槍是腓特烈最近在槍匠那裡買的。歐康納頹然倒地，根據腓特烈之後在死囚房中的告白，這個愛爾蘭人當時仍有微弱的呼吸。腓特烈現在終於有機會發洩自己對老婆情夫的恨意，於是掄起了鐵撬（在他的死囚房告白中，他描述這把鐵撬「既是絕妙的鑿子也是武器」；之後過了好一陣子，它被發現遺棄在劉易斯車站，而且已經被一位「史密斯太太」撿走了），將它高舉過頭，然後懷著爆發的憤怒，給這個瀕死的人致命一擊。[9]警方的法醫估計，歐康納的腦袋遭到了十七次猛烈毆打。接著這對夫妻把受害者的腳綁到身後，用強韌的麻繩將它們和他的身體綁在一起，粗暴地將他的屍體推進石板地面下的洞穴裡，再倒進生石灰；這些生石灰很快就開始腐蝕歐康納的屍體。有些新聞記者用充滿想像力的筆觸寫道，這對夫妻之後冷靜地坐下來，吃起瑪莉亞煮的鵝肉；這是表面上做出來，要給三人一起享用的。

稍晚時分，瑪莉亞到了歐康納在麥爾安德的租屋處；這位愛爾蘭人在當地格林伍德街轉角處的某間店鋪樓上，租了一間臥室與起居室。歐康納的女房東告訴法庭說，她的租客有吩咐她可以讓瑪莉亞進他的臥室，就算他不在家也沒問題。瑪莉亞洗劫了歐康納的財產，帶走了所有她能找到的現金，以及大量的股票權證。

相當奇怪的是，曼寧夫妻並不急著逃亡，似乎也沒有很小心擬定自己的計劃。當歐康納第二天、第三天都沒有出現在工作場所時，他的工作夥伴報告說他失蹤了；因為他曾被看到穿越倫敦橋，明顯是在赴曼寧家晚餐的路上，所以他的同事也將這一點報告給警方。於是，警察問曼寧太太是否知道歐康納的行蹤。瑪莉亞當然什麼都不會吐露；她說，「不，他沒有來這裡跟我們共進晚餐」，但這就很奇怪了，因為明明就有人看到他往這條路上走。在接下來的八月十三日星期一，一名警察再次造訪曼寧家；他報告說，瑪莉亞看起來似乎有點神經質。瑪莉亞證實自己有邀請歐康納共進晚餐，所以他也許會在倫敦橋被人看見過河往伯蒙德的方向走，但她又說，「歐康納常在最後一刻改變心意」。

歐康納的朋友威廉·弗林，是一位鍥而不捨的人。在這個星期一，他造訪了這名愛爾蘭人在麥爾安德的租屋處，並發現瑪莉亞曾經出現在那裡，而錢箱已經空空如也。於是他又前往明瓦公寓三號，得知瑪莉亞在當天稍早已經帶著好幾個大箱子與行李箱，搭一輛出租馬車離開了。第二天他又回到公寓，這次他得到了入內許可，結果進到房子裡一看，發現裡面已經人去樓空。第二天早上，一名二手家具商班布里吉先生來到這裡，要收走腓特烈已經用十三鎊賣給他的家具；班布里吉告訴弗林，腓特烈曾經待在他那裡，而且剛剛離開。

到此為止還沒有顯現出任何謀殺的嫌疑，畢竟沒有發現任何屍體。歐康納或許只是匆匆忙忙離開了租屋處，並安排與曼寧家（也許只有瑪莉亞）在別的地方相會。但到了八月十七日星期五，也就是謀殺已經過了八天後，仍然沒有任何關於歐康納與曼寧家的線索，警方於是開始認真進行調查。

有個腳趾！

一八四九年八月十七日星期五，是個悶熱的日子。警察亨利．巴恩斯與詹姆士．伯頓，被派去徹底搜查那間房子。他們脫掉了那頂雖然有保護作用、但很不舒服的強化帽，以及有黃銅鈕扣與硬領的笨重藍色大衣；他們在燕尾服裡面保留了警棍以及黑漆皮帶，皮帶上掛著一盞供夜間巡邏用的牛眼燈，還有一個搖鈴，讓他們在需要「火速行動」（sprang）的時候，可以召喚支援。

兩人徒勞無功地挖掘著花園，後來因為陽光太熱，所以到室內去找個蔭涼處休息。這時候，巴恩斯發現地下室廚房出乎意料乾淨且被使勁擦洗過，還有某塊石板周圍的灰漿顯得簇新；當他們用小刀挖掘這塊石板時，那些灰漿仍然是軟的。兩位警察從附近的工人那裡借來工具，將石板撬起來；在石板底下是一層潮濕的灰漿，以及草草鋪上的土。很快地，一個人的腳指頭露出來，接著屍體其他恐怖的部分也隨之出土；在超過一星期的生石灰浸泡後，屍體幾乎無法辨識。一名當地醫生在熱心記者的緊密注視下提起了骨骸，並在上面發現好幾處裂痕。將手伸進令人排斥的目標中——其中的腦部已經分解腐爛，醫生取下了一排假牙。匆匆被召喚前來的警方法醫在骨骸右額骨的正後方，發現了射進歐康納頭部的子彈。過了一陣子，做這些假牙的牙醫辨識出它們屬於它的病人——已故的歐康納。現在此案正式升格為謀殺案。

追捕聲

「轟動」（sensation）這個詞經常被用在犯罪報導上，以具體形容此特殊案件的驚人性質，而曼寧案正可以說是當時最轟動的案件。[10]不像其他案子，這個案子的凶手是對倫敦下層中產階級夫妻，而且動機是出於貪婪。很少人相信那個醉醺醺的酒鬼腓特烈會帶頭做出這種事情；瑪莉亞才是充滿仇恨的人，也是犯下謀殺罪的女人。她不是飢寒交迫的母親，也不是遭虐待的妻子，這些人通常可以仰賴陪審團的同情心。瑪莉亞是個外國人，身上散發出一種冷酷、傲慢又性感的氛圍，而這或許就是她用手槍射殺被害者的根本緣由。不只是謀殺，還有他們的鐵路大逃亡、使用電報的逮捕、充滿智慧的偵探行動，以及最後對凶手的審判與處刑，都是維多利亞早期倫敦最「爆紅」的事件。

時值八月中旬，獵捕正式展開——曼寧夫妻究竟身在何處？一則新聞報導拉開了序幕，卻也引出了後來被證實為「紅鯡魚」的誤導性線索（譯按：「紅鯡魚」意指一種轉移焦點、訴諸情感的修辭手法）。當天（八月十七日，星期五），一艘名為「維多利亞號」的移民船正停泊於倫敦碼頭，準備啟航。一名記者詢問負責行李的主管，對方透露在甲板上發現了一件標有「Manning」字樣的行李。消息迅速透過電報四處傳播，引發高度關注。當日晚間，樸茨茅斯海軍基地的指揮官——卡佩爾上將，應警方與內政部之請，下令出動快速護衛艦「火焰皇后號」，緊急追擊並攔截「維多利亞號」。至週六凌晨一點四十五分，海軍終於登船查驗，卻發現所謂的「曼寧太太」其實是名為蕾貝卡的美國婦人，與瑪莉亞無關。這場大動作的追捕，最終只是一場紅鯡魚式的誤會，讓大眾的注意力短暫地偏離了真正的目標。

先前瑪莉亞・曼寧被人看到離開明瓦公寓三號，是在前一個星期一的下午，搭上一輛出租馬車。偵查警官蕭很有耐心地去追查那輛馬車的車伕，最後他終於找到了這個叫做威廉・科克的人，並小心確認過此人的確是在明瓦公寓三號，載上了瑪莉亞。如果辯護律師在未來的審判中能夠指出「科克並不是在那個地址載客」的話，那對瑪莉亞的指控就會轟然瓦解。蕭接下去又問了科克更多細節。瑪莉亞大概作夢也沒有想到，偵探居然會去盤問車伕。「你載她去哪了？」科克說，他載著一位「外表非常體面的女性」（這個用語聽起來像是警方寫出來的語彙，而非車伕會使用的），前往附近的鐵路終點站——倫敦橋站。在途中，她吩咐科克停車一下，然後走進一家文具店，買了一些標籤。在倫敦橋站的行李寄放處，她要了筆和墨水，在標籤上寫下「史密斯太太，來自巴黎的旅客，寄放在此直到前來取物」。偵查督察海恩斯來到車站，雖然他沒有任何強制力，但還是說動了車站人員，同意讓他打開行李箱。行李箱裡面放的是瑪莉亞的衣服。瑪莉亞是故佈疑陣嗎？還是說她真的已經搭上火車與渡輪，逃到法國去了？也許她確實打算去巴黎；這算是很聰明的做法，而且她還還可以接著回到祖國瑞士。英國在海峽對面口岸的領事被要求要睜大眼睛找尋瑪莉亞；一位督察和一位警官來到巴黎，法國警察也合作搜查旅館、並監視鐵路車站。

如果瑪莉亞不是有欠思慮地繼續租用科克的馬車，要追查到她一定得花上更長的時間；她讓科克駕車載她穿越首都，從倫敦橋到尤斯頓車站。在那裡她停留了一個晚上，也許是在阿德雷德或維多利亞旅館找房間，這兩個地方離車站都很近。第二天早上六點十五分，她動身前往愛丁堡。

在尤斯頓，瑪莉亞再次無意地幫了偵探大忙，原因是她在剩下的大量行李與箱子上，再次寫了標籤名字「史密斯太太」。負責幫她搬運行李上平頂貨車的腳伕，收了瑪莉亞超額的小費；他們指認行李的擁有者是位女性，並且提供了關於她的描述，這和出租馬車伕提供的資訊相吻合。結果，偵探很簡單就發現她已經搭上往愛丁堡的火車。督察海恩斯立刻發電報，把她的描述傳給愛丁堡警察。

昂貴的電報在倫敦警察間並不常被使用，雖然它在四年前用來逮捕殺人犯塔威爾時，就曾聲名大噪。通常，警方會派一名騎馬的信差，沿著倫敦各個地區總部發放「路報」（route papers）；這些路報包含了最近犯罪的資訊、被偷竊物品的清單與描述、以及通緝中的罪犯，而每一個區又會加上自己的資訊，並把細節繼續傳遞下去。[11]但如果搭火車把瑪莉亞的描述送到愛丁堡，得花上二十四小時，而到時候瑪莉亞恐怕已經跑掉了；相較之下，「電線」抵達愛丁堡，只要短短的幾分鐘。

愛丁堡的警長理查．莫西，是個相當警覺的人。當他接到來自倫敦的電訊（電報）時，他立刻看了有關瑪莉亞的描述，然後發現它所傳達的資料，相當符合今天清晨引起他注意的一個女人。八月二十一日星期二，愛丁堡的股票經紀人向他報告說，瑪莉亞試著賣掉歐康納的某些股票權證。瑪莉亞明顯沒有察覺到郵政通信的效果，所以也不知道當早上她去拜訪股票經紀人時，他們已經接獲了警告通知，要他們不能處理某些從倫敦被偷走的鐵路股票。雖然她自稱父親姓羅伯森、生長在格拉斯哥，但股票經紀人還是注意到她的法國口音，於是立刻通知了警方。瑪莉亞給了經紀人一張便箋，上面寫著她租房的地址，所以警察不費吹灰之力就找到了她。當她正坐下來想喝個一兩杯鎮靜心情的時候，警察搜索了她的行李，發現了七十三枚一鎊金幣，一張五十鎊鈔票、一張五鎊紙鈔和六張十鎊紙鈔，總計一八八鎊——雖然後來證明其中超過三分之一，都是曼寧家自己的財產。瑪莉亞也持有歐康納的法國鐵路股票，以及某些他曾經幫她持有的權證，結果她當場就因為謀殺罪遭到了逮捕。瑪莉亞太輕易讓警察發現她已經逃到愛丁堡；她對股票權證的金錢渴望，導致偵探能直接找上她。

至於腓特烈，他熱愛杯中物的習癖，讓他總是會自吹自擂，並且容易吸引眾人目光。他在八月十四日星期二，離開了明瓦公寓三號。公寓現在是空巢，甚至連張床也沒有，所以腓特烈就睡在他賣家具的經紀人——班布里吉的店裡。不管怎麼說，要自己一個人跟歐康納的屍體睡在一起，而且那屍體還在廚房地板下迅速腐爛，甚至對心智比腓特烈更堅強的人而言，都是很困難的事。星期三，他離開了班布里吉家；他從滑鐵盧終點站出發，旅行到南安普頓港，在一間酒吧裡逗留了幾小時，然後搭一班午夜的渡輪，航行到海峽中的澤西島。愚蠢的是，他在島上首府聖赫利爾的旅館裡，因為傲慢的行為與痛飲而引起了注意。他談論到要去法國、也就是警方已經在調查的目的地，但似乎又改變了心意。他知道瑪莉亞在哪嗎？他們有計畫要逃亡到法國嗎？瑪莉亞是不是欺騙他說要到蘇格蘭，但實際留下線索暗示說，她其實是要去法國？他們是不是有計畫，當追捕的風聲過去就要聚首？這些都有可能，但假如他們真有計畫，那瑪莉亞詐騙了他，不只帶走錢還把他拋棄了。警方不曾發現兩人之間通訊的資訊；當兩人肩並肩站在被告席的時候，她甚至連一句話也沒對他說。

腓特烈在旅館酒吧裡持續吸引注意，因為他狂飲了大量白蘭地；感覺起來，簡直就像是他對自己參與了這起駭人聽聞的犯罪深感罪惡，並且下意識地希望自己被發現一樣。但是，當他遇到了一個在家鄉——索美塞特的湯頓——認識的男人時，他決定自己還是離開聖赫利爾、在鄉下農舍租個房間比較安全。總而言之，儘管他大聲吹噓自己多有錢、以及他打算怎樣花錢，這時候他手上的錢還是已經開始見底了。他離開倫敦的時候，只帶了班布里吉先生付給他的家具錢十三鎊；瑪莉亞把他們的積蓄全帶走了。

警察開始透過質問載腓特烈去滑鐵盧站的車伕，來追查他的行蹤；車伕記得明明他們可以直接沿卡特街過去，但腓特烈卻古怪地要求他繞遠路。然而，在滑鐵盧站或火車上，都沒人記得看到曼寧，警方則是花了很大力氣、在在倫敦與西南鐵路線上下進行徒勞無功的搜索。不過，他們很幸運地接獲一份報告說，曼寧被一位女性看到出現在往澤西的渡輪上；當腓特烈待在海峽中的另一個島——耿西島時，這位女性曾經與他有一面之緣。很快地，地方警察在接獲倫敦通報後，就發現腓特烈正在一間稱為「前景別墅」的住所中，一個人靜靜喝酒喝得爛醉。在封閉的島上社會中，曼寧的狂飲和粗魯行為，讓眾人的懷疑日益高漲。接著在八月二十七日，從倫敦出發的偵查警官蘭格雷和警察洛克易爾，在澤西警長切瓦利爾的陪同下，逮捕了躺在床上的曼寧。當他被逮捕的時候，說的第一句話是「那個混蛋（wretch）被抓了嗎」？這是報章媒體引用自警方的報告，雖然實際上他說的也許是「婊子」（bitch）。當他得知瑪莉亞已經被監禁的時候，他說：「感謝老天，我很高興聽到這件事；這可以讓我保住性命。她是個罪人，而我則是如羔羊一般無辜。」

當然，他一點都不無辜；雖然開槍的是瑪莉亞，但我們完全無法斷定除了腓特烈以外，還有任何人用鐵撬猛擊受害者的骨頭。腓特烈滔滔不絕地對偵探說個沒完，內容全都是在指控瑪莉亞。他所說的話全都在審判中被讀出來，作為警方呈堂證供的一部分。儘管法官建議陪審團忽略腓特烈的話，因為在法律上無論他說什麼，都無法作為指控他妻子的有效證據，但這還是損害了瑪莉亞的辯護。

八月三十一日一大早，腓特烈漫不經心地抽著一根雪茄，和偵探一起穿過聖赫利爾的街道到港口，等著搭上往英格蘭的船。根據警方報告，到了渡口，他還是一直神經質的喋喋不休。他從南安普頓被押上火車、帶回倫敦。警察帶他在滑鐵盧前面一點的佛克斯豪爾下火車，也許是為了避開充滿好奇心的記者圍觀。在南華克的斯通斯恩德警察局，腓特烈被正式控訴為謀殺歐康納的凶手。

因此，在謀殺案發生的兩個半星期後，拜郵政與電報、以及偵查人員的機警認真之賜，瑪莉亞與腓特烈．曼寧都被逮捕，並且押回倫敦。

狄更斯與偵探

或許是追查曼寧夫妻的成功刺激了狄更斯，讓他在期刊《家喻戶曉》上，一連刊了三篇長文來盛讚倫敦警察廳的偵探。[12]第一篇文章是由副主筆威爾斯所寫，他說這是「捕盜的現代科學」。在這邊發表於一八五〇年七月十三日的文章中，他將偵探與藝術評論家相比；後者可以從慣用的技法，辨識出是誰畫了這幅畫，同樣地，偵探也可以從犯罪的性質與其執行的手段，來辨識出罪犯是誰。狄更斯自己的兩篇文章，標題為《一個偵查警察組織》（一、二）；這些文章是寫成於現在已經以偵探機構廣為人知的蘇格蘭場，認知到良好公關宣傳的價值，於是接受了狄更斯的邀請，派遣一些偵探到《家喻戶曉》在河岸附近威靈頓街的辦公室之後。他們在辦公室裡坐下來，頗有節制地抽著雪茄喝白蘭地，聽狄更斯提出問題，並討論他們的職業。狄更斯幫這些偵探起了勉勉強強隱藏的綽號，但著名的督察菲爾德和幾位偵查警官都出席了，其中也包括了索爾頓和蕭，都是和曼寧案有牽扯的人物。

狄更斯偶像化了這個偵探團；他指出，每位偵探都靜靜地坐在房間裡，然後掃視著編輯部的成員。每一位偵探都是追查不同層級案件的專家，從闖空門到賣贓物（fencing），從偷竊保險櫃到青少年犯罪，而且每個人都很尊重同僚的優秀知識與經驗。

當曼寧夫妻被懷疑打算偷渡到美國時，偵查警官索爾頓曾經登上維多利亞號；他敘述自己在船長的陪伴下，下到船的下層甲板，和搭船的曼寧太太說話，並要求她轉過頭來面對燈光，好讓他辨識對方是不是他正在找尋的瑪莉亞．曼寧。警官「巫師」（真實身分是強納森．「傑克」．魏契爾），威爾．柯林斯筆下警官卡夫的原型，講述了一段在他的偵探工作中，追查一名著名盜馬賊的漫長敘述。

偵探技巧通常會使用在偽裝成不屬於他們身分的人、或者是扮演危險的角色上，在某個案子中甚至長達十週之久。偵探都相當機敏、消息靈通且反應敏銳，專業、勇敢且能勝任其職，還有著生氣勃勃、「知性刺激強烈」的外貌；狄更斯如此寫道。

狄更斯的英雄是督察查爾斯．腓特烈．菲爾德，自一八四六年起便擔任蘇格蘭場偵查部門的長官。菲爾德有五呎十吋高，在當時算是高大；他身材魁梧，熱情洋溢，年少時曾活躍於舞台，這點特別投喜歡業餘人士戲劇演出的狄更斯喜好。菲爾德是第一批被徵募的新警察之一，在一八二九年二十五歲的時候投入警界。當他在危險的聖吉爾斯區域巡邏時，第一晚就逮捕了一名惡名昭彰的搶犯。在短短四年間，拜第一批警察流動率很高之賜，他已經升職為督察，任職於以蘭貝斯為根據地的L部門。[13]狄更斯《荒涼山莊》中的巴克特督察，就是以菲爾德為樣板寫成。巴克特先生首次出場是在第十二章，在一個悶熱的傍晚，出現在圖金霍恩先生位於林肯律師學院廣場的宅邸。巴克特被描寫成彬彬有禮且沉著；狄更斯寫說，「他身材結實、表情沉靜、黑眼睛目光銳利，年近中年。」巴克特和一名文具店員史耐斯比先生，談論起獨行者湯姆（Tom All-Alone）的鴉巢。巴克特偽裝成不認識任何警察，好躲開某些觀察力敏銳罪犯的目光，不讓他們察覺自己是位便衣偵探。可是在鴉巢中他的名聲響亮，所以不需要隱姓埋名；也正因此，為了替自己增添保護，他在踏上這條通往貧民窟的惡臭街道時，找了一名警察過來。在燈籠的輔助下，他們穿越泥濘與骯髒的水潭，小心地避開已知染上瀕死傳染病人們居住的房子。巴克特用絕對自信的態度，和各式各樣的男女攀談，還不時用滑稽且屈尊的語氣說話，就像是狄更斯在一八五一年六月十四日的《家喻戶曉》中，所描述的菲爾德督察一樣；在這篇文章中，小說家描述了一段菲爾德在另一位同樣知名的督察下，造訪貧民窟的旅程。[14]從聖吉爾斯的鴉巢出發，他們穿越泰晤士河來到南華克，然後再次穿越河流，來到拉特克里夫公路，拜訪了當地的小酒館與妓院。據狄更斯的記載，當偵探和走在他身邊的魁梧警探警告要他們讓開時，當地粗野的暴徒就紛紛抱頭鼠竄。在狄更斯的描述中，倫敦犯罪偵查者的沉著與泰然自若，似乎是最震撼他的要素。菲爾德督察「遠近聞名的手段，足以震懾當地一半的人」，明顯地令人望而生畏。所有一般的小偷、地方惡霸與妓女都試著取悅他。當他要逮捕某個人的時候，沒人敢說個不字。

重新回到《荒涼山莊》小說中對菲爾德的摹寫，一位法國女僕歐棠絲小姐，現在被引進書中；狄更斯是根據瑪莉亞．曼寧來寫她的。他說，歐棠絲有著「非常標緻的面容」，臉上表情豐富，說話聲音刺耳：

小姐的女僕是個年約二十到三十歲的法國女人，來自介於亞維農與馬賽間的某個地方——她有著大大的棕色眼睛與黑色頭髮，身材結實但說話有點狡黠。

歐棠絲驕傲、專橫，並且跟瑪莉亞一樣有暴力傾向。她射殺了律師圖金霍恩先生，原因是他拒絕付出她認為該給她的錢。在歐棠絲的暴力態度與有點不標準的英語中，狄更斯（或許也有出席曼寧審判）也許為後人留下了瑪莉亞・曼寧的發言記錄。[15]

「一個相當標緻的女人」

世間流言描述說，瑪麗亞既不道德又淫蕩，而且還心狠手辣。至於當時還沒規範，限制他們在被指控罪犯確實被判有罪前能說什麼的記者，則都稱呼瑪莉亞為「馬克白夫人」或「耶洗別」（譯按：聖經中以心狠手辣著稱的女性）。在報章媒體以及街頭傳誦者的力量下，這個女人被放大到遠超本人的程度。她那相對大約同一時期被指控重婚的蘿拉・蒙泰斯的假西班牙腔，貨真價實的法國腔口音，優雅整潔的樣貌、站在被告席上保持的冷靜、泰然自若，冷靜與明顯冷酷的傲慢，都交織成了關於她的傳說。

瑪莉亞原名瑪莉・德・勞克斯，出生在一個接近瑞士洛桑的小村子裡，父親是一位驛站長。[16]

她的瑞士出身不是讓人們想到布穀鳥自鳴鐘和如畫般的農舍，而是聯想到惡名昭彰的男僕佛蘭索瓦．庫爾瓦賽爾，他割斷了雇主的喉嚨，並在一八四〇年七月六日被吊死在新門監獄的外面。某些記者甚至散布謠言說，瑪莉亞和庫爾瓦賽爾也有關係。

在描述中的瑪莉亞年約三十左右，身高五呎七吋，以當時的女性來說算是很高挑。她身材結實，膚色健康，有著一頭黑色長髮。當時的報章常說她「風姿綽約」，是非常吻合事實的表現。

當時出版、有關曼寧在中央刑事法庭（老貝利）審判的種種煽情記載，讓我們很難分辨事實與小說，尤其是當他們討論瑪莉亞的早年生活，並試著告訴大家說，在這時候她就已經展現出那種殘酷但性感的女殺手特質時更是如此。羅伯特．惠許，這位曾經被頗負盛名的《季刊評論》描述為「曖昧又無恥的塗鴉者」的作家，寫了一篇最長且最廣為人知的記載：《犯罪的進程，或者瑪莉亞．曼寧的真實傳記》。這本書是曼寧審判期間，街頭販賣的一文錢章節作品之總集。惠施敘述了有關瑪莉亞可能的虛假傳說，包括她的真名、以及曾受雇於一對旅行到瑞士的夫妻；這位妻子對瑪莉梳理髮型的能力印象深刻，但丈夫則是為這名瑞士女孩的美貌所傾倒。回愛爾蘭後，這位妻子將丈夫與瑪莉捉姦在床，瑪莉當場遭到了解雇。這位紳士願意給她一棟房子包養她，但瑪莉離開當地回到了倫敦，去領取一份遺產。在這裡惠施將他的小說和事實連接起來，因為瑪莉確實曾經因為一份遺產的緣故，和某位倫敦律師有所接觸。

不過可以確定的是，一八四二年左右，二十出頭的瑪莉被波克夫人雇用為貼身女僕，她的丈夫勞倫斯爵士是國會議員。當波克夫人在一八四六年過世後，瑪莉又被艾芙琳．布蘭特爾夫人雇用為貼身女僕，她是薩瑟蘭女公爵哈莉葉的女兒。女公爵是位威嚴且美貌的女性，也是擁有極高皇室地位的錦衣侍女（Mistress of the Robes），所以瑪莉曾被召喚去展現她頗有能力的裁縫技巧，也許甚至曾進到溫莎城堡幫忙。

瑪莉隨後改稱自己「瑪莉亞」，發音或許可以發成「Ma-ry-a」，原因是比起瑪莉，這樣聽起來比較不那麼外國感。她頗有能力、活力充沛、野心勃勃且充滿自信。她在工作時總是打扮得漂漂亮亮，因為仕女的女僕在尊卑地位中，比起其他僕人都要來得高，並和男管家與廚師享有相同的地位。作為貼身女僕，瑪莉如影隨形伴隨著布蘭特爾夫人；大部分報導都說，她就是在布蘭特爾夫人於一八四六年搭乘蒸汽船跨越海峽，到某個優雅的歐陸休閒勝地時，結識了她的受害者歐康納。歐康納雖然大瑪莉二十多歲，但是高大且能言善道。關於這方面，雖然新聞記者有各種猜測，雖然我們應該可以想像這個老男人讓瑪莉一行感到放鬆，而且也許和她在船上的沙龍喝了一兩杯。身為一個年過五十、習慣樸素的鰥夫，歐康納不常有機會和年輕漂亮的女孩說話，尤其是一個擁有吸引人法國腔的女孩子，這讓他想到當時在倫敦舞台正紅的法國名伶塞雷斯夫人。瑪莉相當現實，因此知道自己不會和社會地位太高的人結婚；因此雖然年齡有差，但歐康納是個很好的獵物。

這個愛爾蘭人似乎是位熱心的求愛者，並跟隨瑪莉回到了倫敦。她從自己的立場出發，認為他們應該會訂婚，但歐康納在提出結婚日期方面，卻顯得相當慢鈍。瑪莉曾經在信中抱怨這點，結果歐康納不怎麼有風度的把信讓他的朋友看，於是報社記者都得以知道這些信的內容。「你從沒有說過要結婚；我們這樣持續通信下去真的好嗎？」瑪莉哀怨地寫著。

雖然瑪莉和歐康納是否為性伴侶從沒有公開被討論過，但在她的審判中，法官強烈暗示了這點。可是當瑪莉與腓特烈在一八四七年締結不愉快的婚姻後，她曾經一度出奔，並和歐康納以「強森先生太太」的名義短暫同居，因此他們在之前不太可能沒有親密關係。

作為一位仕女的女僕，無論多私密的事情，在瑪莉面前都無所遁形，而她一定也醒覺到高階社會中發生的戀愛事務。如果這位仕女在一場與愛人的秘密幽會後，在沒有輔助的情況下自己穿上衣服的話，當她女僕幫女主人在就寢前卸下衣物時，複雜且扣錯的連排鈕扣、鈕扣孔、以及不吻合的掛鉤和孔穴，都會揭露在女僕的眼前。在新女皇執政的早年，攝政時期在道德方面的輕率，還沒有被維多利亞時代的樸實所壓倒。社交的客廳中，仍然迴響著喬治·諾頓在一八三六年夏天對首相墨爾本勛爵採取法律行動的醜聞；諾頓指控墨爾本勛爵偷間，或者造成他的妻子——社交名媛卡洛琳跟他疏遠。

現在瑪莉·曼寧自己，也變成了街頭巷尾熱議的對象。

第十一章　審判與處刑

犯謀殺罪的女性

有一個女人犯下了謀殺罪，而受害者很不尋常，是她新生的孩子。一八四九年，漢娜・山德勒在飢餓的絕望中殺了自己的孩子，並在死刑判決中獲得減刑。她是許多有時候具備心智缺陷且飢寒交迫，從而溺死自己新生嬰兒的單親媽媽之一，而她們通常也會得到法庭相對的寬容。

可是在一八四七到五二年間，有一陣女性謀殺成人的歪風相當盛行。有十三名女性被吊死，另外有九個人獲緩刑。[1] 一八四九年四月二十八日，《笨拙》注意到光是在先前六週內，就有六個女囚被吊死。一八四九年事實上，是女殺手相當引人注目的一年：莎拉・湯瑪斯、瑪莉・波爾、夏洛特・哈里斯、蕾貝卡・史密斯與瑪莉・安・吉林都被審判並獲判有罪。莎拉・湯瑪斯謀殺了自己的雇主；夏洛特・哈里斯則用砒霜毒殺了自己的丈夫。哈里斯想要另一個男人並嫁給對方，因此有勇無謀地期盼著現任丈夫死亡的日子到來。因為她當時懷有身孕，所以死刑獲得減免，改成流放到澳洲過餘生。瑪莉・波爾毆打了企圖刺探自己與情夫的丈夫。蕾貝卡・史密斯毒殺了八個孩子，法庭對她毫無任何憐憫可言。女囚在最近這幾年間激增；妻子毒殺丈夫、母親殺害自己長大的兒女，為了賺取喪葬保險金；這些錢在葬禮之後，通常還會有點剩餘。女性謀殺犯尤其令人厭惡，主要是因為她們的行為背叛了維多利亞時代婦德的核心價值。女兇手通常被看成是無性別的野獸；她不算是真正的女人，因為在眾人的想法中，沒有一個符合女性性傾向的女人會在情感與情緒上讓自己犯下謀殺罪，尤其是事先預謀、且通常要歷經長期規劃的毒殺這類性質犯案。

女兇手非比尋常的數量，暗示了對絞刑的恐懼似乎不足以威懾她們；因此也有人認為，或許最好要對獲取毒藥做出更嚴格的規範，特別是砒霜，實在太容易買到了。它不只便宜、無色無味而且可溶解。《笨拙》在一八四九年九月八日刊了一則漫畫，標題是《致命的設備，或是問得到的毒藥》，畫面中有個窺探著櫃檯的男孩，口齒不清地問著藥劑師：

> 先申，可以拜託您行行好，把這個瓶子再次裝滿Lod'num(譯按：指鴉片酊)，好讓媽媽用另一磅半的砒霜來殺老鼠嗎？

你怎麼答辯？

對瑪莉亞·曼寧的指控在當時是相當獨特的。被告席上有兩名囚犯、他們都是中產階級，而且彼此為夫妻。瑪莉亞沒有使用毒藥這種女兇手預謀殺人時，通常會使用的武器。歐康納是被人從頭部開槍射擊，並被鈍器毆打到死的。行兇的動機是要奪取歐康納的錢，這個狀況也相當奇特，因為假如女人謀殺自己的愛人，動機通常都是出於嫉妒。

一八四九年十月二十五日星期四和二十六日星期五，曼寧夫妻在公眾激烈與狂熱的興趣包圍中，站上了審判台。接下來，當他們在押、受審與等待處刑的幾個星期間，《泰晤士報》刊了七十二篇有關他們的文章。由於此事件如此惡名昭彰、媒體對瑪莉亞的描寫又如此魅惑人心，以至於老貝利的旁聽席甚至還保留了位子，給好幾個外國的大使。當瑪莉亞被帶上被告席的時候，所有目光都集中在她身上。記者仔細列下她衣著的細節；她穿著一件緊身的黑色洋裝，圍著一條色彩繽紛的藍底圍巾，襯櫻草色的手套與白色蕾絲面紗。這似乎是瑪莉亞有意為之，希望當她一動不動站在被告席的這兩天間，能夠保持一個有尊嚴、端莊優雅的形象。她喜歡成為注目的焦點嗎？毋庸置疑，但或許她也判斷，自己這樣的舉止是贏得全由男性組成的陪審團同情甚至讚美的最好方式。

腓特烈被指控為謀殺歐康納的凶手，瑪莉亞則只是參與、協助並唆使她的丈夫而已。負責起訴兩人的主任檢察官認真向陪審團解釋說，雖然他們會認為這對夫妻中只有一個人確實犯下了謀殺罪行，但假如另一個人確實在場且參與，甚或雖然缺席，但事先已經得知謀殺的意圖，那陪審團就應該判兩個人都涉嫌謀殺。瑪莉亞是個已婚婦女，所以檢察官必須在陪審團成員做出任何假設、認為她是屈從於丈夫的權威下之前搶先一步。在謀殺這件事上，檢察官強調，一個妻子必須為自己的行為負責。

檢察官針對案子的細節抽絲剝繭，指出瑪莉亞曾經和歐康納有親密關係。當陪審團員凝望著被告席上這位一動不動、沉著冷靜且具吸引力的女性時，他們心裡會抱持怎樣的幻想呢？在列出所有事實證據指出曼寧夫妻合謀犯罪之後，檢察官提醒陪審團，雖然腓特烈試著把責任歸咎於瑪莉亞，但他沒有告訴警方，他曾經重擊被害者的頭部。儘管在指紋辨識問世前的這個年代，沒有直接證據證明腓特烈做了這件事，但陪審團不可能把這種行為也歸在瑪莉亞頭上。瑪莉亞有辦法自己舉起石板，並將歐康納的屍體捆好塞進洞裡嗎？這是很難的。「從另一方面來說，」檢察官接著轉向攻擊瑪莉亞。「陪審團應該也會發現，要接受腓特烈獨自射殺歐康納、用鐵撬對他的頭部重擊十七次、給他致命一擊，綁好屍體，將它推進已經搬開石板的洞穴裡的說法，是很困難的吧！」因此證據指出，瑪莉亞和腓特烈兩人都有罪。

從來沒有被釐清過、關於證據的真正衝突，主要是集中在瑪莉亞抵達歐康納在米爾安德租屋處的確切時間。瑪莉亞的抗辯主張，當謀殺發生的時候，她人根本不在明瓦公寓三號。這也許是可能的，因為歐康納的女房東對瑪莉亞在那裡的時間，記得相當模糊。話雖如此，陪審團還是相信，從採購、送交鐵撬與生石灰到房子裡這點來看，她已經事先得知了謀殺歐康納的意圖，光這點就足以證明她涉及謀殺。

瑪莉亞的辯護律師知道腓特烈用鐵撬毆打受害者致死這件事，是不太需要懷疑的。可是，瑪莉亞的抗辯必須要處理一個困窘的問題，那就是她和歐康納的關係，因為一個通姦的妻子很難讓陪審團有好感，特別她又是外國人，條件更加不利。這些體面的有產階級男性，也會把腓特烈被逮捕時，對瑪莉亞的指控全聽進去。儘管法官已經告誡陪審團不要把腓特烈的話當一回事，但他們還是很難忽略這點。

腓特烈的辯護律師很難說服陪審團，讓他們相信買生石灰、鐵鏟和鐵撬，只是為了在客廳安置一個壁爐架這種無害的意圖。他幫腓特烈辯護的任務也很困難，因為唯一的辦法就是把責任全推到瑪莉亞頭上。他指出曼寧是個軟弱的人——這點沒人能否定，而瑪莉亞欺騙了他。律師試著說服陪審團說，最後那些殺死被害者的傷是瑪莉亞施加的。律師對某個有可能動搖的陪審員說，瑪莉亞也有能力埋葬受害者。他據理力爭說，曼寧並不是個善妒的人，因為他已經原諒了妻子的通姦行為。可是陪審團也許已經認定，當歐康納在地板上瀕死的時候，腓特烈就放任自己的憤怒脫韁了。腓特烈的辯護人也試著指出瑪莉亞在行動上，相當獨立於腓特烈。話說回來，這也有某種程度的真實性，因當瑪莉亞消失的時候，腓特烈相當驚訝，而且她自己也告訴愛丁堡警方說，她是在沒有知會丈夫的情況下離開倫敦的。

陪審團似乎沒有被瑪莉亞的律師給打動；他也試著暗示說，生石灰和鐵撬是買來用在煙囪修理上的。至於瑪莉亞從歐康納房間拿走的股票與現金，辯護律師則主張她曾要求歐康納為她買股票，而她也許是在忙亂中，誤拿了歐康納的某些股票。最後，瑪莉亞的律師也被迫攻擊腓特烈和他的律師，想將一切責任歸給瑪莉亞的企圖。在瑪莉亞的不貞上，她的律師則巧妙利用了這點，證明她並不希望自己的情夫喪命。可是，提醒陪審團她是個通姦者，對瑪莉亞未必有利。結果，她的辯護律師在沒有任何證據的情況下宣稱，腓特烈曾經虐待自己的妻子。更有問題的是，他還試著要陪審團相信瑪莉亞沒有必要為了錢謀殺歐康納，因為她夠年輕，可以從這個大二十歲的老男人身上得到任何想要的東西。這反倒讓陪審員認定歐康納和他的情婦一樣精明，所以不會傾向對她任意縱容。不過，瑪莉亞的律師辯護的主要重點還是在「除非她確實在現場，否則就沒有罪」；但他忽略了法律上的事實，那就是如果瑪莉亞早就知道腓特烈意圖謀殺，那她就確切有罪。

主任檢察官主張他在法律上的答辯權，並確認了陪審團必須思考的事情。瑪莉亞自稱沒有開槍、毆打歐康納到死並埋葬他，更沒有把石板搬回原位。腓特烈確實參與了，但他沒有出現並進入歐康納的房間；是她而不是他，拿了現金與股票逃到蘇格蘭。

作為總結，法官說沒有任何證據指出，有除了曼寧夫妻（之一或者兩人）以外的任何人參與這起殘酷的謀殺案。雖然腓特烈對警方指稱瑪莉亞做了這起行為的陳述，不能被承認為證據，但它確實證明了當時他在現場；既然如此，為什麼他不阻止瑪莉亞謀殺歐康納，如果事實上她是唯一凶手的話？陪審團認為這是可能的嗎？「從另一方面來看，」法官又接著說，「凶手有可能在曼寧夫妻的其中一人完全不知情的情況下，獨立進行案件的策劃與執行嗎？」這是一個相當清晰的反問，而答案明顯是「不」。

經過四十五分鐘的討論後，陪審團歸位，並且做出判決：瑪莉亞與腓特烈・曼寧都有罪。就在這時候，瑪莉亞首次開口說話（謀殺案的被告一般不會發表證詞）。她用強烈的語氣說道：

這個國家對外國子民，毫無正義與公正可言。沒有任何一條法律對我有利。我沒有獲得任何保護，不論是從法官、檢察官，還是我丈夫那裡都是如此。我遭到這個法庭不公正的譴責。如果我是在自己的國家，我可以證明我有著來自國外的錢，而且現在就在英格蘭銀行裡。我的律師應該會找證人，來辨識那些我用自己錢買下的股票。

歐康納先生待我更勝我丈夫，我應該要跟他結婚才對。自從我來到這個國家以來，他就是我的朋友與兄長。我認識他七年了，他也想要和我結婚。我有信件可以證明，他對我相當尊敬與尊重。我想請大家思考一下，我身為一個孤苦的女人，必須要和我丈夫的陳述奮戰、和檢察官奮戰、甚至是和對抗我的法官奮戰；我認為我沒有被當成一個基督徒、而是被當成像是叢林裡的野獸一樣對待，而且法官和陪審團企圖將他們的道德觀，強加在對抗我的判決之上。

我沒有犯下謀殺歐康納先生的罪行。假如我希望進行謀殺，我不會拿我在世上唯一的朋友、一個希望如果我成為寡婦，能每週七天做他妻子男人的生命來嘗試。我曾經在許多體面的家庭中生活過，你們去打聽一下就會得知，每個顯要人士都會為我的人格廉潔背書保證。我可以賺到比那些在我身上發現的零碎股票更多的錢。如果我的丈夫出於對歐康納的嫉妒與復仇心選擇謀殺他，那我實在看不出，為什麼我需要為了這點而受懲罰。我希望我能夠用英語更清楚的表達我自己。這就是所有我必須說的。

這番陳詞究竟有多確實令人存疑，因為現場的記者沒有預期到她會說話，而且必須在匆忙的狀況下，速記下她講的話——如果他們有這種技能的話。她的抗辯看起來也不太自然；她是已經預期到會判決有罪，所以預先寫下了這段陳詞嗎？無論如何我們都很難迴避說，她確實講到了一兩個關鍵重點；如果這幾點可信，那她對謀殺計畫一無所知，也沒有參與其間。但如果真是如此，為什麼她要跑到歐康納的房間，又為什麼要匆匆忙忙且「不小心」拿走歐康納的錢和股票呢？

關於腓特烈，只有他可以打出十七次瘋狂的打擊，並終結受害者的生命。警方也發現了一個商人，曾經賣了兩把手槍給一個「看起來像曼寧」的男人；不過這點沒有明顯的目擊者，也沒有成為法庭證供。在謀殺之後，腓特烈用假名典當了手槍，他對此毫無辯解。至於瑪麗亞，她給人一種強悍且有決斷力的印象，因此陪審團傾向相信是她，而非無用的酒鬼腓特烈，乃是這段婚姻中的主要支配者。

當戴著黑絲方帽的法官開始宣讀死刑判決時，瑪莉亞大喊：

不！不！我不該站在這裡！你們應該為自己感到羞愧！這裡毫無法律和公正可言！

當她被帶走的時候，她抓住一把芸香——這是傳統上撒在被告席邊緣，用來掩飾囚犯身體發出的氣味，猛力將它丟向法庭的井中，並大喊著「卑鄙可恥的英國！」當她從景象中消失的時候，她被聽到「對身邊所有的人宣洩可怕的詛咒」，最後說了這樣一句話：「你們這些人都該下地獄！」

他們隨著它搖擺

到一八四〇年代，絞刑——它在這個世紀初曾是廣泛的刑罰，有些人只因為犯了小偷小盜就被問絞——已經受到限制，只用於叛國、海盜與謀殺上。即使如此，在一八四五年在英格蘭與威爾斯，還是有四十九名男女被判死刑；這些人都犯了謀殺罪，不過只有十二個人確實被處死。

曼寧夫妻預定要在十一月十三日星期二早上九點問絞。在那三個星期間，記者和謠指部間，充斥著有關瑪莉亞和腓特烈如何面對死亡的報導。許多人申請進入霍斯摩格巷監獄——也就是今天的諾溫頓公園，希望能夠一睹這位令人震驚的外國女人身影。

當這天日益逼近時，這起事件吸引大眾的情況也日益明顯。絞刑會在眾目睽睽之下，在警衛室的平頂上舉行。它會吸引大批難控制的群氓，焦躁不安地看著沉著又自信的曼寧太太受苦的大場面。至於對腓特烈，則是鮮少人感興趣。

自一七八三年以來，絞刑就不曾在接近今日大理石拱門的泰伯恩舉行，而是在新門監獄、也就是大部分被老貝利判決有罪囚犯聚居的監獄之外舉行。絞刑在監獄之外舉行，是為了避免有人長途驅車穿過中倫敦的主要幹道，造成混亂。

公開處刑是會吸引各種階級人們的免費大場面。那些喜歡拳拳到肉打鬥，以及看狗互相撕裂對方、血氣方剛的年輕人，都會藉此大開趴踢。當羅許在一八四九年四月在諾里奇「轉道」的時候，確實有一大群人包了火車，就像花一整天在賽馬大會一樣。

可是曼寧案因為瑪莉亞的奇特魅力、以及她驚人的沉著，而顯得格外與眾不同。人們是想看她是否能有尊嚴且高傲的死亡，還是帶著殘酷的好奇心，期待她在生命的最後喪失冷漠的沉著，崩潰、尖叫並乞求憐憫呢？

幾乎沒有一個凶手這麼戲劇化又這麼吸引倫敦人的興趣，因為他們似乎就只是對平凡、會出現在你我身邊的下層中產階級夫妻而已。惠施有關瑪莉亞的一文錢小說化傳記獲得熱烈搶購，幾乎是名符其實地「炒熱」了輿論。報紙的補充和倉促出版、有關審判過程的書籍，反覆涵蓋了這場謀殺、明瓦公寓三號、警察如何挖掘出歐康納屍體的可怕細節，以及目擊者證詞等各個層面。

大眾的興趣現在蔓延到曼寧夫妻如何在監獄裡自處。新聞記者質問曾和瑪莉亞一起待在囚房的女看守，她們會敘述（或者記者發明）一些生動有趣的事項，比方說瑪莉亞買了一套新的內衣準備問絞，還有她堅持要穿新絲襪赴刑場。

在街道上面向或可以眺望警衛室的窗戶、屋頂，都被觀眾用高價給訂下了；梅爾維爾就付了二先令六便士，讓自己站在一座鄰近的屋頂上。[2]富進取心的商人向房東租了前後花園，然後雇用木匠急急趕工搭起平台，每個座位收五先令，完全不問房客的意願——雖然房客也可以在窗口出租座位就是了。安全性通常滿可疑的看台很快被架起來，提供給任何願意付錢的人。當時的法規頗為落伍，政府當局能夠用來阻止不安全台子和座位的手段相當之少。最好的座位每個要花兩鎊，這些座位是在兩間酒吧的露台上，擁有最好觀看處刑進程的視野。

十一月十二日星期一晚上，群眾開始聚集，範圍從渴望掠奪觀眾的首都犯罪人渣，到帶著備好的香檳早餐、等待早晨到來的富裕梅費爾時尚男子都有。

或許大比例的群眾都是徒步過橋到南華克看曼寧夫妻問絞；這裡距離他們犯下謀殺案的地點只有半英里左右。某些人則是搭火車到倫敦橋車站，富裕人士和大批記者則是搭乘有蓋的出租馬車抵達。當夜晚過去，大批群眾不斷聚集到監獄外面，數以百計的警力擺在那裡阻擋群氓接近監獄本身，但場面還是幾乎失控；事實上也沒有法律可以阻止這樣的聚集，而且任何這樣做的常識也會反而會激發暴動。群眾的規模如此之大，以至於《觀察者》在十一月十七日的報導上說，「那整片區域已經被徹底塞爆了，雖然它的面積跟海德公園一樣大」。

叫賣速食的小販設了攤位，用石腦油點亮燈火。各式各樣的小販打鐵趁熱，扒手和其他小罪犯，也都把這次公開問絞視為大小不等的機會。

在此同時，瑪莉亞與腓特烈正在思量他們步步逼近的死亡。腓特烈已經懺悔自己是凶手，據報導說他幾乎是持續地在讀《詩篇》。可是監獄牧師沒有發現任何方法，能勸瑪莉亞承認她的罪。不過，他為她做了聖餐禮，因為當她在牧師的要求下，在監獄禮拜堂裡最後一次會見丈夫時（兩人從謀殺案以來就沒再說過話），她告訴他說，她將不用再忍受他的任何怨恨與憎惡了。

十一月十三日星期二一大早，監獄前的人群簡直是無邊無際。攤位賣著香腸與腰子的早餐，配啤酒當飲料。流動攤販拿著盤子提供餅乾與薄荷糖；他們有點病態的將它命名為「曼寧太太糖」。《泰晤士報》寫道，群眾包括了「人渣和廢物」，以及那些希望老闆能夠原諒他們晚上工的勞工和店員，同時也有街頭頑童和好奇好色、交錯混雜的群眾。許多人已經在那裡度過了一整個寒冷的夜晚，一邊喝酒、抽菸、跳舞，和想賺幾先令的廉價妓女做那檔事，唱淫穢的歌曲，偶爾還會特別將佛斯特的《喔，蘇珊娜！》曲調改編，變成《喔！曼寧太太，請別為我哭泣》。

各式各樣的單張報紙與歌謠在群眾間穿梭叫賣，包括了以下這種打油詩：

他們長期計畫謀殺自己的朋友，
想要奪走他的公司。
他們準備了恐怖的武器，
在廚房裡挖好他的墓穴。
他們深情擁抱他
然後殺死他——多麼恐怖的一幕！
他們首先重創他，接著洗劫他。
腓特烈·曼寧和他的妻子，

各位老人小孩，請銘記教訓，
女人啊，要有貞節。
感謝這個要命的早晨，
腓特烈．曼寧和他的妻子。[3]

毫不意外，絞刑的大場面吸引了當時兩位偉大小說家的注意。一八四〇年，割斷雇主喉嚨的瑞士男僕佛蘭索瓦．庫爾瓦賽爾問絞，當時狄更斯和薩克萊都在場觀看。前者震驚於觀看群眾的行為，在《每日新聞》上這樣寫道：

我找不到任何一個標誌……足以形容這個場面下的任何情緒……除了下流、放蕩、輕率、酗酒與誇耀邪惡之外，再無他者。[4]

薩克萊的說法則是明顯不同。他說群眾是行為端正地插科打諢，而且男人都很小心在保護女人。他也注意到那些在鄰近屋頂上租下好位子的「放蕩」男女集團。當鐘聲響到八響，望著新門監獄外投的人們摘下帽子，然後「巨大的竊竊私語深湧起，比任何我曾聽過的聲音都讓人敬畏、奇異與難以描述。女人和小孩開始害怕地尖叫。」他想他正在目睹「一種對血的隱藏慾望」，而且公開問絞是有利的，因為它有威懾力，但它是如此令人畏懼，以至於必須停止，因為它本身也是一種謀殺。就像他在一八四〇年八月在《弗雷澤雜誌》上寫下、一篇名為〈觀問絞有感〉的文章所述：

我離開了……那個為謀殺作嘔的早晨，但那是為了我所見的謀殺而作嘔。[5]

這次在曼寧夫妻問絞後，狄更斯在《泰晤士報》上，用他鉅力萬鈞的筆觸寫道：

> 我相信那個展現廣大群眾的邪惡與輕率，如此難以置信、令人畏怖的景象……即使是在未開化的國度，都不可能在光天化日之下呈現出來。

這位已經成名的小說家為了觀眾「凶暴的舉止、表情與語言」而震慄；「刺耳的叫喊與咆哮聲、男孩女孩的尖叫與笑語聲」，伴隨著群聚在監獄門前與周遭街道，小偷、妓女、流浪漢和流氓，「各式各樣骯髒且令人作嘔的行為」。

他繼續寫下一段動人的話，這段話在未來常常被引用，直到公開處刑終結為止：

> 當太陽升起……在無數翹首仰望的臉龐上鍍了一層金；那些臉龐是如此難以形容的令人作嘔，帶著殘忍的笑容或冷酷無情。身為一個人對這種邪惡印象的風行，實在應該以表現出的態度為恥，並從自身內心感到畏懼。當那兩個吸引住所有這可怕景象的悲慘之人在風中顫抖時，沒有情緒、憐憫、認為兩個不朽靈魂要去接受審判的想法、也沒有任何對先前可憎行為的限制，就好像基督之名在世上從未被聽聞般；在人群間再沒有信仰，只有像野獸般的死去而已。[6]

瑪莉亞出現在絞刑台上時，穿著一件有黑斑的陽光配大大的白領。關於她的死，《泰晤士報》用有點讚賞的語氣寫到，那是一個女人所展現出、跟性別完全不相稱的態度，「相較於她那個被恐懼擄獲的丈夫，她展現了巨大的勇氣與沉著」，雖然記者是如何看出這點的，其實頗成疑問。《編年史》指出，「她那明顯纖細的輪廓，不斷來回擺盪」。[7] 狄更斯所譴責、那種對絞刑欠缺畏懼感的態度，其實在小說家自己的發言中也明顯可見。他回憶瑪莉亞的屍體是：

> 身材纖細、穿著精巧的束腹與細緻的洋裝，以至於當它慢慢隨風搖擺時，那纖細的身形也不曾有何改變。[8]

現場男女觀眾達成的，或許是一種性的滿足。前者看到一個有主導性、侵略性的女性受苦，後者則看到一個違背自己性別應有分際的女性遭到懲罰。[9] 就這方面來說，觀眾會把這種雙重問絞看成一件樂事，雖然他們只顧著看瑪莉亞的死，並且品頭論足、唱著下流歌曲。

然而，這議題其實更加複雜。在《倫敦新聞畫報》於一八四九年十一月二十四日報導的一場公眾集會中，雖然大家都同意群眾在曼寧處刑中的行為不該再重演，但也有大量的聲音力主死刑應該廢止。

然而，廢死直到下一個世紀才會到來，甚至公開處刑也仍持續不輟。這種倫敦人的特殊娛樂不曾停止，直到芬尼亞黨人麥可．巴雷特在一八六八年五月二十六日，於新門被吊死為止。當他的屍體落下時，據估計有兩千名群眾大開汽水、嘲弄並唱著《統治不列顛》和《香檳查理》。

瑪莉亞和腓特烈被埋葬在監獄轄區內。他們沒有留下任何東西，除了現在保留在康明博物館的墓碑以外。也許杜莎夫人為他們塑造、一直展示到一九七一年的蠟像，現在仍然儲放在倉庫某個偏僻角落。但是曼寧夫妻生活的倫敦、以及大部分他們走過的街道，至今仍在那裡。

第十二章　興高采烈、沉痛悲傷

萬國博覽會

一八五一年五月的第一天，是萬國工業博覽會在中倫敦海德公園正式開幕的日子。從好幾星期前起，街道就已經被重鋪了一遍，商店也被重新粉刷過。這場盛大開幕的規模之宏偉，讓萬國博覽會留名青史。亞伯特親王——皇家藝術學會、製造與商業協會的主席，以及一便士郵政的主要負責人亨利．柯爾，是這場巨大國際博覽會概念背後的主要推手。一萬七千位參展者，展示了超過十萬件展品，其中一半是來自外國。在幾個月間，倫敦人已經不停攀上特別的視角，來觀看水晶宮——它之所以有這個名稱，是因為全用玻璃搭成——從海德公園的綠茵與樹木間拔地而起。在此同時，雖然車掌三令五申，不過乘客還是不安全地擠到沿肯辛頓街行駛的公車車點上，好觀看他們經過的沿路景象。水晶宮在平均兩千名勞力的工作下，只花了幾個月就搭建完成。[1]

相較富裕的人會買季票、其他人買一鎊的日票，較多人選擇付五先令或二先令六便士，而最大多數拜訪博覽會的人，則是選在入場費只要一先令的日子；這些人林林總總加起來，超過了六百萬人前去觀看。他們在那裡看到了什麼？在建築物的中心有一個玻璃噴泉，二十七英尺高的水柱，在從玻璃屋頂折射進來的陽光下閃閃發亮。在技術上令人驚奇的事物有照相術、農業機械、縫紉機，以及柯爾特左輪手槍。在機械展示室裡有動力織布機、「自動精紡機」（self-acting mule），這是一種可以無休無止工作、織出長長經緯線的自動機械。巨大的雅卡爾織布機，正忙著織出最漂亮的花邊；幫浦正在汲起巨大的水瀑，蒸汽印刷機則在用高速大量產出印刷品。人們會為模型火車頭的噴氣、呼呼作響與乒乓撞擊大感驚奇。當我們瞥向幹道的時候，質地、形式、色彩精美的物件，簡直讓人目不暇給。在長廊的頂上懸掛著大地毯，色彩繽紛、設計精美的絨毯，還有奢華的絲綢。我們可以凝視驚人的「光之山」鑽石與其他珍稀寶石，為法國展出的奢侈衣物、家具與瓷器讚嘆不已。俯瞰正廳，我們可以看見一面巨大的鏡子；它放在一座龐大的鍍金架子上，底襯則是深紅色的布料。在每一個角落都有雕像，它們背後則有緋紅的布匹作為底襯；緊接在王座後面的，是為了歡迎女王和亞伯特親王前來開展而設置的皇家夫妻騎馬雕像。在這些事物後面是另一個噴泉，兩旁是栽種在地衣中的棕櫚樹，它們的腳下是廣泛延伸的花床，它們的花瓣似乎也沾染了鄰近噴泉落下水花折射出的稜鏡般色彩。然後我們的目光會看到公園內的老榆樹，它們病媒又被砍伐，而是直接被納入玻璃建築本身之中。[2]往外面，在公園的蛇形湖中，我們可以看到一艘戰艦的模型。

據報導，在開幕當天有超過五十萬人湧進海德公園。通常的巴士路線都中止了，所有不同公司、色彩繽紛的車子都載著乘客，行駛在通往海德公園的路上。街上完全找不到空著的出租馬車。主要街道在這時候通常會有春天逛街、購物和觀光的人潮，但現在也全都空了。商店關門大吉，好讓它們的老闆與店員能去觀賞水晶宮，至少是從外面觀賞。在公園裡到處都是桌椅，人們在其間坐著吃自己帶來、或是流動攤販販賣的野餐。

在開幕當天，女王自在地混進了訪客與買票進場的觀眾當中；在一段常被引用的日記條目中，她寫道：

這一天是我們生命中最偉大和最光輝的日子……它是讓我內心深感自豪的一天。[3]

有一個故事可以被敘述好多年。對那些受邀而來的貴賓，以及兩萬五千名持有季票、獲准在開幕式進入水晶宮的人員而言，當唱詩班正在合唱韓德爾的「哈雷路亞」時，一名身穿正裝的中國人忽然現身在會場，這讓他們不由得欣喜、愉悅或有點困窘。沒人預期到他的出現，雖然有人懷疑他是被唆使而來的。他拜倒在困窘的維多利亞女王，與也許有點惱怒的亞伯特親王面前；或許，他是位中國的高官顯要也說不定。竊竊私語的交談聲響起；接著，他被引領到介於坎特伯里大主教與威靈頓公爵中間的位子。他後來被證實是一艘當時停泊在碼頭的中國戎克船船長、或者是更次要的人物。

一般倫敦人必須要攢夠錢，才能付最低一先令的入場費。如果他們夠幸運，能成為紅磚巷杜魯門、漢布里與巴克斯頓三家釀造商的三百位工人之一，公司會給他們兩天的休假，還有每天二先令六便士的費用。[4]海軍部也會讓某些碼頭工人到倫敦六天，如果鐵路價格沒有明顯降低，還會從樸茨茅斯提供一艘船載他們過去。[5]很多其他雇主也會給員工休假，有時候更會補貼他們去看博覽會。

在水晶宮內抽菸和喝酒都是被禁止的，不過過濾水是免費的，而且舒味思有訂下契約，可以在場內販賣汽水。[6]這不可避免地引來一些讀者投書到報刊，抱怨餐點的品質，其中有以下這樣的內容：「這是我吃過最難吃、最小的三明治……我買到的咖啡永遠是冷的，而且一無是處……又小、又乾、六便士一塊的豬肉派」。[7]因此可以理解地，有許多人選擇自帶補給，而且被看到坐在噴泉邊就吃起來。甚至也有人抱怨說，有母親在會場公然哺乳。

一項最被人感謝、且或許是對大部分人來說最新穎的設備，就是公共沖水廁所了。因為它們登場的時候要收一分錢一次的低價，所以誕生了「方便一下」（to spend a penny）這樣的用語。它們也被委婉地稱為「小站」（halting station）、「隱退所」（retiring room）、「洗手間」（washroom），某些人則稱呼它為「猴子的衣櫥」（monkey closet）。沖水廁所也提供手巾和梳子，意思是說裡面也有安裝臉盆和鏡子。[8]

許多倫敦人都是第一次看到這麼多從國內別的地方、以及國外前來的人。喬迪、密德蘭、西英格蘭、約克郡、格拉斯哥與高地方言，都不絕於耳地屢屢被聽聞。

全英國的儲蓄俱樂部與代理店，組織了旅行與適合的寄宿處所。在七十五萬到一百萬搭火車前來的人中，湯瑪斯・庫克就用密德蘭鐵路載運了十六萬五千名訪客到倫敦。[9]在某些日子李，會有多達二十班特別列車從北部駛抵尤斯頓。[10]維多利亞女王在日誌中指出，某些肯特和薩里的村莊，全部村民都在存錢好前往倫敦，還有一名諾福克的製造商雇了船，上面有臥鋪和烹飪設備等全套裝備，一路航行到倫敦並在碼頭繫泊。[11]

住宿場所非常缺乏。倫敦的房東和租客都從租讓房間中賺了一大筆。每人每週二鎊十先令以上、附床和早餐似乎是基本價，雖然也可以找到每晚二先令的房間就是了。[12]鐵路費用和附帶支出也必須加上去。許多訪客指出，很多人都準備了四、五鎊到倫敦的旅費，特別是在有當地鄉紳幫忙的情況下更是如此。

也許是因為國外訪客沒有被仔細查核、甚至是被計算過的緣故，我們不能確定在參考資料中頻繁出現的大量「外國人」——這個詞通常帶著點敵意的味道——，是否言過其實。就像梅休在寫他虛構的桑德柏伊斯家時，曾經指出「有十萬對留小鬍子的夫妻，會被拋到我們的海岸線上」[13]；雖然謠言中入侵的法國人都是留大鬍子，而且英國警察也感覺他們應該要留個鬍子。如同一八四八年般，對外國人導致混亂甚至革命的恐懼再次復甦。有些人擔心水晶宮會重蹈聖經中巴別塔的覆轍，也就是「建造者忽然開始說起外國語言」。那個夏天，許多倫敦人和大部分鄉下人頭一次看見法國、德國與其他國家的人。英國人總假定法國人——他們和地理上比較遙遠，但同樣常被提及的西班牙人、義大利人與土耳其人被分別看待——不忠、暴力與令人不悅，但這群來訪的人，為這個國度提供了某種程度的啟蒙。

一八五一年夏天，或許也是人們第一次在公開場合看到人抽香菸（紙菸）。英國中上階層的人都抽雪茄，勞工階級則通常會在嘴裡叼著一根陶製菸斗。紙菸被帶回英國是在克里米亞戰爭時期，當時的軍官看土耳其人與俄羅斯人抽紙菸蔚為時尚，於是從此也成為英國的正式習慣。[14]

萬國博覽會也在小說中登場。在柯林斯的《白衣女郎》中，魯貝雷先生與太太從法國城市里昂來到倫敦，在「歐陸」倫敦的中心——萊斯特廣場，找了一間房子落腳。因為他們預期會有大量外國人拜訪倫敦，所以將它裝修成一間為外國客人服務、供膳食的住宿處，不過，撇開小說不提，確實有一位偵探在巡視萬國博覽會本身；他的名字不是很好念，叫做瑟爾金特（Serjeant）。據狄更斯所言，這位偵探會說法語，並且會整天和許多法國訪客攀談。[15]

如果瑪莉亞・曼寧沒有死於絞刑吏之手，那她也許會運用自己的天分當起一名通譯，為來到倫敦參觀萬國博覽會的法國、瑞士與比利時訪客服務，畢竟瑪莉亞（真名是瑪莉）是位母語法語，但英語也很流利，頗登大雅之堂的女性。反過來說，萬國博覽會也會提供瑪莉亞一個良好商機。曼寧家的資產有些是屬於瑪莉亞自己，因此就算她離開了酒鬼腓特烈，我們也可以想像她自己展開某種小康的事業，也許是房屋仲介。她甚至可以在一八五一年夏天租一間房子，然後提供歐陸式的早餐與晚餐，滿足客人的胃口。

撇除對大量湧進的大鬍子、小鬍子、抽菸、嘈雜與可能鬧革命外國人的恐懼，一八五〇年六月二十日的《泰晤士報》預言，海德公園將會變成「全倫敦流浪漢的露營地」。[16]但事實上，當天的犯罪好像幾乎絕跡了一樣。在開幕幾天後的五月五日，女王被告知在開幕日當天，儘管據估計有五十萬到七十萬人聚集在海德公園，但沒有任何意外事故、事件或是警方報告。[17]在萬國博覽會舉行的整整五個月間，只有十二名扒手在水晶宮內被逮捕。然而，這是花了大量士兵與警察，持續值勤才達到的結果。

對群氓鬧事的恐懼變得煙消雲散。《經濟學人》宣稱，在萬國博覽會第一週廉價入場結束的時候——

> 在一先令日第一週結束之際，我們可以說在倫敦大眾中，沒有比這邊的人更守秩序的了。[19]

這種壓倒性的感受，可以說是萬國博覽會的各式事物帶給人們、特別是有關英國物質進步的敬畏感所致。小說家夏綠蒂・勃朗特，在自己的自傳中就這樣寫道：

感覺起來就像是，只有魔法才能從世界上各個角落聚集到這麼大量的財富——彷彿除了超自然之手外，再無其他事物安排了這一切。

她又形容了人們是多麼靜默：

沒有一絲噪音傳入耳中……活生生的浪潮安靜滾動，帶著低沉的嗡嗡聲，就像是從遙遠地方聽到的海潮聲一樣。[20]

萬國博覽會在一八五一年十月十五日閉幕。共有六〇三九一九五人造訪，其中四四三九四一九人是付最小額的入場費。平均每一天的入場者是五萬人，最後幾天甚至達到超過十萬人。當展覽品搬空的水晶宮以七萬鎊價格賣給倫敦與南海岸鐵路公司時，它已經寫下了十八萬鎊收益的記錄。之後它在倫敦南邊六英里遠的地區重建，此後這個地區就以「水晶宮」著稱；它一直聳立在那裡，直到一九三六年十一月三十日傍晚，因為一場火災而毀滅為止。

另一個一八五一年萬國博覽會令人滿意的結果是，它凸顯了合適旅館住宿的缺乏、倫敦街道的狹窄、餐飲業的水準低落、對主要下水道系統、泰晤士河築堤、以及市區鐵道系統的迫切需求。這些需求在維多利亞時代的晚期、或是更後期先後獲得滿足——但或許仍有從未被滿足的部分。

「一位偉人今日殞落」——威靈頓公爵的葬禮

威靈頓公爵在一八五一年五月一日慶祝他的八十大壽，那天剛好也是萬國博覽會開幕的日子。仍然精神抖擻的公爵，在接下來幾個星期中穿越海德公園許多次，去拜訪水晶宮。他立刻理解到，雖然早些年他因為自己在許多事務上的反動立場而不討人喜歡，但他現在被看成是帶領一場漫長戰爭走向終結的偉大英雄，擊敗了拿破崙、並創造了歐洲自一八一五年以來的和平。群眾為他歡呼喝采；其他在水晶宮裡的人聽到這陣噪音，但看不見如此激動的源頭，於是紛紛慌亂地湧向門口，結果警察不得不出手挽救公爵。[21]

公爵在一八五二年九月十四日，逝世於迪爾（譯按：英國的港口城市兼海軍基地）附近的沃爾默城堡。[22]他的國葬訂在十一月十八日；這段期間，他的遺體躺在一個密封的棺木中。十一月十日它被打開、進行防腐處理，運往迪爾，然後送上火車運回倫敦。在那裡，他恰如其分地躺在切爾西醫院，國家為老兵準備的居所中。

在公爵過世到他的盛大國葬之間，一幅描述他大小戰役的透視畫在倫敦展出，每天兩次。公爵的肖像被拿出來販賣；我們可以用五畿尼買一尊公爵的石膏像，或是花五十畿尼買一尊青銅像。也有比較不那麼高雅、比較商業化的事物在賣，包括了「威靈頓蛋糕」和「威靈頓酒」，以及大量有關他生平與勝利的廉價出版品。

當公爵莊嚴地躺著時，據估計有二十六萬人列隊瞻仰，許多人是搭蒸汽江輪在切爾西上岸；對於從倫敦城抵達當地來說，這或許是比公車更快的方法。十一月十七日，他的遺體被移往英國陸軍的總部——近衛騎兵團部。

在此同時，沿葬禮行進路線的正式座位已經開始販賣，而私人房間、窗戶與全部的樓層，也都以高價租讓出去。特別列車來自全國各地，包括了一列湯瑪斯·庫克組織起來，從北蘇格蘭亞伯丁過來的專列。所有街道在葬禮當天都禁止通行，每個人都被要求穿上全套喪服，女士們則被勸告在接下來的幾天內，最好都穿深色的服裝。

十一月十八日早上七點，內政部發言人抵達近衛騎兵團部，隨行的還有包括皇室家庭在內的幾輛馬車。八點，在軍樂隊演奏韓德爾《掃羅》中〈死亡進行曲〉的樂聲中，國葬隊列正式啟程。出殯的馬車由十二匹馬牽引。公爵的遺體躺在用黑色天鵝絨覆蓋、二十七呎長、十呎寬的青銅靈柩中，上面則有一個十七呎高的頂篷。士兵倒轉自己的武器，裹住的鼓緩慢敲擊著歸營號；公爵的坐騎孤零零地跟著隊列，他的長靴倒置在馬鐙上。

國葬路程採取繞道經過白金漢宮的方式，因此女王得以看到隊列行進；在禮儀上，不允許君主參加一位非親近皇室成員臣民的葬禮。從那裡隊列登上憲法山，通過公爵自己的住所——阿普斯利宅邸，亞伯特親王在這裡加入隊列；接著沿皮卡地里前進，下到聖詹姆士街進入帕摩爾，那裡的紳士俱樂部都掛上黑布幔，然後抵達特拉法加廣場。

許多觀眾在十五年前，當年輕的維多利亞坐在加冕馬車中、沿同樣路線前進時，就曾經現身。當時她從特拉法加廣場下白廳到西敏寺，但公爵的隊列則是前往聖保羅大教堂。它沿河岸街前進，在那裡加入由八十三位切爾西衛士組成的隊伍；這些人沒辦法從醫院全程參與行進，所以在這裡會合。在倫敦與西敏市交界的聖殿關拱門——那裡現在也掛上了黑色布幔，隊伍與和倫敦市長會合，然後繼續前往聖保羅大教堂。沿著整趟路程，都有身穿黑服、表情肅穆的人們在觀看；他們身處在倫敦晚秋的秋風與間歇性的強風之中，靜默且傷感地領悟到一個漫長時代的結束。

進入聖保羅大教堂，看臺已經為精選出來的客人搭建妥當，據估計有一萬七千名送葬者參與。靈柩由幾位曾於公爵麾下服役的退役將軍護送，包括八十四高齡的安格爾西侯爵，他在滑鐵盧戰役中失去了自己的一條腿。當靈柩緩緩降入墓穴中時，《詩篇》與《西緬之頌》被齊唱，再加上從〈撒母耳記下〉「你們當撕裂衣服、腰束麻布、在押尼珥棺前哀哭」等韻文，小號手則吹響最後一首憂鬱的致敬曲。

維多利亞的加冕隊列或許曾是對全體群眾宣告偉大時機到來的第一聲，特別是對那些首都居民而言。威靈頓公爵的葬禮，則標示著世界從冠蓋雲集、為了少數人的利益，到公眾參與、大眾媒體反映國家事務的明顯轉變。

萬國博覽會與威靈頓公爵的葬禮，這兩起同樣引起國民興趣且發生在倫敦的事件，標誌著維多利亞統治的前四分之一告終。接下來的四分之一是開始於士兵腳步沉重的軍靴聲行過倫敦街頭，走向鐵路車站，投入一八五四到五六年的克里米亞戰爭之中。這是自滑鐵盧戰役以來將近四十年間，英國部隊第一次踏上歐洲土地進行戰爭。

萬物流轉……

一八三二年倫敦爆發霍亂大流行後，日記作家查爾斯・格萊威（Charles Greville）觀察倫敦的群氓現象，寫道：這些人和聖彼得堡及其他歐洲首都的貧民一樣無知無識。在這些地方，窮人普遍相信，醫生才是疾病的製造者。在聖彼得堡，暴民曾殺害一位德國醫生，並重傷另外六人。醫生被視為可憎的統治階級之一，給人的感覺更接近警察。在倫敦，群眾拒絕配合醫師提出的各項防疫建議，堅信那不過是另一次欺騙的手段。有一位霍亂病患被送往聖馬里波恩特別醫院的霍亂病房，卻被家人強行帶回家；他坐過的椅子被砸毀，而送診人員與外科醫師也是在驚險中逃過一劫。各地不斷傳出騷動、暴力與愚昧無知的混亂景象。衛生委員會的建議遭到忽視，教區拒絕撥款實施預防措施，甚至連樞密院的命令也無效。格萊威寫道，在這座城市裡，「群氓已經接管了對抗霍亂行動的一部分」。[23]

不可避免地，這讓我們想到對腮腺炎、麻疹與百日咳疫苗的反彈，以及許多人拒絕接種疫苗，以對抗種類變化多端的「新冠肺炎」。

拒絕採用共善的手段，這種情況仍在持續。另一方面，雖然政府與倫敦行政當局歷經將近兩世紀的改革，許多維多利亞早期便已存在的問題仍未獲得解決。水公司仍被指控從泰晤士河中汲取汙水，房租對大部分倫敦人而言仍然太貴，公共運輸的成本高於或許世界上任何一個首都。在公開絞首、特別是曼寧處刑中展現出的低劣行徑，在某些足球比賽、街頭示威與抗議集會中仍然持續可見；但相對之下，公眾在主要皇家與國家儀式中的比現，卻仍然是奇妙地可圈可點。許多事情已經完全不同了，但許多仍然一如既往。這就是歷史。

致謝

有許多朋友為我提供了慷慨的協助，特別是豪威教授（Donald Hawes），用十九世紀文學的廣博知識協助我；建築史家希戈特博士（Dr. Gordon Higgott），啟蒙了我關於早期維多利亞建商的習慣；霍夫布蘭博士（Dr. Barry Hoffbrand）閱讀有關醫藥的篇章，將我從無可避免的大錯誤中拯救出來。我的朋友與前同事麥法蘭（Francis McFarland）聆聽我閱讀篇章，並指出其中的不當之處。我也要對我技巧熟練、細心準備讓這本書付梓的編輯，致上最深謝意。

註釋

第一章

1. Dodd, G., *The Food of London* (London: Longman, Brown, 1856), pp. 127-128
2. Taine, H., *Notes on England*(New York: Holt and Williams, 1872), p. 76
3. Porter, G. R., *The Progress of the Nation*(London: John Murray, 1847),p.575
4. Tristan, Flora, *Promenades dans Londres,* (Paris: Delloye, 1840), Preface, p. xvii
5. Melville, *Journal of a Visit to London and the Continent 1849-1850,* ed. Eleanor Melville Metcalf(London: Cohen and West, 1949), p.21
6. *Murray's Handbook to London*(London: John Murray, 1851), p.49
7. Anon., *The Bermondsey Murder: Full Report of the Trial of Fredrick George Manning and Maria Manning for the Murder of Patrick O'connor*(London, Printer and Published by W. M. Clark, 1849), p.36.
8. Mayhew, H. and Binney. J., *The Criminal Prisons of London and Scenes of Prison Life,* firs published 1862(London, Frank Cass, 19658)
9. Sheppard, F., *Londaon 1808-1870, the Infernal Wen*(Berkeley, University of California Press, 1970), p.26

10. Seaman, L.B., *Life in Victorian London*(London: Batsford, 1973), pp.17-19

11. Holme, Thea, ***The Carlyles at Home*** (London: Oxford University Press, 1965), p.154

12. Ibid., p.4

13. Tristan, pp.3 and 9

14. 更多關於小說的參考資料，請參見Altick, Richard, ***The Presence of the Present: Topics of the Day in the Victorian Novel***(Columbus: Ohio State University Press, 1991), 特別是關於喬與清道夫的部分，pp.391 and 615

15. Colman, H., ***European Life and Manners in Familiar Letters to Freiends,*** 2 volumes(Boston: Little and Brown, 1850 and London, John Petherham, 1850), Vol.I, p. 165

16. Ibid., Vol.II,p.117

17. Sala, G. A., ***Twice Round the Clock,*** (Leicester: Leicester University Press, 1971), pp. 351-352. 這些報導首先在一八四〇年代以雜誌文章的形式刊載，之後在一八五九年出版成書。(London: J. and R. Maxwell)

18. 引自Southerland, J., ***Is Heathcliff a murderer? Puzzles in 19th Century Fiction***(Oxford: Oxford University Press, 1996), p.95

19. Motteram, R. H., 'Town Life' in Young G. M.(ed.), ***Early Victorian England 1830-1865,*** 2 volumes(Oxford: Oxford Unicersity Press, 1934), Vol. 1, pp. 155-223

第二章

1. St, Aubin, G., *Queen Victoria: a Portrait*(London: Sinclair-Stevenson, 1991), p.118
2. 參見US *Saturday Evening Posr* of 28 July 1838.
3. 關於非婚生子女，請參見the Annual Report of the Registrar-General of Births, Marriages and Deaths
4. 討論倫敦賣淫的部分，請參閱其他論述，如Flanders, Chapter 15
5. Altick, *The Presence of the Present,* pp. 533-534
6. Ibid., p.534
7. Pershall, R., *The Worm in the Bud: the World of Victorian Sexuality,* (Harmondsworth: Penguin, 1971 ed.), p.313
8. *Notes on Englad,* quoted in Laver, J., *Manners and Morals in the Age of Optimism, 1848-1914*(London: Weidenfeld and Nicolson, 1966)p.36
9. Flanders, p.403
10. Tristan cit., pp. 114-118
11. Weinreb, B. and Hibbert, C., *The London Encyclopaedia*(London: Macmillan,1983)under'Crime'
12. https://victorianweb.org/authors/dickens/rogers/ (accessed 7 December 2021)
13. Ibid.
14. Quoted in Trudgill, E., *Madonnas and Magdalens*(London: Heinemann, 1976), p.107
15. Seymour, B., *Lola Montez*(sic), (New Haven: Yale University Press), 1996

16. Dodds, pp.371-372
17. Altickm p.542 note
18. 關於瑞秋夫人，請參見Rappaport, H., ***Beautiful for Ever: Madame Rachel of Bond Street, Cosmetician, Con-Artist, and Blackmailer,*** (Ebrington Glos. 2010)
19. Trudgill, p.132, Chesney, K., ***The Victorian Underworld*** (London: Temple Smith, 1970),pp. 239-245
20. Trudgill, p.176
21. 引自Hoppen, K.T., ***The Mid-Victorian Generation 1846-1886***(Oxford: Oxford University Press, 1998), p.319
22. Stanley, M.L., ***Marriage and the Law in Victorian England 1850-1895***(London: I.B. Tauris, 1989), p.37
23. Trudgill, p.4
24. 前引書，p.56
25. Altick,p.308
26. Slater, Michael, ***An Intelligent Person' Guide to Dickens***(London: Duckworth, 1999), p.138, 引自狄更斯在《家喻戶曉》(***Household Words***)，一八五一年十一月的言論。
27. Perkin, J., ***Women and Marriage in Nineteenth Century England***(1977), pp.57-60, 71; Greer, Germaine, ***Sex and Destiny***(London: Secker and Warburg, 1984), p.133
28. Trudgill, pp. 28, 76

第三章

1. Burnett, J., *Plenty and Want: a Social History of Diet in England from 1815 to the Present Day*(London: Scholar Press, 1979),pp.78-79
2. Reynolds, G.W.M., *The Mysteries of London,* ed. Thomas, T.(Keele University Press, 1996), p.234
3. Tristan, p.297. 狄更斯在《雙城記》第五章提及法國時，曾說到「去皮的洋芋片，勉勉強強加一點油來炸」。
4. Sala, G.A., *Twice Round the Clock,* 初版於一八五九年，至於刊載在雜誌上的時間則更早（Leicester: Leicester University Press, 1971）, p.298.
5. 引自Ackroyd, P., *London, the Biography*(London: Vintage Press, 2001), p.317
6. Hoppen, p.346
7. Burnett, J., *A History of the Cost of Living*(Harmondsworth: Penguin, 1969), p.209, Clapham, J.H., 'Work and Wages', in Young, Vol. 1, pp.1-77
8. Burnett, *Cost of Living,* pp.212-213
9. Dodds, J.W., *The Age of Paradox: a Biography of England 1841-1851,* (London: Gollancz, 1953), p.430
10. Burnett, J., *Plenty and Want,* P.89
11. Holme, T., *The Carlyles at Home*(London: Oxford University Press, 1965), p.34 and 166
12. Dodds, *Age of Paradox,* p.299

13. Briggs, A., *Victorian Things*(Harmondswortj: Penguin 1990), p.216
14. Greatorex, Rev.D. Mss diary, kept at Tower Hamlets Local History Centre(Ref. P/GTX), 8 October 1856
15. Sheppard, pp. 189-190
16. Burnett, *Cost of Living*, p.216
17. Dodds, *Age of Paradox*, pp.121-123. Dickens, *David Copperfield*, Chapter 11. 狄更斯是在一八四九－五〇年，以連載形式出版這部小說。他參考的內容也許是當時所見，雖然這部小說本身的年代設定是十年前。
18. Pool, Daniel, *What Jane Austen ate and Charles Dickens knew*(New York: Simon and Schuster, 1993), p.209
19. Ibid., pp.205-206. 同時參見Burnett, *Plenty anf Want*, pp.103-115
20. House, H., *The Dickens World*, (London: Oxford Universuty Press, 1941), pp.184-185
21. Burnett, *Plenty anf Want*, p.119
22. Holme, p.85
23. Colman, Vol.1, p.141
24. Burnett, *Plenty and Want*, 引自無名氏，*Memoirs of a Stomach*
25. Melville, pp.31-32
26. Kent, William, *Mine Host London, a Chronicle of Distinguished Visitors*(London: Nicholson and Waston, 1948), p.159
27. Sala, *Twice Round the Clock*, pp. 322-324
28. Dickens, C., *Sketches by Boz*(London: Chapman and Hall, 1913 edition), Chapter 11, 'Greenwich Fair'

29. Altick, *The Presence of the Present,* pp. 220-22
30. Adburgham, A., *Shops and Shopping 1800-1914*(London: Allen and Unwin, 1964),pp. 141-142
31. Ibid., p.23
32. Ibid., p.12
33. Ibid., p.14
34. Colman, Vol.1, pp.127-128.
35. quoted in Adburgham, pp.141-142
36. quoted in Laver, p.86
37. National Archives(Kew)MEPO 3/54
38. Hardyment, C.,*from Mangle to Microwave, the Mechanisation of Household Work*(Cambridge : Polity Press, 1988), p.43
39. Briggs, p.281
40. Borowitz, p.15
41. Ibid., p.282
42. Quoted by Seaman, *Life in Victorian London,* p.128
43. Colman, Vol.1, pp.21-22
44. Ibid., p.166
45. Laver, J., *Taste and Fashion from the French Revolution until Today*(London: Harrap, 1937),p.57
46. Briggs, p.267

47. Jerrold, D., *Mrs Caudle's Curtain Lectures,* Lecture XX
48. Melville, p.61
49. Holme, p.103-106
50. Jerrold, pp.84-85
51. Dickens, *Dombey and Son,* (first published 1846-1848), Chapter 10 an 31
52. Altick, *The Presence of the Present,* p.237
53. 來自摩斯父子的新年賀詞，引自Dodds, *Age of Paradox,* p.279
54. Quoted Lewis, J., p.292
55. Sala, G.A., *Gaslight and Daylight*(London, Chapman and Hall, 1859), p.260
56. Sheppard, p.168
57. Levitt, S., *Victorians Unbuttoned*(London: Allen and Unwin, 1986), p.12
58. Hoppen, p.350
59. Dodds, p.279

第四章

1. Holme, pp. 42-43
2. Dodds, p.283

3. Altick, *Presence of the Present,* p.552 note
4. Ibid., p.551
5. Dodds, pp.282-283
6. Picard, p.187
7. St, Aubyn, pp.257-258
8. Picard, p.188
9. Picard, pp.182-183
10. Hoppen, p.326
11. Ibid.
12. Burnett, J., *A Social History of Housing 1815-1870*(London: Methuen, 1980), p.101
13. Ackroyd, *Dickens,* p.384
14. Holme, p.155
15. 關於這方面的細節，請參閱Jackson, Lee, *Dirty Old London: the Victorian Fight against Filth*(New Haven and London: Yale University Press), p.50
16. Sheppard, p.256
17. Ackroyd, *Dickens,* p.382
18. Ibid.
19. Wilson, E.N., *The Victorians*(London: Hutchinson, 2005), p.155

20. Sheppard, p.270
21. *Illustrated London News,*8 September 1849, p.163
22. Sheppard, p.189
23. *The Times,* 31 January 1851
24. Reynolds, p.163
25. Walker, G. A., *Gatherings from Graveyard, particularly those of London*(London: Longman 1839), p.168
26. *Dickens' Journalism*(ed. Slater)Vol. 2, pp.147-156, specially p.150
27. *The London Encyclopaedia,* pp.930-931
28. Ibid.
29. 引自Longmate, N., *King Cholera, the Biography of a disease*(London: Hamish Hamilton, 1966),p.180

第五章

1. Dodds, p.360
2. Burnett, *History of the Cost of Living,* pp.200-201
3. Sheppard, p.71
4. Altick, *The Presence of Present,* p.641
5. Holme, p.28

6. Altick, *The Presence of the Past,* pp.662-663
7. Greatorex, Rev.D., *Diaries*(Tower Hamlets Local History Centre, MssP/GTX)1 October 1855
8. Hoppen, p.339
9. Sheppard, p.95
10. Johnson, E., *Charles Dickens, His Tragedy anf Triumph*, (Harmondsworth: Penguin, 1986), p.28
11. Ibid.
12. Hardyment, pp.17-18
13. 所有關於卡萊爾家房子的細節都來自Holme, pp.9-11 and 76 and ff。
14. Holme, p.48
15. Burnett, *Social History of Housing*, p.145
16. *The London Encyclopaedia,* p.624
17. National Archives(Kew), MEPO 3/54
18. Burnett, *A Social History of Housing*, p.211
19. Holme, p.10
20. Burnett, *A Social History of Housing,* p.171
21. Cruickshank, D. and Burton, N., *Life in the Georgian City*(London: Viking 1990), p.78
22. Altick, *The Presence of the Present,* pp.343-344
23. Ibid, p126

24. Cruickshank and Burton, p.74

25. Burnett, *A History of the Cost of Living*, p. 242

26. Holme, pp.141-147

27. *Dickens' Journalism*, Vol. 2, pp.234-241

28. Pearsall, p.79

第六章

1. 'Ignorance and Crime', in *The Examiner* 22 April, 1848, 引自*Dickens' Journalism*, Vol.2. pp91-95

2. Ibid., p.94

3. Cruickshank and Burton, p.88

4. 關於識字能力與閱讀的討論，請參見Altick, R., *The English Common Reader: a Social History of the Mass Reading Public 1800-1900*(Chicago: University of Chicago Press, 1957), p.170

5. 瑪莉亞的書籍表列在Borowitz, p.301。

6. Hoppen, p.388

7. Altick, *The English Common Reader*, p.321, 引用Froster's *Life of Dickens*。

8. Sweet, M., *Inventing the victorians*, (London: Faber, 2001), p.67

9. 引自Ackroyd, P., *Dickens*, pp.195-197

10. Reynolds(ed. Thomas), p.169
11. Ibid., Introduction, p.15
12. Michael Slater, in ***Dickens' Journalism,*** Vol.2, Introduction, p.xv
13. Zeldin, T., ***France 1848-1945,***(New York: Oxford University Press, 1980) 4 vols. Vol. 1, p.7
14. Weindling, D. and Colloms, M., ***Kilburn and West Hampstead Past***(London: Historical Publications, 1999), pp.23-24(W. H. Smith lived in Kilburn)
15. Dodds, p.374
16. Trudgill, pp.220-221
17. Altick, ***English Common Reader,***p.301
18. Ibid, p.103
19. Ventura de la Vega, ***Cartas Familiares Ineditas,***(Madrid, 1873), p.9
20. Cruickshank and Bruton, p.192
21. Ibid.
22. Sala, p.294
23. Hoppen, p.465
24. Ibid., p.431
25. Ibid., p.453
26. Ibid., p.453 馬克思與金斯萊都把宗教比擬為鴉片。參見www.thegurdian.com/notesandqueries/query/0,5753,-

1987,00.html (access 29 December 2021)

27. ***Sybil,*** Vol.2, p.289(引自Trugill, p.176)

28. Russell, G.W.E ***Collections and Recollections***(1898),引自Cruickshank and Burton, p.173

29. Altick, ***Presence of the Present,*** pp.423-425

30. Hoppen, p.463; Altick, ***Presence of the Present,***p. 102

第七章

1. Altick, ***English Common Reader,***p.116
2. Hoppen, p,445
3. Lytton Strachey's essay on Cardinal Manning, 在他一九一八年的作品***Eminent Victorians***中，對此有生動的描述。
4. 引自Hoppen, p.145
5. Dickens's Jornalism, Vol.2, pp.297-305
6. Picard, p.73
7. 引自Lewids, J., ***London, the Autobiography*** (London: Robinson, 2009), p.254
8. Engels, F., ***The Condition of the Working Class in England***(eds., 1958, p.123). 也參見Swift, R. and Gilley, S., ***The Irish in Britain 1815-1939***(London: Pinter, 1989)

9. Mayhew, H., ***Life and Labour of the London Poor,***3 Vols, 初版一八五一年(London: Charles Griffin & Co. 1861-1862), Vol. 1, pp.108 and ff
10. Thompson, D., ***In Camden Town***(1983) 引自Wilson, A. N., ***The Faber Book of London***(London: Faber & Faber, 1993), pp.290-293
11. 參見Jackson, J., 'The Irish in London'(London University MA thesis, 1958); Alpert M., 'The Church of the Sacred Heart: Irish Catholics in 19th century Kilburn'(***Camden History Review,*** September 2001)
12. Carlyle, T., ***Collected Works***(London: Chapman & Hall, 1857), Vol.1, p.67
13. Sponze, L., ***Italian Immigrants in Nineteenth Century Btitain: Realities and Images*** (Leicester: Leicester University Press, 1988), pp. 21-22. 感謝Sponza博士指導我關於小義大利的事情。
14. Ibid, p.62
15. Altick, ***The Presence of the Present,*** pp.527-528
16. Sala, ***Twice Round the Clock***, pp.106-107, and Sponza, Chapter 5 and 6
17. ***Nicholas Nickleby,*** Ch.2
18. Nowrogge, J. and Merwangee, H., ***Journal of a Residence of Two Years and a Half in Great Britain***(London: W. H. Allen, 1841), p110
19. Sponza, p.133
20. Flanders, J., ***The Voctotian City,*** (London Atlantic Books, 2012), p.345 note.; 也參見http://breweryhistory.com/wiki.index.php?title=The_Story_of_General_Haynau (access 3 January 2022)

21. Porter, R., *London, a Social History*(Harmondswroth: Penguin, 1996), p.16
22. Porter, B., *The Refugee Question in Mid-Victorian: Politics*(Cambridge: Cambridge University Press, 1979),p.42
23. Ibid., p. 76
24. Ibid., p.25
25. Picard, p.222
26. Holme, p.83
27. Porter, *The Refugee Question*, p.92,引用一篇私人日記。
28. Wilson, *The Victorians,* pp.117-118
29. Picard, pp.213-214
30. Seaman, p.44
31. Sheppard, p.332
32. Salbstein, M., *The Emancipation of the Jews in Britain*(London: Associated University Presses, 1982), pp.37-38
33. Finestein, I, *Anglo-Jewry in Changing Times*(London: Vallentine, Mitchell, 1999),p.31
34. Mayhew, Vol.2, p.112
35. Ibid., p.44
36. Ibid., p.45
37. Ibid., p.135
38. Jerrold, Lecture XVI

第八章

1. *Comic Almanack, 1842* in Altick, R.. *The Shows of London*(Cambridge, Mass: Harvard University Press, 1976), p.181
2. Altick, *The Presence of the Present,* p.135
3. 關於倫敦公車的早期歷史，請參照Day, John R., *The Story of the London Bus*(London: London Transport, 1973)
4. *The Penguin Book of Comic and Curious Verse*(Harmondsworth: Penguin, 1952), p.239
5. Holme, p.47
6. Melville, p.26
7. Day, p.9
8. Altick, *The Presence of the Present,* p.373
9. Hayward, A. L., *The Days of Dickens*(London: Routledge, 1926), pp.7-8; Melville, p.37
10. Holme, pp.68 and 170
11. Dickens, *The Uncommercial Traveller*(1851),引自Hoppen, p.290
12. Altick, *The Presence of the Present,* p.608
13. Lewis, J. E., *London, The Autobiography*(London: Robinson, 2009), p.256
14. Barker, T. C. and Robbins, M., *A History of London Transport*, 2 vols.(London: Allen and Unwin, 1963), Vol.1, p.46
15. Burnett, *History of the Cost of Living*, p.216

16. Thackeray, ***Pendennis,*** Chapter 8
17. 「終點站」(Terminus)指的是鐵路線的終點，這個詞彙於一八三六年開始出現（Oxford English Dictionary）。
18. Cruickshank and Burton, p.97
19. Melville, p.20
20. Ventura de la Vega, pp.20-21
21. Quarterly Review, vol. 74, p.250, 引自House, H., ***The Dickens World***(Oxford: Oxford University Press, 1941), p.151
22. Cruickshank anf Burton, p.95
23. 引自House, p.140
24. Shappard, p.135
25. ***Manner and Customs of Ye Englyshe in 1849***(Edinburgh: Foulis, 1911, 古騰堡計畫電子書，2011), p.41
26. Sir Francis Bond Head, 引自 Freeman, M., ***Railways and the Victorian Imagination***(New Haven and London: Yale University Press, 1999)p.42
27. ***Punch***, 1 September 1849
28. Altick, ***The Presence of the Present,*** p.212
29. Hayward, A. L., ***The Days of Dickens***(London: Routledge, 1926),p.209. 我把原文的「ran-tan」改成了「rat-tat」（敲門聲）（作者註）。
30. ***Illustrated London News,*** 15 September 1849

31. Ventura de la Vega, pp. 17 and 42
32. *Illustrated London News,* 參見Altick, *The Presence of the Present*的插圖，p.208

第九章

1. Barret-Ducrocq, F., *Love in the Time of Victoria*(London: Verso, 1991), p.13
2. Burnett, *Hitstory of the Cost of Living,* p.263
3. Hoppen, p.353
4. 'A Gin-Shop' in *Sketches by Boz* 引自Wilson, *The Faber Book of London*(1993), pp. 369-371
5. *Dickens' Journalism*, Vol.2, p.137
6. Altick, R., *The Shows of London,* (Cambridge, Mass: Havard University Press, 1976), p.171
7. Melville, p.30
8. Nowrojee, J. and Merwangee, H., *Journal of a Residence of two years and a half in Great Britain*(London: W.H.Allen, 1841), pp.138-139
9. *Dickens' Journalism*, p.180
10. Altick, *The Shows of London,*p.514 and ff
11. 許多關於拇指將軍的有趣參考文獻，請參見Alethea Hayter的*A Sultry Month: Scenes of London Literacy Life in 1846*(London Robin Clark, 1992)

12. Altick, ***The Shows of London,***pp.514 and ff
13. Sala, G.A., ***Gaslight and Daylight***(London: Chapman and Hall, 1859),p.177
14. ***Sketches by Boz***(London: Chapman and Hall, 1913), p.98
15. Hayter, p.46
16. Altick, ***The Presence of Present,***p.435
17. Ibid
18. Vega, pp.25-26
19. Weightman, G., ***Bright Lights, Big City***(London: Collins and Brown, 1992), pp.19-20
20. Kent, p.143. 也參見狄更斯的***Sketches by Boz***'Greenwich Fair' in ***Dickens' Journalism***, Vol.,1, p.115
21. 根據Weightman, p.65，這種「綜藝秀」(Minstrels)都是由「把臉塗黑的白人」來演出。
22. Sala, p.293
23. Altick, ***The Shows of London,*** pp.323-331
24. Nowrogee and Merwangee, pp.102-103
25. ***Dickens'Journalism,*** Vol. 2, pp.171
26. Ibid., p.159
27. ***Dickens' Journalism***, Vol.2, pp.182
28. Ibid., pp. 193-197
29. 引自https://www.victorianlondon.org/publications/sketchesinlondon-5.htm(accessed 1 Februrary 2022)

30. https://en.wikipedia.org/wiki/Canterbury_Music_Hall (retrieved 1 Februrary 2022)

31. Kent, pp.164-165. 關於煤礦洞，請參閱Flanders, pp.362-363

32. Altick, *The Shows of London,* p.454

第十章

1. Holmes, pp.89-90

2. *Dickens' Journalism,* Vol.2, p.266

3. 關於倫敦警察廳的創立細節，請參照Sheppard pp.37-39

4. Pool, p.136

5. Kent, p.160

6. Vega, p.21

7. The *Polytechinc Magazine,* 28 January 1903. Hogg說，「條子」(ecilop)這個詞，仍然被用來指稱警察。

8. *Chamber's Journal,* No.XIII, p.54

9. Clark, pp.9 and 15

10. Sweet, pp.4-5說，儘管「轟動」(sensation)這個詞確實被套用在曼寧案上，但開始被大量使用在犯罪報導方面，應該是一八六〇年代的事。

11. Lock, p.36

12. 大部分以下的描述，是來自Michael Slater對狄更斯寫的兩篇有關偵探文章，所做的介紹與註解；參見他所編纂的*Dickens' Journalism*, Vol.2, pp.265-282
13. Lock, p.34
14. *Dickens' Journalism,* Vol.2, pp.356-369
15. Borowitz指出了這點，雖然瑪莉亞除了被判有罪時大爆發外，全然不發一語。
16. 關於個人細節，我仰賴Borowitz, E., *The Bermondsey Horror*(London: Robson Books, 1989)提供的資料。

第十一章

1. 關於接受絞刑的女性這一主題，請參見Knelman, J., *Twisting in the Wind: the Murderess and the English Press*(Toronto: University of Toronto Press, 1998)
2. Melville, p.26
3. 引自Diamond, M., *Victorian Sensation*(London: Anthem Press, 2003), p.163
4. 引自Flanders, p.389
5. Ibid., and Ackroyd, p.300
6. 引自Borowitz, p.261
7. Knelman, p.262
8. Ibid.

9. Ibid., pp.261-262

第十二章

1. Victoria and Albert Museum(Gibbs-Smith, C.H., Compiler), *The Great Exhibition of 1851*(London: HMSO,1950),p.13
2. 關於萬國博覽會的細節描述，可以在*The Great Exhibition: A Documentary History*(ed. Cantor, G.), 4 vols.,(London: Pickering and Chatto, 2013)與 Auerbach, J., *The Exhibition of 1851: A Nation on Display*(New Haven and London: Yale University Press, 1999)中找到。
3. 完整的入場資料，可以在*The Great Exhibition*(Ed. Cantor), vol.2, pp.291-293中找到。
4. Auerbach, p.150
5. Gibbs-Smith, p.29, 引用*Portsmouth Guardian*
6. Ibid., p.7
7. Ibid., p.27
8. https://en.wikipedia.org/wiki/George_Jennings , accessed 23 February 2022. 在廁所也許會有一名侍者幫忙擦屁股，並提供手巾好換取小費；如果客人要求，他們也會提供一方報紙——這是常用的擦拭手段。為個人廁所專門設計的廁紙，直到一八五七年才被美國的Joseph Gayetty發明出來(感謝明尼蘇達大學的Barry Kurdowitz教授，提供我這方面的知識)。
9. Auerbach, pp.137-139

10. Sheppard, p.135
11. Picard, p.224
12. Auerbach, pp.141-142. 感謝Auerbach教授慷慨提供更多萬國博覽會期間，有關倫敦住宿成本的細節。
13. Mayhew, *The Adventures of Mr. and Mrs. Sandboys and family, who came up to London to enjoy themselves and to see the Great Exhibition*(London: George Newbold, 1851)古騰堡電子書，2021
14. Altick, *The Presence of the Present,* pp.269-270
15. *Dickens' Journalism*, Vol.2, p.359
16. Gibbs-Smith, p.8
17. Ibid., p.18
18. Picard, p.222
19. 引自Auerbach, p.148
20. 引自Picard, p.219
21. Auerbach, p.148
22. 關於威靈頓公爵葬禮的細節，我仰賴Flanders, pp.335-346以及Muir, R., *Wellington, Waterloo and the Fortunea of Peace 1814-1852*(New Haven and London: Yale University Press, 2015), pp.568-572的資料。
23. http://spartacus-educational.com/Discholera.htm (accessed 24 February 2022)

參考文獻

（引用版本皆以本書撰寫時使用之內容為準）

手稿資源

曼寧案審判記錄：National Archives(Kew)CRIM12/9, DPP4/2 Manning Case: Police Record: National Archives MEPO 3/54

Rev. D. Greatorex, Manuscript Diary(London Borough of Tower Hamlets P/GTX)

印刷品資源（所有書籍除特別指出外，皆於倫敦出版）

Ackroyd, P., *Dickens*(Sinclair-Stevenson,1990)

Ackroyd, P., *London: the Biography*(Vintage Press, 2001)

Adburgham, A., *Shops and Shopping 1800-1914*(Allen & Unwin, 1964)

Altick, R., *The English Common Reader: a Social History of the Mass Reading Public 1800-1900*(Chicago: University of

Chicago Press,1957)

Altick, R., *The Shows of London*(Cambridge, Mass: Harvard University Press, 1976)

Altick, R., *The Presence of the Present: Topics of the Day in the Victorian Novel*(Columbus: Ohio State University Press,1991)

Barker, T.C. and Robbins, M.A., *A History of London Transport,* 2 volumes (Allen & Unwin, 1963)

Bermondsey Murder. The A Full Report of the Trial of Frederick George Manning and Maria Manning for the Murder of Patrick O'Connor…etc.(W.M.Clark,1849)

Borowitz,A., *The Bermondsey Horror*(Robson Books, 1989)

Briggs, A., *Victorian Cities*(Harmondsworth: Penguin Books, 1968)

Briggs, A., *Victorian Things*(Harmondsworh: Penguin, 1988)

Burnett, J., *A History of the Cost of Living*(Harmondsworth: Penguin,1969)

Burnett, J., *Plenty and Want: a Social History of Diet in England from 1815 to the Present Day*(Scolar Press, 1979)

Burnett, J., *A Social History of Housing 1815-1870*(Methuen,1980)

Calder, J., *The Victorian Home*(Batsford, 1977)

Chesney, K., *The Victorian Underworld*(Temple Smith, 1970)

Colman, H., *European Life and Manners in Familiar Letters to Freiends,* 2 volumes(Boston. Mass: Little & Brown, 1850)

Corton, C., *London Fog, the Biography*(The Belknap Press of Harvard University Press, Harvard, Mass., 2015)

Cruickshank, D. and Burtion, N., *Life in the Georgian City*(Viking,1990)

Day J., *The Story of the London Bus*(London Transport, 1973)

Diamond, M,, *Victorian Sensation*(Anthem Press,2003)

Dickens, Charles, ***Sketches by Boz, Nicholas Nickleby, The Chimes, Dombey and Son, David Copperfield, Bleak House, Little Dorrit***

Dickens, Charles, ***Dickens' Journalism,***ed. Slater, M., 4 volumes(Dent,1996), volume 2, 'The Amusements of the People and other Papers,1834-1851'

Dodd, G., ***The Food of London***(Longman, Brown, 1856)

Dodds, J.W., ***The Age of Paradox: A Biography of England 1814-1851***(Gollancz, 1953)

Dyos, H. and WOLFF, M., ***The Victorian City: Images and Realities,*** 2 volumes(Routledge, 1973)

Finestein, I., ***Anglo-Jewry in Changing Times***(Vallentine, Mitchell, 1999)

Flanders, J., ***The Victorian City: Everyday Life in Dickens' London***(Atlantic Books, 2013)

Gibbs-Smith, C. H., ***The Great Exhibition of 1851: a Commenorative Album*** (Victoria and Albert Museum, 1951)

Grant, J., 'Penny Theatres' in ***Sketches in London***(1838)

Greer, Germaine, ***Sex and Destiny***(Secker & Warburg, 1984)

Hardyment, C., ***From Mangle to Microwave: the Mechanisation of Household Work*** (Cambridge: Polity Press, 1988)

Harrison, J.F., ***Early Victorian Britain 1832-1851***(Fontana, 1979)

Hayter, Alethea, ***A Sultry Month: Scenes of London Literary Life in 1846***(Robin Clark, 1992)

Hayward, D., ***The Days of Dickens***(Routledge, 1976)

Head, Sir Francis Bond, ***Stokers and Pokers***(John Murray, 1849)

Holme, T., *The Carlyles at Home*(Oxford University Press, 1965)

Hoppen, K,T., *The Mid-Victorian Generation 1846-1886*(Oxford: Oxford University Press, 1998)

Huish, Robert, *The Progress of Crime: or Authentic Memoirs of Maria Manning(a Romance)*(author, 1849)

Jackson, J., 'The Irish in London'(London University MA thesis, 1958)

Jackson, L., *Ditry Old London: the Victorian Fight against Filth*(New Haven and London: Yale University Press)

James, A., *The Post*(Batsford, 1970)

Jerrold, D., *Mrs Caudle's Curtain Lectures*(Richard Edward King, no date, 1898?)

Johnson, E., *Charles Dickens, His Tragedy and Triumph* (Harmondsworth: Penguin, 1986)

Kent, W., *Mine Host London: a Chronicle of Distinguished Visitors*(Nicholson Watson, 1948)

Knelman, J., *Twisting in the Wind: the Murderess and the English Press*(Toronto: University of Toronto Press,1998)

Laver, J., *Manners and Morals in the Age of Optimism 1848-1914*(Weidenfield & Nicolson, 1966)

Laver, J., *A Concise History of Costume*(Thames & Hudson, 1969)

Leigh, P., *Manners and Customs of the Englyshe, Drawn from ye Quick by Rychard Doyle. To which be added some extracts from Mr. Pips hys Diary*(Gutenberg digitised version of edition published Edinburgh: Foulis,1911)

Levitt, S., *Victorians Unbuttoned*(Allen & Unwin, 1986)

Lewis, J,, *London, the Autobiography*(Robinson,2009)

Longmate, N., *King Cholera, the Biography of a Disease*(Hamish Hamilton, 1966)

Mayhew, Henry, *Life and Labour of the London Poor,* 3 vols.(first published 1851)(Charles Griffin & Co., 1861-1862)

Mayhew, Henry, *The World's Show 1851, or the Adventures of Mr. and Mrs. Sandboys and Family*(George Newbold, 1861)

Melville, H., *Journal of a visit to London and the Continent 1849-1850*(Cohen and West, 1949)

Mottram, R. H., 'Town Life'in Young, G. M.(ed.), *Early Victorian England 1830-1865,* 2 vols.(Oxford: Oxford University Press,1934)

Muir, R., *Wellington: Waterloo and the Fortunes of Peace 1814-1852*(New Haven and London: Yale University Press, 2015)

Murray's Handbook to London(John Murray, 1851)

Nowrojee, J. and Merwangee, H., *Journal of Residence of Two Years and a Half in Great Britain*(W. H. Allen,1841)

Pearsall, R., *The Worm in the Bud: the World of Victiorian Sexuality*(Harmondsworth: Penguin,1971)

The Penguin Book of Comic and Curious Verse(Harmondworth: Penguin,1952)

Perkin, J., *Women and Marriage in Nineteenth Century England*(Routledge, 1989)

Picard, L,, *Victorian London, the Life of a City 1840-1870*(Weidenfeld & Nicolson,2005)

Pool, D., *What Jane Austen ate and Charles Dickens knew(from fox-hunting to whist. The facts of daily life in 19th century England)*(New York: Simon & Schuster,1993)

Porter,B., *The Refugee Question in Mid-Victorian Politics*(Cambridge: Cambridge University Press, 1979)

Porter, R., *London, a Social History*(Harmondsworth: Penguin, 1996)

Porter, R., *A History of Medicine*(Cambridge: Cambridge University Press, 1996)

Rappaport, H., *Beautiful for Ever: Madame Rachel of Bond Street* (Ebrington, Gloucestershire: Long Barn Books, 2010)

Reade, C., *It's Never too Late to Mend*(Richard Bentley, 1856)

Reynolds, G.W.M., *The Mysteries of London*(ed. Thomas, T.),(Keele: Keele University Press,1996)

St-Aubyn, G., *Queen Victoria: a Portrait*(Sinclair Stevenson,1991)

Sala, G.A., *Gaslight and Daylight*(Chapman & Hall, 1859)

Sala, G.A., *Twice round the Clock,* first published 1859(Intro. Collins, P., Leicester: Lsicester University Press, 1971)

Seaman, L.B., *Life in Victorian London*(Batsfdord, 1973)

Seymour, R., *Lola Montez*(New Haven: Yale University Press, 1996)

Sheppard, F., *London 1808-1870: the Infernal Wen*(Berkeley: University of California Press, 1971)

Slater, M., *An Intelligent Person's Guide to Dickens*(Duckworth, 1999)

Sponza, L., *Italian Immigrants in Ninteteenth Century Britain: Realities and Images*(Leicester: Leicester University Press,1988)

Stanley, M.L., *Marriage and the Law in Victorian England 1850-1895*(I.B. Tauris, 1989)

Sutherland, J, *Is Heathcliff a murderer? Puzzles in 19th Century Fiction* (Oxford: Oxford University Press, 1996)

Swift, R., and Gilley, S., *The Irish in Britain 1815-1939*(Pinter,1989)

Taine, H., *Notes on England*(translated Fraser, W.)(Strahan, 1872)

Thackeray, W.M., *Pendennis*

Tristan, Flora, *Promenades dans Londres*(Paris: Delloye, 1840)

Trudgill, E., *Madonnas and Magdalens*(Heinemann,1976)

Vega, de la V., *Cartas familiares ineditas*(Mardrid, 1873)

Walker, G., *Gatherings from Graveyards, particularly those of London* (Longman, 1839)

Weightman, G., *Bright lights: Big City*(Collins & Brown, 1992)

Weinreb B. and Hibbert C., *The London Encyclopaedia*(Macmillan,1983)

Wilson, A.N.(Ed.), *The Faber Book of London*(Faber & Faber, 1993)

Wilson, A.N., *The Victoriains*(Hutchison, 2002)

國家圖書館出版品預行編目(CIP)資料

倫敦超展開：維多利亞時代的城市革命與日常生活/麥可.艾爾珀特(Michael Alpert)作；鄭天恩譯. -- 初版. -- [新北市]：黑體文化, 左岸文化事業有限公司出版：遠足文化事業股份有限公司發行, 2025.05
面；　公分. -- (黑盒子；42)
譯自：Living in early victorian London.
ISBN 978-626-7705-08-7(平裝)

1.CST: 社會生活 2.CST: 文化史 3.CST: 英國倫敦

741.3　　114003964

特別聲明：
有關本書中的言論內容，不代表本公司／出版集團的立場及意見，由作者自行承擔文責。

黑體文化　　讀者回函

黑盒子42
倫敦超展開：維多利亞時代的城市革命與日常生活
Living in Early Victorian London

作者・麥可　艾爾珀特（Michael Alpert）｜譯者・鄭天恩｜責任編輯・涂育誠｜封面設計・黃子欽｜總編輯・龍傑娣｜出版・黑體文化／左岸文化事業有限公司｜發行・遠足文化事業股份有限公司｜電話・02-22181417｜傳真・02-22188057｜客服專線・0800-221-029｜E-Mail・service@bookrep.com.tw｜官方網站・http://www.bookrep.com.tw｜法律顧問・華洋律師事務所・蘇文生律師｜印刷・中原造像股份有限公司｜排版・菩薩蠻數位文化有限公司｜初版・2025年5月｜定價・480元｜ISBN・9786267705087・9786267705049（EPUB）・9786267705056（PDF）

版權所有・翻印必究｜本書如有缺頁、破損、裝訂錯誤，請寄回更換

LIVING IN EARLY VICTORIAN LONDON by MICHAEL ALPERT
Copyright © Michael Alpert, 2023
This edition arranged with Pen & Sword Books Limited
through BIG APPLE AGENCY, INC., LABUAN, MALAYSIA.
Traditional Chinese edition copyright:
2025 Horizon Publishing, an Imprint of Alluvius Books Ltd.
All rights reserved.